Ralf Dahrendorf

Auf der Suche nach einer neuen Ordnung

Margot Berger

Pepper und Flo

Meine größten Pferdeabenteuer

Zwei Bücher in einem Band

Arena

1. Auflage als Sonderausgabe im Arena-Taschenbuch 2016

Covergestaltung: Juliane Hergt unter Verwendung eines Fotos
von www.slawik.com
Umschlagtypografie: KCS GmbH · Verlagsservice & Medienproduktion,
Stelle/Hamburg
Gesamtherstellung: Westermann Druck Zwickau GmbH
ISSN 0518-4002
ISBN 978-3-401-50549-7

Inhalt

Pepper und Flo

Ritt ins Abenteuer

Kurzes Intro von Flo

Hallo,
das hier ist kein normales Pferdebuch – du hältst nämlich im Grunde *zwei Bücher* in der Hand. Auf den ersten Blick kommt das Ganze als coole Geschichte über mich (Flo) und Pepper, das tollste Pferd der Welt, daher. Darin versteckt sich aber auch noch ein echter Ratgeber mit vielen Tipps und Infos.

Ein Pferd für mich allein – das war seit der ersten Reitstunde mein Traum. Doch als mein Wunsch tatsächlich in Erfüllung gehen sollte, stellte ich fest: Verflixt verzwickt ist es, ein Pferd zu kaufen und anständig zu betreuen. Zum Glück half mir Tapir, der *genialste* Pferdepfleger auf diesem Planeten. Und weil ich so extrem selbstlos bin, gebe ich seine Tipps gerne weiter. Du erkennst sie an den Minisymbolen neben dem Text:

Hier findest du alles, was man über Pferde, Pferdekauf, Pferdehaltung, Futter usw. wissen sollte. Die wichtigsten Tipps haben wir am Ende zu einem Quick-Check (ab Seite 158) zusammengefasst.

markiert die Stellen, an denen du etwas über das typische Verhalten von Pferden erfährst, über die Sprache der Pferde und über ihr Seelenleben.

Hier werden wichtige Begriffe und Regeln, sowie Pferdekrankheiten erklärt.

Im Anhang (ab Seite 158) findest du außerdem eine Menge zusätzlicher Infos und Adressen.

Nun aber los!
Flo Ende

1.

Das hätte ich mir ja denken können! Er macht es nicht.

»*Was* wollt ihr zwei Chaos-Weltmeister?«, knurrt unser Reitlehrer »Habi« Habicht. Ungläubig mustert er die beiden hoch aufgeschossenen Jungs vor sich. »Kommt überhaupt nicht infrage.«

Vorsichtig peile ich aus meinem Versteck hinter zwei Rundballen hervor. Vor lauter Aufregung nage ich an den Handknöcheln. Mindestens schon fünf Minuten drücken meine Freundin Emily und ich uns hinter das Stroh und beobachten die Stallgasse. Allmählich schlafen mir die Füße ein. Und meine nackten Arme jucken. Wenn die Halme bloß nicht so pieksen würden.

Zwei Pferdelängen vor uns bauen sich Vince und Ferdi vor Lennart Habicht auf und versuchen hartnäckig, ihn von ihrer Idee zu überzeugen. Sechzehn sind die beiden. Das mag einem alten Mann von zweiundvierzig wie Habi vielleicht babyhaft vorkommen, trotzdem muss er die Jungs ja nicht wie Pamperskinder behandeln. Manchmal hat Habi diesen unausstehlichen Blick drauf, der klarmacht: Er ist hier der Boss. Der Alleinherrscher. Dabei ist er normalerweise ziemlich nett.

Ferdi weiß das und gibt keine Ruhe. »Mann, das ist doch nicht Ihr Ernst.«

»Und ob. Vergesst es.«

Eine vorstehende trockene Ähre kitzelt an meiner Nase. Hilfe! Jetzt bloß nicht niesen. Meine Freundin Emi schiebt ihren Kopf durch meine Armbeuge und versucht, auch etwas zu erspähen. Sie seufzt. »Habi ist heute oberfies. Dabei wollen die Jungs doch nur mit auf unseren Wanderritt.«

Mit zwei Fingern halte ich mir die Nase zu, um das Niesen zu unterdrücken. Falls Lennart Habicht uns entdeckt, ist Schluss mit lustig. Wenn der Stallbesitzer etwas hasst, dann Lauscher auf seinem Hof. Daran ändert auch die Tatsache nichts, dass wir seine Schulpferde gar nicht mehr reiten, sondern neuerdings eigene Pferde besitzen. Ich den sensationellen Holsteiner Pepper und Emi den Haflinger Alpino.

»Von Habi kommt jetzt todsicher: ›Ihr wollt euch doch nur an die Mädchen ranmachen‹«, wispert Emi.

Habi zieht seine schwarze Baseball-Kappe tief über die rasierte Glatze. »Ihr wollt euch nur an die Mädels ranmachen. Das fehlt mir noch, zwei Jungs zwischen meinen minderjährigen Reiterinnen. Und das nachts auf einem fremden Hof. Die Mädels sind gerade dreizehn oder vierzehn. Schon beim Gedanken daran wird mir schlecht.«

Vince macht auf lässig. Ist er aber gerade überhaupt nicht. Das sehe ich daran, wie er mit hochgezogener Schulter sein Haar hinters Ohr streicht, bevor er erwidert:

»Aber Herr Habicht, wir wollen doch nur helfen. Ist bestimmt viel zu tun bei dieser großen Gruppe.«

Sehnsüchtig verfolge ich jede seiner Bewegungen. Vince geht zwei Klassen über mir in die 10b und ist der absolute Schwarm aller Mädchen im Gymnasium von Haverstedt. Meiner auch. Weil er einfach der Größte ist mit seinen tollen braunen Haaren und den umwerfenden Augen. Grün. Wenn Vince sich freut, tanzen kandisbraune Sprenkel in seinen Augen. Wie neulich. Da hätte Vince mich fast geküsst. Blöderweise nur *fast*. Allerdings war es der beste Nichtkuss, den ich je bekommen habe.

»Ohne Basispass geht mir keiner an die Schulpferde. Schon wegen der Versicherung.«

»Zu blöd, dass die Jungs so wenig Ahnung vom Reiten haben«, flüstert Emi.

Stimmt. Keiner von ihnen hat je auf einem Pferd gesessen. Vince und Ferdi arbeiten nur hier, um ihre Schulden loszuwerden. Bei meiner Geburtstagsfete im März, als ich vierzehn wurde, sind die Jungs mit einer ganzen Horde auf dem Habichthof eingefallen, haben Tore und Zäune zerstört. Partycrasher. Vince und Ferdi wurden erwischt und müssen nun ihre Schulden abarbeiten. Die beiden sind geschickt, darum verstehen sie sich inzwischen gut mit Stallchef Lennart Habicht. Im Moment allerdings blafft er sie an: »Ohne Basispass könnt ihr den Ausflug aus eurer Lebensplanung streichen.«

»Wo kriegt man diesen Basispass?«, bohrt Ferdi nach. »Ich meine, kann man den kaufen?«

Emi japst nach Luft. »Spinnt der? Basispass kaufen!«

Wenn Ferdi reiterlichen Müll erzählt, ist Emi jedes Mal fix und fertig. Insgeheim himmelt sie ihn an, darauf wette ich. Aber nie im Leben gibt sie das zu, weil Emily sich nicht vorstellen kann, dass irgendjemand auf der Welt sie toll findet. Eigentlich vertraut sie nur mir richtig.

»Kaufen?« Herr Habicht stößt ein aufgebrachtes Schnauben aus. »Wer so fragt, müsste eigentlich Stallverbot bekommen. Den Basispass muss man sich richtig erarbeiten. Das ist eine veritable Prüfung.«

»Prüfung«, wiederholt Ferdi Erding wenig begeistert. »Wir robben uns gerade an die Sommerferien heran, Herr Habicht. Im Juni klingen Wörter wie Prüfung ganz gemein.«

An Habis zuckendem Hinterkopf kann ich ablesen, wie er gerade vorne guckt. Nämlich schwer genervt.

»Wie ihr wollt.« Unser Reitlehrer dreht sich um und geht. Automatisch ducken wir uns tiefer hinters Stroh, als er vorbeizischt. Dieses Regenwetter-Gesicht bekommt Habi immer, wenn er sich ärgert oder Sorgen hat. Dann ziehen sich seine Augenbrauen zusammen wie düstere Gewitterwolken.

»Eine Schande ist das«, jammert Emi leise. »Er nimmt sie nicht mit.«

»Dieser kleine Basispass! Da müssen die Jungs nicht gleich kalte Füße bekommen.«

Wir haben den Basispass schon gemacht, als wir noch zur Grundschule gingen. Jetzt kommt der Deutsche Reitpass dran. Die Prüfung müssen wir alle ablegen, sonst dürfen wir in drei Wochen nicht mit auf den Wanderritt. Der Reitpass ist eine Art Führerschein fürs Gelände.

Wir kriechen hinter unserem Strohballen hervor und zupfen uns gegenseitig die Halme aus den Haaren.

»Warum habt ihr euch versteckt?,« fragt Vince mich überrascht.

»Um zu hören, ob Habi Ja sagt.«

Gerade als wir beratschlagen, wie wir den Reitstallchef doch noch weichklopfen können, kommt der mit langen Schritten zurück.

»Mir fällt gerade was ein«, wendet er sich an die Jungs. »Wenn die Mädels ihre Prüfung für den Reitpass ablegen, kommen die Prüfer ohnehin auf den Hof. Also überlegt euch das mit dem Basispass. Wäre ein Aufwasch.«

»Aber ich hab null Ahnung, Herr Habicht.« Mit beiden Händen fährt Vince sich durchs Haar. »Außerdem will ich sowieso nie reiten. Du doch auch nicht, stimmt's, Ferdi?«

»Nö.«

»Erstens«, sagt Herr Habicht ungeduldig, »bekommt ihr natürlich vor eurer Prüfung einen Crashkurs. Zweitens gehört Reiten gar nicht zum Basispass. Die Prüfung ist gedacht für Eltern oder Freunde, die gelegentlich ein Pferd auf die Weide bringen oder mal beim Verladen oder Füttern helfen. Und für Reitanfänger.«

»Und drittens?«, fragt Ferdi.

»Drittens wisst ihr mehr über Pferde, als ihr glaubt. Wie lange helft ihr schon bei mir?«

»Zwei Monate«, sagt Vince und widmet mir einen göttlichen Augenaufschlag.

»Na bitte. Da müsstet ihr schon blind durch die Gegend gelaufen sein, wenn ihr gar nichts mitbekommen hättet.«

Vince und Ferdi wechseln zweifelnde Blicke.

»Ich glaube, die beiden halten sich stallmäßig für totale Blindgänger«, flüstert Emi.

»Dabei sind sie gar nicht so schlecht.« Ich tue, als ob ich meine Schuhspitzen betrachte, um meine Lippenbewegungen zu verbergen. Auf keinen Fall darf Vince den Eindruck haben, ich würde mit Emi über ihn lästern. »Mann, das wäre so genial, wenn Vince und Ferdi mit auf den Wanderritt dürften.«

Habi fällt offenbar etwas ein, denn plötzlich lässt er uns stehen. »Bin gleich zurück.«

»Ich weiß nicht, Vince«, sagt Ferdi zögernd, als Habi hinter der Bürotür verschwunden ist. »Stell dir vor, das mit dem Basispass erfährt jemand aus unserer Klasse.«

Vince nickt. »Grauenhafte Vorstellung. Reitende Mädchen werden bei uns ja schon dumm angemacht. Und dann wir: Jungs! Zehnte Klasse! Geht *gar* nicht.«

Was die beiden über das Reiten sagen, kränkt mich. Als ob sie nicht vom schönsten Hobby unter der Sonne sprechen, sondern von Ringkämpfen im Schlamm. Aber was das Gerede in der Schule betrifft, haben sie leider recht.

2.

Herr Habicht wedelt mit einem schmalen Buch, als er zurückkommt. Er drückt Vince den aufgeschlagenen Band »Basispass-Prüfung« in die Hand.

»Lies vor.«

Vince beugt sich über die Inhaltsangabe.

»Pferdeverhalten, Körperbau, Körpersprache, Erziehung, Vertrauen, Lob, Rangordnung, Ställe, Weide...« Er holt tief Luft und rasselt weiter herunter: »führen, anbinden, verladen, putzen, satteln und trensen, Rassen, Fütterung, Krankheiten, Tierschutzgesetz, Versicherung...«

Röchelnd greift Vince sich an den Hals. »Hilfe! Ich kriege einen Stimmbandkrampf. Dazu braucht man doch Jahre, bis man das im Kopf hat.«

Mit einem verzweifelten Ruck zieht Ferdi seine graue Baumwollmütze übers Gesicht. »Polizei!«, dringt es dumpf hinter der Mütze hervor. »Hier will uns jemand umbringen!«

Ungerührt zieht Habi Ferdis Kopfbedeckung zurück an Ort und Stelle.

»Wir fangen gleich an. Schnelltest. Guck dich in den Boxen um, Ferdi. An welches Pferd würdest du im Moment mit gutem Gefühl herangehen? An Collin oder Flemming?«

Flemming betrachtet uns neugierig mit wachen Augen und hoch gerichteten Ohren. Collin steht mit gesenktem Kopf in seiner Box, ein Hinterbein entlastet.

Ferdi verzieht das Gesicht. »Zu Flemming natürlich. Der andere pennt ja.«

Zufrieden klopft Habi Ferdi auf die Schulter. »Sag ich doch, du kriegst mehr mit, als du glaubst. Gut. Und wenn zum Beispiel ein Pferd die Ohren anlegt?«

»Bleibe ich lieber draußen.«

Herr Habicht lacht. Wenn er lacht, verschwinden die Sorgenfalten und in seinem Regenwolkengesicht geht die Sonne auf. So muss er früher öfter ausgesehen haben, bevor seine Tussi-Ehefrau ihn und ihren Sohn, den kleinen Johnny, verlassen hat. »Ich weiß ja gar nicht, was ich euch noch beibringen soll«, sagt er und klopft Ferdi auf die Schulter.

Seufzend schielt Vince in das aufgeschlagene Buch. »Da finden sich sicher noch ein paar Kilometer Text.«

Emi stößt mich an und atmet tief ein. Mein Herz beginnt, schneller zu klopfen. »Heißt das ... ihr wollt echt den Basispass machen?«, frage ich gespannt.

Das hieße: drei Tage mit Vince und Pepper auf dem Reiterhof am Großensee. Eine Ahnung vom Paradies.

»Hallo! Stallgasse bitte frei«, ruft Maxie von hinten. »Können wir mal durch?«

Maxie und Leonie, die Sandro und Galvano, die beiden Schimmel, zu den Boxen bringen, blicken mit großen Augen auf die Jungs und das Buch.

Fragend guckt Leonie mich an. »Machen die Jungs etwa den Basispass?«

»Wir werden gezwungen«, stöhnt Vince. »Weil der Chef uns sonst nicht mitnimmt zum Großensee ...«

Ja! Er hat es ausgesprochen. Er peilt die Prüfung wirklich an! »Maxie, bleib mal stehen mit dem Sandro.«

Habi winkt Ferdi zu sich heran. Der Schimmel betrachtet ihn neugierig.

»Unterricht am lebenden Objekt«, sagt Habi. »Beim Wanderritt prüft man bei jeder Rast, ob die Pferde noch leistungsfähig sind. Oder ausgepumpt und überfordert.«

»Verstehe.«

»... das erkennt man an den PAT-Werten. P steht für Puls,

A für Atmung. T für Temperatur. Temperatur, damit meint man Fieber.«

Habi fährt mit der Hand über Sandros Flanken an der Seite.

»Wie oft er atmet, kannst du gut sehen.« Er zeigt schräg hinter Sandro. »Stell dich dorthin und beobachte das Heben und Senken der Rippengegend; das sind die Atemzüge.«

Ferdi latscht ein Stück zurück, legt den Kopf schief und kneift die Augen zusammen.

Habi streicht Sandro über die Nase. »Im Winter kannst du Atemzüge auch an den Nüstern ablesen. Wenn es kalt ist, wird die Atemluft zu weißen Dampfwolken. Versuch es mit der Flankenbewegung. Also los, fangt an zu zählen. Eine Minute ab jetzt.«

Herr Habicht sieht auf die Uhr. Wir sind still.

»Schluss.«

»Fünfzehn«, sagen Ferdi und Vince gleichzeitig und klatschen sich ab. Missbilligend linst Sandro nach hinten.

»Kommt hin. In Ruhe atmet ein Pferd acht bis sechzehn Mal. Zehn Minuten nach der Reitstunde sind fünfzehn Atemzüge okay. Eine Viertelstunde nach der Arbeit müssen Puls und Atmung wieder normal sein. Den Puls misst man an den Ganaschen. Ferdi, weißt du, wo die Ganaschen sitzen?«

»Logisch.« Ferdi lässt sich neben Sandros Vorderbeine nieder und grinst unter seiner Mütze zu uns hoch. Emi, Maxie und ich grinsen auch, als Ferdi sich mit langen Armen an Sandros schwarzer Gamasche am linken Vorderbein zu schaffen macht. Sandro senkt den Kopf und betrachtet Ferdi genau.

»Darf man fragen, was du da unten suchst?«, erkundigt sich Herr Habicht. Sandro sieht aus, als ob er sich das ebenfalls fragt.

»Na Gamaschen. Das Ding hier mit Klettverschluss, das Maxie ihm um die Beine geschnallt hat.«

Ich beiße mir auf die Lippen. Nicht lachen. Bloß nicht lachen.

»Komm hoch, Ferdi. Sorry, das kannst du nicht wissen. Ganaschen, nicht Gamaschen.«

»WAS?«

Habi tritt an Sandro heran und legt zwei Finger unter seinen Backenknochen. »Hier am Kopf sitzen die Ganaschen. Die Kieferknochen. Leg den Finger darunter, da spürst du den Puls. Braucht etwas Übung, aber versuch es zumindest. Man zählt einfach die Schläge, genau wie beim Menschen.«

Sandro dreht sich und versucht, Ferdi intensiv zu beschnuppern. Dabei rückt er ihm ziemlich dicht auf die Pelle. Leicht verstört blickt Ferdi über die Schulter, ob er nach hinten ausweichen kann.

»Ganz schön hoch, wenn man so danebensteht.« Er hustet verlegen.

»Ich halte ihn fest«, beruhigt Habi.

Konzentriert tastet Ferdi nach Sandros Puls. »Kann das sein... dass er gar keinen hat?«

»Flo, ruf Tierarzt Müller-Maring an«, antwortet Herr Habicht lachend. »Sag ihm, wir haben ein totes Pferd im Stall.«

Wir kichern.

»Wieso das denn?«, Ferdi ist leicht gereizt.

»Na, wenn Sandro keinen Puls hat, ist er tot«, gibt Herr Habicht trocken zurück. »Jetzt guck nicht so beleidigt, Ferdi. Ich gebe zu, bei Sandro ist der Puls wirklich schwer zu erfühlen. Hol doch mal Pepper hierher, Flo.«

Mein schöner brauner Holsteiner schielt nach oben, als ich seine Boxentür öffne. Seit einer halben Stunde vergnügt Pepper sich mit frischem Weizenstroh. Grummelnd begrüßt er mich, während er weiterkaut. Erst als ich ihm das Stallhalfter überstreife, bewegt Pepper ungehalten den Kopf.

»Nur kurz, mein Kleiner.«

Pepper verdreht den Hals zu seinem Stroh, als ich ihn auf die Stallgasse führe. *Muss das sein?*

»In fünf Minuten kannst du weiterfressen!«, verspreche ich ihm.

Habi übernimmt Peppers Strick. Mein Pferd sieht sich auf der Stallgasse um und begrüßt Sandro mit kurzem Anpusten. Herr Habicht mustert Pepper von der Seite und lässt ihn drei Tritte zurücktreten, bis er halb im einfallenden Licht steht. »Sonst sieht man gar nicht, dass seine Flanken sich bewegen«, sagt Habi. »Also los. Vince Puls, Ferdi Atemzüge.«

Vorsichtig legt Vince meinem Pepper zwei Finger unter den Backenknochen. Pepper steht ruhig wie ein Denkmal.

»Dein Pferd ist das perfekte Vorführmodell«, flüstert Emi.

»Ich fühle nichts«, stellt Vince irritiert fest.

Habi übernimmt das Pulsfühlen. »Heute wirklich schwer zu ertasten«, räumt er ein und schweigt dann, während er auf die Uhr sieht. »Ungefähr neunundzwanzig Pulsschläge in der Minute.«

»... und zehn Atemzüge in der Minute«, ergänzt Ferdi.

»Perfekt für ein Pferd, das nichts tut und sich nicht aufregt«, erklärt Herr Habicht.

Mit den Augen gibt er uns ein Zeichen, ein Stück zurückzugehen, um die Jungs nicht zu irritieren.

Unauffällig treten wir den Rückzug an. Jetzt bloß keinen Fehler machen, sonst werfen Vince und Ferdi doch noch das Handtuch.

Aber die Gefahr, alles zu verderben, steigt gerade sprunghaft an: Melly und Gloria betreten die Stallgasse.

3.

Was soll das werden?«, fragt Melly alarmiert, als sie die Jungs zwischen Sandro und Pepper erblickt. Sie greift in ihr hüftlanges rotblondes Engelshaar und schleudert es gekonnt nach hinten. Allein für diese Bewegung möchte ich ihr eine kleben.

»Puh, worin hast du denn gebadet?« Demonstrativ halte ich mir die Nase zu. Melly muss zu Hause eine ganze Parfumflasche versprüht haben. Der unvergleichliche Duft von Heu und Stroh und warmem Pferdefell ist in ihrer Nähe nicht mehr wahrnehmbar.

»Du hast eben keine Ahnung, was bei Jungs ankommt«, erklärt sie blasiert.

Finster mustere ich meine Erzfeindin. Sie trägt ihr enges Top und den grünen Supermini. Melly ist die Einzige, die nicht in Reitsachen auf dem Hof erscheint. Schlimm genug, dass sie in der Schule so rumläuft! Zum Glück geht sie wenigstens nicht in meine 8a, sondern in die Parallel.

Mellys beste Freundin Gloria schüttelt nur den Kopf, peilt mit einem Auge zu Vince hinüber und checkt ihr Smartphone. Im Minutentakt kontrolliert Gloria ihren SMS-Eingang. Wahrscheinlich hat ihr eine Wahrsagerin prophezeit, dass sie stirbt, sobald sie ihren Daumen länger als 59 Sekunden vom Handy nimmt. Oder dass sie zur Salzsäule erstarrt, falls sie nicht alle vier Wochen ihr Haar umfärbt. Vorgestern hat Gloria lila Strähnchen in ihre strohblonden Fransen gepinselt.

»Ferdi und Vince machen den Basispass«, platzt Emi heraus. »Damit sie mit auf den Wanderritt dürfen.« Bei den letzten Worten bohrt meine Freundin ihren Blick verlegen in den Betonboden.

Ach, Emi. Sie traut sich sonst nie was, aber jetzt, da sie einen Wissensvorteil hat, will sie Melly ein einziges Mal überlegen sein. Und schämt sich gleich dafür, statt ihr herausfordernd mitten ins Gesicht zu blicken. Dabei könnte Emi echt stolz sein, denn sie wird wahrscheinlich ein Casting gewinnen, bei dem auch Melly mitgemacht hat.

»Was für eine idiotische Idee!« Mellys Stimme kippt, wenn sie laut wird. Wie ein Hahn im Stimmbruch klingt sie dann. Daran muss sie noch arbeiten, wenn sie zum Film will.

»Wieso?« Ich tue ganz harmlos. »Ist doch praktisch, wenn sie am Großensee bei der Rallye helfen.«

Melly funkelt mich an. »Die können doch gar nicht reiten. Ich will nicht, dass die Jungs mitkommen.« Zornig stampft sie mit dem Fuß auf. »Die stören nur.«

Aber das meint Melly nicht wirklich. Die Wahrheit steht ihr auf der makellos geschminkten Stirn geschrieben, direkt über den getuschten Wimpern.

Ich, Melly Lanz, bin stinksauer, dass Vince dich in letzter Zeit bevorzugt. Und ich will euch verdammt noch mal nicht drei Tage lang beim Flirten zusehen.

Diesen neidischen Blick kenne ich von Melly. Die Vorstellung, Vince bei unserem Trip erfolglos anzubaggern, löst in ihr höchstwahrscheinlich Magengeschwüre aus. Melly kann alles kaputt machen. Das ist ihre Spezialität. Wegen jeder Kleinigkeit gibt es mit ihr Zoff.

Melly ärgert sich mächtig, dass Vince neuerdings auf mich steht, wo ich ihr schon ihr Lieblingspferd weggeschnappt habe. Pepper war nämlich auch *ihr* bevorzugtes Schulpferd. Auf ihrer Profilseite im Internet hat Melly letzte Woche unter Beziehungsstatus gesetzt: »Verliebt in Pepper.« Eine Unverschämtheit, die nach Rache verlangt. Damit will sie mich provozieren, aber ich tue so, als hätte ich das nicht gelesen. Natürlich will Melly unbedingt eine Reitbeteiligung auf Pepper. Melly als RB! Nie, nie, nie kriegt sie einen Fuß in die Boxentür. Auch wenn sie gut reitet. Auf Pepper lasse ich sie nur, wenn ich mir gleichzeitig beide Arme, beide Beine und die Schädeldecke breche und außerdem noch komplett den Verstand verliere...

Habi unterbricht seine Lehrstunde und ruft durch die Stallgasse: »Melly, hast du keine Reithose dabei? Und Gloria, weg mit dem Brummer am Ohr. Beim Reiten dulde ich keine Headsets, merk dir das endlich. Die Stallgasse ist kein Callcenter.« Herr Habicht hat immer einen direkten Ton drauf. Freundliche Umschreibungen sind nicht sein Ding.

Ärgerlich beißt Melly sich auf die Lippen, zerrt ihre Reithose aus dem Rucksack und verschwindet mit Gloria zum Umziehen in die Sattelkammer.

In der Hoftür erscheint eine mit Heu beladene Schubkarre. Dahinter kommen vorgebeugte Schultern mit Hosenträgern und Tapirs blonder Pferdeschwanz zum Vorschein. Unser genialer Pferdepfleger.

Tapir schiebt das Heu weiter die Stallgasse hinauf. »Gibt es etwas, das ich wissen müsste?«, fragt er und setzt die Schubkarre neben Vince ab. »Was machst du an Peppers Ganaschen?«

»Puls fühlen«, entgegnet Vince.

»Wie bitte? Ist Pepper krank? Warum übernimmst du das nicht, Flo?«

Herr Habicht kommt hinter Peppers Kruppe hervor und lacht. »Unsere Chaos-Weltmeister wollen den Basispass machen und mit auf den Wanderritt. Schon klar, warum, oder? So viele Mädchen auf einmal...«

»Keine Spur«, sagt Ferdi beleidigt. »Wir wollen nur helfen.«

Ich strahle Tapir an. »Da staunst du, was?«

»Und ob. Da bleibt mir glatt die Schubkarre im Halse stecken«, grinst er. »Sozusagen. Was ist denn plötzlich in euch gefahren, Jungs?«

»Ohne Basispass will Herr Habicht uns nicht mitnehmen«, sagt Ferdi ergeben.

»Da hat er auch recht. Okay, dann mal gleich los. Abendfütterung. Wichtiges Thema. Soll ich weitermachen, Lennart?«

»Bestens, Tapir. Aber sei streng mit den beiden!«

»Kennst mich doch, Chef.«

»Eben drum.«

Herr Habicht weiß, was er an Tapir hat, der morgens und abends im Stall hilft. Tapir wird nichts zu viel, und wenn wir Fragen haben: Tapir weiß Rat. Original heißt er Jonas Nansen und hat zwei Berufe. Tagsüber arbeitet er als Rechtsanwalt, und so oft er kann, als Pferdepfleger auf dem Habichthof. Sein Vater hatte ihn zum Jurastudium gezwungen, doch gleich nach dem Examen hat Tapir eine Ausbildung als Tierpfleger angehängt und sich rettungslos in Tapire verliebt – daher sein Spitzname, auch wenn er total anders aussieht als die dicken grauen Walzen: Er ist nämlich dünn, blond und lang.

Lennart Habicht tippt an seine Kappe. »Bin im Büro, ich will beim Paulsenhof jetzt Nägel mit Köpfen machen. Für die Unterkunft bei unserem Wanderritt.«

Tapir hebt die Schubkarre an. »Also gut. Wir starten das Kapitel Füttern.«

Er zeigt Vince und Ferdi, wie viel Heu in jede Box gehört.

»Einfach über die Boxentür werfen, aber vorher nachgucken, ob nicht ein Haufen Pferdeäpfel dahinterliegt. Bringst du Pepper rein, Flo?«

Als ich Pepper zu seiner Box führe, muss ich an unserer Clique vorüber, die auf der Stallgasse zusammengerottet steht und tuschelt. Janne, Katta, Lina, Kriss und Tessy stecken aufgeregt die Köpfe zusammen. Die Nachricht vom Basispass hat sich verbreitet wie ein Lauffeuer. Mit Sicherheit war Melly die glimmende Lunte, die die Information weitergetragen hat. Leider kann ich mich nicht einschalten, weil Pepper mich in die Box zu seinem Abendessen zerrt.

Da die Jungs helfen, ist das Heu ruck, zuck verteilt. Allmählich kehrt Ruhe ein. Aus den Boxen dringen friedliches Kauen und Prusten.

Nachdem der erste Hunger gestillt ist, folgt das Kraftfutter – das ist die eigentliche Herausforderung für Greenhorns. Davon ahnen unsere Jungs noch nichts.

Erst als Tapir den grünen Futterwagen aus der Kammer schiebt, sieht man in Vince's und Ferdis Gesichtern eine gewisse Besorgnis. Denn kaum scheppern die Räder auf der Stallgasse, unterbrechen unsere Pferde das Heufressen. In freudiger Erwartung hängt sich einer nach dem anderen über die halbhohe Boxentür.

Mit der Ruhe ist es vorbei. Sandro und Galvano schnappen über die Tür. Ihre Nachbarpferde drängen gegen die Holztrennwände und hämmern mit den Hufen dagegen. Die Fjordies Halvor und Oskar beißen vor Erwartung in die Gitterstäbe, wetzen die Zähne an den Eisenstäben. Bono drängt sich gegen die Wand zu Dacapo und droht ihm mit angelegten Ohren. Siri und Piri, unsere Trakehner Stuten, drehen Kreise in den Boxen und stoßen ungeduldige, kurze Schnauber aus.

»Was ist das denn?«, fragt Ferdi. »Fütterung der Raubtiere?«

»Vorgezogener Futterneid«, sagt Tapir gelassen. »Jeder hat Angst, sein Nachbar würde ihm den Hafer wegfuttern. In der Natur sind Pferde ja gewohnt, unentwegt zu fressen. In Ställen ist das kaum möglich. Natürlich haben sie hier ständig Stroh oder Heu zum Knabbern, aber Pferde lieben nun mal Hafer, den es nur dreimal am Tag gibt. Leider kann man Futterneid nur mildern, aber nicht ganz verhindern.«

»Und wie?«

»Schnell und zügig füttern. Zuerst den Ranghöchsten, das Leitpferd.«

»Wer ist das?«, fragt Ferdi und schaut sich in der Stallgasse mit den vierzehn geräumigen Fensterboxen um. Dreizehn Schulpferde stehen rechts und links. Ganz vorn außerdem mein PRIVATPFERD Pepper.

»Pepper ist der Boss der Herde. Er bekommt sein Futter zuerst, sonst macht er einen Riesentanz.«

»Darum steht er ja auch vorn in der ersten Box«, erkläre ich. »Das ist praktisch beim Füttern.« Außerdem ist Pepper das tollste Pferd im Stall und muss einfach an Nummer eins stehen.

Tapir reicht mir die gefüllte Futterschaufel. Ich leere sie rasch durch die Türklappe in den Trog und halte meine Hand einen Moment an den Rand der Krippe. Pepper taucht sein Maul in den Hafer und fährt dabei mit seinen samtigen Lippen an meiner Hand entlang.

Das ist heilige Tradition zwischen uns. Für mich bedeutet das:

Schön, dass du da bist. Besonders weil du mein Lieblingsfutter mitbringst. Aber jetzt lass mich in Ruhe fressen.

»Logisch lasse ich dich ungestört fressen«, flüstere ich leise genug, dass Melly mich nicht hört. Die hat sich nämlich schon wieder an meine Fersen geheftet. Inzwischen in Reithose und Stiefeln.

Während Tapir den Nachbarpferden Flemming und Mounty Kraftfutter in die Tröge schaufelt, sagt er über die Schulter: »Beim nächsten Pferd probiert ihr es selber. Collin ist dran. Aber zügig, sonst machen die anderen Pferde Rabatz. Vince, du zuerst.«

Tapir füllt die Futterschaufel und reicht sie ihm. Zögernd übernimmt Vince die randvolle Kelle und sieht mich zweifelnd an. Er holt aus, traut sich aber nicht, den Hafer in die Krippe zu werfen, weil Collin ungeduldig seinen Kopf durch die Öffnung steckt. Schnell zieht Vince den Arm ein. Collin sucht mit der Nase im Trog und grunzt unwillig, als er ihn leer vorfindet. Der Holsteiner macht einen Satz zur Seite und versucht, über die halbhohe Tür nach der Futterschaufel zu schnappen. Vince zuckt zurück. Haferkörner rieseln auf den Boden. »Ich komme doch gar nicht an den Trog, wenn er nach mir schnappt«, sagt er etwas kläglich.

Ich drehe mich um, um nicht loszuprusten, und erhasche Peppers Augen über dem Futtertrog. Sein warnender Blick enthält eine Botschaft für mich. *Du willst doch hoffentlich jetzt nicht lachen, Flo. Das ist tödlich für Vince. Jeder hat mal angefangen.*

»Was *du* immer in die Blicke der Pferde hineinlegst, Flo«, würde Herr Habicht sagen. »So kompliziert denken Pferde nicht.« Aber warum habe ich dann das Gefühl, den genauen Wortlaut in Peppers Augen zu lesen? Tapir erklärte mir das so: »Pepper ist eine Art Gewissen für dich. Er sagt dir, was du als anständiger Mensch tun solltest. Oder denken solltest.«

Melly drängt sich vor und will Vince die Futterschaufel entwinden.

»Lass mich mal! Collin kennt mich.«

»Melly!«

Auf Tapirs Anpfiff zieht Melly den Kopf ein und verkrümelt sich ein Stück nach hinten.

Den Stuten Siri und Piri geht es nicht schnell genug. Ärgerlich rappeln sie an den Türen und schnauben vor schwer zu zügelnder Ungeduld.

Tapir übernimmt die Futterschaufel und baut sich groß vor Collin auf, der immer noch den Kopf durch die Türöffnung stößt.

»Zurück«, sagt Tapir kurz und energisch. Collin gibt einen ärgerlichen Grunzton von sich und bleibt hippelig hinter der Tür stehen, aber so, dass der Trog frei bleibt.

Tapir füllt das Futter ein und sagt: »Jetzt darfst du, Collin.«

Sofort senkt der braune Wallach den Kopf und legt los.

»Du bist der Chef für die Pferde«, sagt Tapir zu Vince. »Wer ihnen Futter besorgt, ist der Größte. Der hat die Macht. So sehen Pferde das. Aber du musst deine Überlegenheit durch eindeutige Körperhaltung zeigen, sonst trauen sie dir nicht.«

Tapir füllt die nächste Portion Hafer auf die Schaufel. »Alles natürlich ohne Gewalt, Jungs. Ausstrahlung ist das Zauberwort. An der anderen Seite probierst du es mit Dacapo, Vince.«

»Tapir ist schlau«, raunt Emi mir zu, »er weiß genau, dass Dacapo kaum futterneidisch ist, weil er Heu mehr liebt als Hafer.«

Aus einiger Entfernung linsen wir zu Vince hinüber, als er vor Dacapos Box steht.

»Der Wallach bekommt nur eine halbe Futterschaufel Hafer«, ordnet Tapir an.

»Warum?«, will Vince wissen. »Hat er Mist gebaut? Zur Strafe ohne Essen ins Bett?«

Tapir fasst sich an den Kopf. »Vince, wie lange bist du schon hier? Als ob wir Pferde durch Futterentzug strafen würden! Dann müsste man uns die Lizenz entziehen.«

»Scherz«, beeilt sich Vince zu sagen. »Also warum dann so wenig?«

»Stehfutter nennt man das. Dacapo wird ein paar Tage nicht geritten. Hat sich vertreten und pausiert im Moment. Zu viel Kraftfutter würde ihn krank machen.«

Bono und Sandro sind die Letzten im Innenstall.

»Jetzt zu den Außenboxen«, sagt Tapir und schiebt den Futterwagen um die Ecke nach draußen.

Vier Privatpferde stehen im Außenstall. Odin, Skagen, Grazius und Alpino, Emilys achtjähriger Haflinger.

»Ferdi ist dran«, sagt Tapir und reicht ihm die gefüllte Kelle. Blitzschnell kippt Ferdi den Hafer in Alpinos Trog, er ist wirklich extrem geschickt. Aber Alpi ist auch eine Seele von Pferd. Nie würde Emilys Haflinger jemanden anfeinden.

»Warum kriegt der Hafi so viel wie die großen Pferde?«, will Ferdi wissen. »Der ist doch viel kleiner und schmaler.«

»Weil er schwerfuttrig ist«, sagt Tapir. »Bei Pferden ist das wie bei Menschen. Manche nehmen schon zu, wenn sie nur das Wort Scho-ko-la-de buchstabieren, andere futtern zwei Tafeln am Tag und bleiben schlank. So wie Flo und Emily.«

»Ich bin ja wohl genauso schlank wie *die*«, schreit Melly von hinten. »Mindestens.«

Längst hat sie sich wieder an uns herangepirscht. Melly erzählt jedem, der es nicht wissen will, dass sie auf eine perfekte Figur achtet, weil sie jederzeit gerüstet sein will, falls ein Filmregisseur sie anruft.

»Fertig mit Füttern.« Tapir klappt den Deckel des Futterwagens zu und schiebt ihn durch die Stallgasse zurück. »Noch eine typische Prüfungsfrage: Ist es egal, wann man füttert?«

Vince zuckt die Schultern. »Keine Ahnung. Auf dem Habichthof wird jedenfalls immer zur selben Zeit gefüttert. Morgens, mittags und abends.«

»Und das ist gut so«, unterbricht ihn Tapir. »Pferde hassen es, wenn die Mahlzeiten sich verschieben. Sie brauchen einen gleichmäßigen Tagesablauf. Das gibt ihnen ein Gefühl von Geborgenheit. Echte Pünktlichkeits-Fanatiker.«

»Pünktlichkeits-Fanatiker. Wie mein Vater.« Vince verzieht das Gesicht. »Der dreht auch halb durch, wenn das Essen nicht jeden Abend zur gleichen Zeit auf dem Tisch steht. Mein Vater würde prima in eine Pferdeherde passen.«

Ferdi feixt. »Ja, gute Idee. Schlag ihm doch mal vor, in eine Box einzuziehen. Er wird begeistert sein. Wo er doch Gitterstäbe so liebt…«

Natürlich verstehe ich die Anspielung. Vincent's Vater, Staatsanwalt Weise, ist öfter mal im Gefängnis. Zum Glück nur beruflich.

Wir sammeln unsere Utensilien ein, Stricke, Putzzeug, Huffett. Ich schließe das Vorhängeschloss meiner Putzbox ab. Wird Zeit für den Heimweg. Ich schaffe es gerade noch, mit Pepper zu schmusen.

Ich schlüpfe in seine Box und drücke meine Backe gegen Peppers Hals. Gibt es etwas Schöneres als warmes Pferdefell? Mein Blick schweift durch den Stall. Wo steckt Vince? Mit ihm hätte ich schrecklich gern noch ein paar Worte gewechselt. Leider steht er mit Ferdi am Ende der Stallgasse. Mit zusammengekniffenen Augen beobachte ich, wie Melly und Gloria die Jungs einkreisen und auf die beiden einreden. Das Gesicht von Vince wird immer länger. Das Bild löst Alarm in meinem Magen aus. Garantiert führt Melly wieder etwas im Schilde.

Auf einmal höre ich ein lautes Wortgefecht. Tapir hat sich Melly gepackt und auf den Hof beordert. Ich hänge mich über die Boxentür und sehe sie mit Gloria vor dem Paddock stehen. So wie es aussieht, rupft Tapir mit den beiden gerade ein Hühnchen.

»Komm mit«, sagt Emi, die die Szene auch beobachtet hat. Ich zische aus Peppers Box und wir nehmen zwei Stufen auf einmal hinauf zum Heuboden. Die Luke im Dachgiebel eignet sich hervorragend zum Lauschen.

Atemlos quetschen wir uns hinter die schmale Holztür und spähen durch die Ritzen.

»Noch eine solche Geschichte«, schimpft Tapir, »und ihr packt eure Putzboxen. Beide. Dann könnt ihr euch einen neuen Stall suchen. Du und Gloria.«

Emi stößt mich an und nickt begeistert.

»Wieso denn?« Mellys Hahn-im-Stimmbruch-Stimme überschlägt sich. Ich höre eine Spur von Schuldbewusstsein heraus.

Mit einer Handbewegung schneidet Tapir ihr das Wort ab.

»Das ist Erpressung. Ihr droht Vince und Ferdi damit, in der ganzen Schule zu erzählen, dass sie Kleinkind-Prüfungen im Reiten ablegen. Um sich an die Reitermädchen ranzumachen.«

»Na und? Stimmt doch«, gibt Melly patzig zurück.

»Du tust das aus reiner Gehässigkeit. Du willst damit erreichen, dass die Jungs den Basispass fallen lassen und nicht mit an den Großensee dürfen.«

»Und wenn?«, mischt sich Gloria ein. »Wir verbreiten schließlich keine Lügen.«

»... aber ihr verbreitet Unfrieden. Ihr wisst genau, dass Vince und Ferdi in ihrer Klasse untendurch sind, wenn ihr eure Geschichte auf dem Schulhof erzählt. Leider gelten Jungs und Pferde bei vielen immer noch als komische Kombination.«

Melly zieht die Augenbrauen hoch. »Phhh. Du weißt doch gar nicht, was wir mit Vince und Ferdi besprochen haben. Wir wollen ihnen sogar bei der Prüfung helfen.«

»Versuch gar nicht erst, dich zu verteidigen, Melly.« Tapir deutet auf das offene Fenster zum Außenstall. »Deine Sprüche habe ich Wort für Wort mit angehört. Pech gehabt. Verschwindet besser für heute.«

Mit hochroten Köpfen suchen Melly und Gloria das Weite. Sie trauen sich nicht einmal durch die Stallgasse, sondern nehmen den Weg an Habis Haus vorbei zur Wiesenfeldstraße.

»Tapir ist eine Wucht«, stellt Emi fest, als wir den Heuboden verlassen.

»Ist er. Echt gut, dass Melly mal von einem Erwachsenen hört, dass sie eklig ist. Ihre Mutter sagt ja nie was. Die betet ihre bescheuerte Tochter regelrecht an. Hoffentlich macht Melly auf dem Wanderritt nicht zu viel Stress.«

Als wir die Treppe zur Stallgasse hinabsausen, reißt Lennart Habicht die Bürotür auf und winkt.

»Die Wanderritt-Gruppe, mal herkommen.«

Flo und Emi, Leonie, Maxie, Janne, Katta, Lina, Tessy und Kriss. Erwartungsvoll scharen wir uns um den Reitstallchef.

»Gute Neuigkeiten. Habe gerade mit dem Paulsenhof telefoniert«, verkündet er. »Am letzten Juniwochenende können wir anrücken. Für drei Tage. An dem Freitag habt ihr ja schulfrei. Ihr schlaft in einem neuen Außenstall. Weide und Boxen bekommen wir auch. Zufrieden?«

Wir reißen die Arme hoch und jubeln. In den Boxen heben einige Pferde verwundert die Köpfe. Verflogen ist der Ärger über Melly und Gloria.

»... aber ich muss am Wochenende definitiv zusagen. Das heißt für euch: Bringt noch diese Woche die schriftliche Erlaubnis eurer Eltern für den Wanderritt mit.«

Habi zählt unsere Köpfe. »Wo stecken denn Melly und Gloria?«

Wir schweigen. Petzen ist widerwärtig.

»Macht nichts.« Lennart Habicht winkt ab. »Die dürfen garantiert mit. Die dürfen ja alles.«

Die Zwillinge Tessy und Kriss gucken mich an und seufzen. Ich seufze auch. Wenn es um Genehmigungen geht, sind unsere Eltern leider etwas schwierig. Bei den Zwillingen verstehe ich das sogar, sie sind erst dreizehn, aber ich bin seit fast drei Monaten VIERZEHN. Eigentlich dürften meine Eltern keine Zicken machen.

Trotzdem quält mich auf dem Heimweg die nagende Ungewissheit, ob Papa Ja sagen wird. Klar, meine Eltern wissen längst von unserem Wanderritt. Allerdings gehen sie bisher davon aus, dass wir morgens starten und abends zurückreiten. Von Übernachtung war keine Rede...

Diesmal fahre ich viel länger als sonst nach Hause. Normalerweise bin ich in zehn Minuten am Fichtenkamp, aber heute fällt mein Rad fast um, so langsam trete ich in die Pedale. Dauernd schwirrt mir der Basispass von Vince durch den Kopf, aber ich kann mich noch gar nicht richtig freuen.

Was, wenn Vince tatsächlich beim Wanderritt dabei ist – doch ich darf nicht mit? Und Melly Lanz und Gloria Tanner dürfen?

Gruselige Vorstellung.

4.

Als ich nach Hause komme, liegt mein Vater gemütlich auf dem Sofa und liest in einem Sportmagazin. Seine Lieblingsbeschäftigung am Feierabend. Er blickt hoch, als er mich sieht, und mimt den Erstaunten. »Flo, du hier? Und das vor Mitternacht?«

Ich werfe ihm eine Kusshand zu und spaziere auf die Terrasse. Ich will noch einmal tief durchatmen, bevor ich die Katze aus dem Sack lasse. Am Gartentisch hockt mein großer Bruder über seinem Laptop, umgeben von Folien, Aktenmappen und Schulbüchern.

Daniel flüchtet bei Hitze oft in unseren Garten. Sein Dachzimmer ist zwar eine einwandfreie sturmfreie Bude, aber bei Sonne so gemütlich wie ein Hochofen.

Er hebt die Hand. »Schwesterchen! Willst du deinen Gutschein einlösen? Sonntag könnte ich eventuell ...«

»Nö, zu spät. Den bewahre ich lieber fürs nächste Schuljahr auf.«

Dani grinst. Er weiß, worauf ich anspiele. Er hat mir zum Geburtstag fünf Gutscheine für Englisch-Hausaufgaben geschenkt, weil ich wegen Pepper ständig unter Zeitdruck stehe. Doch ausgerechnet, als ich Dani vor drei Wochen dringend brauchte, konnte er nicht.

Frau Fischer, unsere Englischlehrerin, hatte uns mit einem Referat überfallen: »Industrielle Revolution im England des 19. Jahrhunderts«. Weil Dani es nicht schaffte, blieb nur das Internet. Die Hausaufgabenhilfe läuft meistens kostenlos, aber natürlich nicht meine bescheuerte industrielle Revolution auf Englisch.

Dreißig Euro musste ich für das Schnellreferat löhnen. Der

englische Notfall hat ein gewaltiges Loch in meine Kasse gerissen. So etwas darf sich auf keinen Fall wiederholen. Wie viele Möhren, Äpfel und Bananen, wie viel Huffett und Insektenspray hätte ich dafür kaufen können! Und die Wasserflasche mit Gürtel für den Wanderritt.

Mit dem Referat hat alles geklappt. Zwei Tage vor dem Termin rauschte es perfekt auf meinen Laptop. Für dreißig Euro kann man wohl auch anständige Arbeit erwarten. Aber dass man noch mit Spott übergossen wird, finde ich eine Unverschämtheit. Tatsächlich höhnt die Bezahlfirma auf ihrer Seite: »Bei der Übernahme von fertigen Hausaufgaben ist der Lerneffekt gleich null.«

Erzählt das mal meinem Pepper, ihr Klugscheißer. Ich weiß auch, dass das keine Dauerlösung ist. Ich muss heftig nachlernen. Oder irgendwann eine Reitbeteiligung nehmen, obwohl sich jede Faser in mir dagegen wehrt. PEPPER GEHÖRT MIR ALLEIN!

Für das Referat habe ich eine Zwei plus ergattert, die ich dringend brauchte. Frau Fischer sagte anerkennend: *»Really impressed by the work. Well done.«*

Logisch kam ich mir mies vor. Zumal Frau Fischer die Einzige ist, die immer ein Auge zudrückt, wenn ich in einer Freistunde zum Habichthof rase und in letzter Minute zurück ins Klassenzimmer stürme. Garantiert ist sie noch nie online gegangen, um nachzusehen, was wir an Hausaufgaben-Zeugs aus dem Internet saugen können. Na ja, sie ist fünfundfünfzig. Ich habe mir natürlich etliche fette Minuspunkte auf meiner »Fiese-Flora-Skala« gegeben. Wenn meine Eltern rauskriegen, dass ich wegen Pepper zu faulen Tricks greife, steht mein Süßer eins, zwei, drei bei Ebay auf der Angebotsliste...

Dani guckt mich immer noch fragend an. Er versteht mich

ohne Worte. Beruhigend schürzt er die Lippen und nickt. Er ahnt, dass ich etwas auf dem Herzen habe, wofür ich seine Unterstützung brauche.

Ich räuspere mich, schlendere im Wohnzimmer betont entspannt am Bücherregel vorüber, ziehe einen Brockhaus-Band heraus und gebe vor, dass Buchstabe A bis APT mich brennend interessiert. Summend bewege ich mich mit dem Brockhaus zur Sitzecke, wo ich mich über Papas Sofalehne beuge. Zwei Boxer mit verschwollenen Gesichtern und eingeschlagenen Nasen zieren die Doppelseite in seiner Zeitschrift.

Mein Summen ist nur Tarnung. Wie ich solche Bittgänge hasse. Endlose vier Jahre noch, bis ich achtzehn bin. Wie viele Genehmigungen brauche ich bis dahin noch?

»Noch mal wegen des Wanderritts, Papa.«

Ohne seine Augen von dem Boxbericht zu nehmen, fragt er: »Wann soll der sein?«

»In knapp drei Wochen.«

»Hatten wir dir doch bereits erlaubt, meine ich.« Zerstreut sucht er mit dem Zeigefinger ein Ergebnis in einer langen Spalte.

»Es ist so...«, beginne ich zögernd.

»Ja?« Papa hat die Ergebnisse in der Tabelle gefunden und studiert sie mit hochgezogenen Augenbrauen. Hoffentlich hat nicht der falsche Russe gewonnen und Papa ist verärgert. Garantiert wirkt sich das negativ auf seine Genehmigungslaune aus.

»Es ist so, dass Herr Habicht von allen Eltern eine schriftliche Genehmigung braucht. Wegen der Versicherung. Du müsstest das doch am besten wissen, sagt er.«

Mein Vater ist darauf bedacht, alles schriftlich abzusichern. Berufskrankheit, meint Mama. Er arbeitet nämlich als

Prüfer bei einer Versicherung. Überall wittert er Betrug und Hinterlist, fürchtet sich vor Fallstricken, Fallgruben und bösen Intrigen. Aber immerhin war mein kleiner Papa so süß, mir ein Pferd zu kaufen. Welcher Vater macht das schon?

Papa sieht mich von der Seite an, ohne den Finger von der Tabelle zu nehmen. Ich passe auf, dass er meinen dicken Brockhaus sieht und mich für bildungswütig hält.

»So, sagt er das, dein Herr Habicht.«

Er lächelt milde. Schätze, sein Lieblingsboxer hat die Nase vorn in der Rangliste.

»Dann hol mir mal den Laptop aus dem Regal. Das erledigen wir gleich.«

Blitzartig stelle ich ihm das Notebook direkt vor die Nase auf den Tisch und fahre den Rechner hoch.

Die große Hürde kommt noch. Die allgemeine Reitgenehmigung war leider erst das niedrige Hindernis.

Mein Vater richtet sich auf, schiebt das Sportmagazin auf den Knien zurecht und ruft seinen Standardbrief auf. Routiniert gibt er ein paar Zeilen ein.

»Schieß los. Welcher Tag? Also das Datum?«

Ich tue einfach so, als sei es das Normalste der Welt, mit vierzehn Jahren tagelang ohne Eltern auf einen Wanderritt zu gehen und im Stroh zu schlafen. Trotzdem mache ich mich auf wilde Aufschreie gefasst.

»Freitag, 26. Juni, bis Sonntag, 28. Juni«, sage ich mit fester Stimme.

Jetzt ist es heraus.

Wie eine Schildkröte streckt Papa den Kopf nach vorn und starrt mich über den Laptop ungläubig an. Seine Nasenwurzel zittert. Die ultraleichte Brille gerät in Seenot. Mit einer Hand schiebt Papa das Designergestell zurück auf die Nase. Sein Hochglanz-Magazin klatscht auf den Boden.

»Julia«, brüllt mein Vater und gleich noch einmal: »Julia! Deine Tochter dreht durch.«

Mir sinkt das Herz in die Hose. Ich hoffe nur, meine Mutter steht mir bei. Sonst heißt es: *Bye, bye,* Reiterei.

»Darf man sich als Erziehungsberechtigter erlauben zu fragen, wohin die Reise gehen soll?«

Jedes seiner Worte trieft vor Ironie.

Genau vor diesem Affentheater habe ich mich gefürchtet. Sachlich bleiben, beschwöre ich mich. Und bloß nicht laut werden. Hilflos zucke ich die Schultern. Mit dieser Geste kann ich meinen Vater meistens weich stimmen. »Nur zum Großensee, Papa. Aber mit Pferd dauert das eben seine Zeit.«

Abrupt schiebt mein Vater den Laptop weit nach hinten auf den Tisch.

»Ju-li-a!«

Sein Geschrei sagt alles.

»Ich dachte, das Pferd wäre der Höhepunkt«, wütet Papa. Er bückt sich nach der Sportzeitschrift und knallt sie auf den Tisch, dass der Laptop zittert. »Pferd gekauft und dann Ruhe. Und nun verlangst du plötzlich, ein Jahr lang durch die Äußere Mongolei zu reiten. Was kommt als Nächstes? Soll ich ein Pferde-Internat kaufen?«

Auf der Holztreppe klappern Mamas Schuhe eilig die Stufen herunter und gleich darauf steht sie atemlos in der Tür.

»Wer will durch die Mongolei reiten?«

»Deine Tochter.«

»Oliver, mach mal halblang. Was ist los, Flo?«

»Papa will den Wanderritt nicht genehmigen, weil wir zwei Mal übernachten müssen.«

Klagend greife ich nach dem Brockhaus und umklammere den Band, um meinen Eltern klarzumachen, dass sie eine gebildete Tochter haben, die Verstand genug hat, über ihre eigenen Wünsche zu entscheiden. »Dabei geht es nicht anders, Mama. Die Reitstrecke ist zu lang für einen Tag. Herr Habicht hat am Großensee alles für uns vorgecheckt. Auf einem richtigen Reiterhof.«

Mama mustert mich nachdenklich und sagt dann besänftigend zu Papa: »Warum eigentlich nicht? Wer A sagt, muss auch B sagen.«

Papa lacht kurz und bitter auf.

»A? Richtig. A wie: Ach, hätten wir unserer Tochter doch nie erlaubt, mit dem Reiten anzufangen.«

»A wie Anschaffung von Pepper.«

»Und was soll B sein?«, fragt Papa bissig. »Mir fällt nur B wie Betten-Chaos ohne Aufsicht ein.«

»Mach mal halblang, Oliver. Bring Flo nicht auf komische Ideen.«

»Oder B wie BIER-Saufgelage. Oder B wie…«

Mama fällt ihm ins Wort. »B wie *basta.*«

Papa schnappt nach Luft, aber Mama ignoriert das. Sie ist auf meiner Seite! »Oliver! Lennart Habicht und Tapir reiten mit. Und es gibt Handys für alle Fälle.«

Papa grummelt in sich hinein und verschränkt die Arme vor der Brust.

»Außerdem«, fährt Mama fort, »liegt der Großensee nur gut zwanzig Kilometer von Haverstedt entfernt. Nicht weiter als die Hamburger City. Beim Hamburger Hafen würdest du wohl kaum von Äußerer Mongolei sprechen.«

Papa gibt noch nicht auf. »Und die strafrechtliche Seite? Was ist, wenn etwas passiert?«

Geschickt bringe ich mich wieder ins Spiel. »Mit vierzehn ist man strafmündig, hast du an meinem Geburtstag gesagt. Ich hafte selber für alles, Papa. Schon vergessen?«

Daniel guckt um die Ecke und beschwert sich über den Lärm.

»Wie soll ich bei dem Getobe lernen? Hat Flo etwas ausgefressen?«

»Flo möchte einmal im Leben ein Wochenende mit ihren Stallfreundinnen verbringen«, erkläre ich seufzend. »Und mit einem Dutzend gut erzogener Pferde. Unter ständiger Aufsicht eines ausgebildeten Reitlehrers und eines Juristen. Aber Papa tut so, als wollte ich allein durch die Mongolei reiten.«

Daniel schüttelt den Kopf. »Seid mal zufrieden mit eurer Tochter. Andere in Flos Alter lungern mit Bierflaschen an der Bushaltestelle und verprügeln Rentner.«

»So gesehen haben wir wirklich Glück«, gibt Papa sarkastisch zurück.

Ich zwinkere Dani zu. Er hat bei mir etwas gut, das ist ja wohl klar.

Dass Vince und Ferdi dabei sein wollen, behalte ich für mich. Hoffentlich kommt es bis zum Wanderritt nicht heraus. Sonst informiert Papa das Jugendamt und meldet mich vorsorglich im Heim für minderjährige Mütter an.

Den ganzen Abend stellt mein Vater sich quer. Das Wort »Einverständnis« klingt aus seinem Mund wie »Anleitung zum Bombenbauen«. Noch beim Zubettgehen höre ich meine Eltern heftig diskutieren.

Doch am nächsten Morgen liegt die unterschriebene Erlaubnis auf meinem Frühstücksteller.

5.

Warum müssen Pferde eigentlich jeden Tag geputzt werden?«, will Vince wissen, als wir ein paar Nachmittage später mit Tapir und Ferdi zum Weidezaun gehen. »Die sauen sich doch sowieso gleich wieder ein. Da, guck mal.«

Er zeigt auf Halvor und Oskar, die sich gerade stöhnend vor Wonne in einer kahl gefressenen Sandstelle auf der Weide wälzen.

»Von wegen einsauen«, korrigiere ich lachend. Ich bin in Mörderlaune, denn soeben habe ich meine Wanderritt-Genehmigung abgeliefert. Mich stört nicht mal, dass Melly ihre Erlaubnis schon gestern mitgebracht hat. »So ein Sandbad schmirgelt das Fell sauber.«

Halvor springt auf und schüttelt sich, dass der Staub nur so fliegt. Oskar macht es ihm nach und im nächsten Moment stellen sich unsere Fjordpferde Kopf an Schweif und beginnen, mit den Zähnen den Mähnenkamm ihres Partners zu beknabbern.

Vince kräuselt die Nase. »Wofür soll dieses Gebeiße gut sein?«

Tapir stößt ihm seinen Ellenbogen in die Seite. »Gewöhn dich gleich an die Fachbegriffe, sonst sieht der Richter bei der Prüfung rot. Dein *Gebeiße* heißt Fellkraulen. Und das tut Pferden gleich dreifach gut.«

Tapir zählt auf. »Erstens kratzen sie mit den Zähnen alle die Stellen sauber, die ihr Kumpel selber nicht erreicht. Das überlebt keine Milbe, sage ich dir. Zweitens sorgt das sorgfältige Schaben für gute Durchblutung. Drittens gehört Fellkraulen bei Pferden ...«

Tapir unterbricht sich, während sein unverschämt grinsender Blick zwischen Vince und mir pendelt, »... na ja, Fellkraulen gehört zur Freundschaftspflege. Als Mensch krault man sich doch auch gern. Unter Freunden, meine ich – oder seid ihr anderer Meinung?«

»TAPIR!«

Warum muss er mich immer in Verlegenheit bringen? Vince prustet los und Ferdi fragt: »Machen Pferde das nicht mit *jedem* auf der Weide, dieses Fellkraulen?«

Tapir schüttelt den Kopf. »Normalerweise ist das ein Beweis dafür, dass die Pferde sich sehr mögen. Übrigens wirkt es ansteckend auf die anderen. Seht mal da drüben. Pepper und Alpino.«

Wir lehnen uns über die Holzstangen und beobachten die Pferde auf der Weide. Hingebungsvoll putzen Pepper und Alpi sich den Rücken. Zwischendurch unterbricht Pepper die Fellpflege, reibt seine braunen Backen an Alpinos Hals oder die beiden recken ihre Köpfe hoch und beknabbern sich das Kinn.

Vince sieht mich an. »Ist das nicht perfekt mit den beiden?«

»Klar«, antworte ich knapp. Den Rest denke ich nur, weil ich wenig Lust habe, mich als egoistisches Biest beschimpfen zu lassen.

Fakt ist nämlich, dass ich Pepper und Alpino extrem ungern beim Fellkraulen zusehe. Pepper wirkt dann immer so »pferdig«. So, als vergesse er die ganze Welt um sich herum. AUCH MICH!

Ehrlich gesagt, bin ich in solchen Momenten tierisch eifersüchtig. Logisch behalte ich für mich, was ich wirklich über das Fellkraulen unter Pferden denke. Die Wahrheit sieht so aus: Ich möchte auf der Stelle zu Alpino rennen, meine Ohren anlegen, ihn anfauchen und verscheuchen. »Pepper gehört mir, Haflinger. Such dir gefälligst einen anderen Kumpel zum Kraulen.«

Manchmal wünsche ich mir heftig, ein Pferd zu sein. Nicht bloß so ein harmloser Zweibeiner. Ich mache mir nichts vor: Nur wegen meines etwas größeren Gehirns kann ich zwar vor Pepper den Chef heraushängen lassen. Aber vom Alltag unter Pferden, vom Leben in der Natur, habe ich keinen blassen Schimmer. Müsste ich eine Herde zu Weiden und Wasserstellen führen – oha! Ziellos würde ich umherirren und meine Vierbeiner wären in null Komma nix verhungert. Lauerte mir ein Wolf auf oder ein Puma – ich wäre die leichteste Beute der Welt. Das ist die traurige Wahrheit. Oft beneide ich Pferde regelrecht um ihre Überlegenheit. Und um ihre wenigen Ansprüche. Als Wildpferde in der Natur brauchen sie nicht viel, nur Gras und Wasser und eine nette Gruppe. *Ich* wäre absolut lebensunfähig mit Raubtieren in der Nähe, ohne Haus und Bett, warme Klamotten im Winter, Schuhe, Nahrungsmittel, Ärzte, Handy, Laptop ... und Eltern, die für alles bezahlen.

Es gibt so viele Wunder auf der Welt, warum kann es nicht passieren, dass ich aufwache und ein Pferd bin?

Kürzlich war ich so unvorsichtig, den Wunsch zu Hause zu erwähnen, da bekam Papa hektische Flecken. »Pass bloß auf, dass du nicht in der geschlossenen Anstalt landest.«

Also schweige ich zu Hause. Ein weiser Spruch hat mir dazu den letzten Kick gegeben. Mama liebt Dichter-Zitate, die auf die Etiketten ihrer Teebeutel gedruckt sind. Der letzte war wie für mich gemacht: Man braucht zwei Jahre, um sprechen zu lernen, und fünfzig, um schweigen zu lernen.

Also lerne ich gerade schweigen und teile meinen Pferdetraum nur mit Emily, die genauso denkt wie ich.

»Warum müssen Pferde denn vorm Reiten überhaupt noch

geputzt werden«, fragt Ferdi in meine Überlegungen hinein, »wenn sie das alles selber erledigen?«

»Gute Frage«, lobt Tapir. »Pferde knabbern sich nur alltagstauglich sauber. Ohne Reiter reicht das. Bevor aber der Sattel aufgelegt wird, muss jeder noch so kleine Schmutzrest entfernt werden, sonst gibt es Scheuerstellen. Außerdem ist Putzen auch gut für einen Gesundheits-Check. Man findet kleine Verletzungen, Bisse, Risse. Noch was, Flo?«

Genau Tapir, frag mal die Fachfrau. Schließlich bereite ich mich auf den Reitpass für Fortgeschrittene vor und nicht auf die Pampers-Prüfung wie Vince und Ferdi.

»Beim Putzen kann man schon vor dem Reiten Kontakt zum Pferd aufnehmen und Vertrauen herstellen.«

Tapir nickt zufrieden.

»Ihr Jungs könnt gleich den Praxistest machen«, schlägt er vor. »Und Collin putzen. Ich brauche ihn nachher für eine Longenstunde.« Der Holsteiner, der an der Putzstange steht, hebt den Kopf.

»Vince fängt an. Zuerst den Schmutz mit dem Striegel lockern. Hast du ja schon hundertmal gesehen.« Tapir reicht ihm Striegel und Kardätsche.

Collin dreht sich am Strick, als wollte er Vince seine andere Seite zuwenden.

»Warum macht er das?« fragt Vince.

Ich sage nichts. Den Teufel werde ich tun und mich vor den Jungs als Besserwisser aufspielen. Das soll mal schön Tapir erledigen, sonst bin ich gleich untendurch bei meinem Schwarm.

»Pferde sind Gewohnheitstiere. Man beginnt immer an der linken Seite, das kennen sie so.«

»Aber es ist doch völlig egal, wo ich anfange«, protestiert Ferdi.

»Für Pferde nicht. Links fängt man an, das ist der übliche Ablauf. Jedes Ritual gibt dem Pferd Sicherheit. Man putzt von vorn nach hinten. Dann mal los.«

Vince hält großen Abstand und setzt den Striegel mit weit gestrecktem Arm auf. Wieder dreht Collin irritiert den Kopf.

»Näher ran, Vince«, sagt Tapir. »Sonst denkt Collin, du hast Angst, und wenn du Angst hast, muss er sich natürlich auch fürchten. Beim Putzen immer dicht am Pferd bleiben. Du musst ihm Sicherheit vermitteln.«

Vince bürstet Collin recht und schlecht ab, aber wir schweigen alle dazu. Jeder hat mal angefangen. Mit der linken Seite ist Vince fertig.

»Wie komme ich auf die andere Seite?«

»Du gehst hinten um Collin herum. Aber sehr großen Abstand halten. Pferde haben eine gewaltige Reichweite, wenn sie ausschlagen. Ein Tritt mit dem Huf schlägt dir glatt das Bein durch.«

Wie auf Kommando reiben wir uns alle die Oberschenkel.

»Und wenn ich nicht so viel Platz habe?«, erkundigt Ferdi sich. »In der Box zum Beispiel?«

»Dann tauchst du unterm Pferdehals durch auf die andere Seite. Dabei eine Hand an die Pferdebrust legen, damit Collin den Kontakt zu dir behält.«

»Wieso? Ist er plötzlich blind geworden? Der sieht mich doch.«

Tapir lacht. »Pferde können zwar fast rundherum sehen. Aber direkt vor und hinter sich nicht. Toter Winkel.«

»Mehr zu pauken, als ich dachte«, mault Ferdi. »Als ob die Schule nicht reicht.« Nach einem Blick auf die Uhr stößt er ein erschrockenes »Verdammt!« aus und verabschiedet sich rasch.

Tapir sattelt und trenst Collin und führt ihn in die Halle.

Auf einmal stehe ich allein mit Vince auf dem Hof und weiß nicht, was ich sagen soll.

»Gibst du mir Nachhilfe?«, fragt Vince unvermittelt. »Ich meine... bei dir zu Hause, wo nicht tausend Leute zugucken, wie krank ich mich anstelle?«

Sofort ist mein Puls auf hundertfünfzig. Die Chance, mit Vince allein zu sein, ist zum Greifen nah.

»Logisch, mache ich.« Ich bin überrascht von meiner festen Stimme. »Und wann?«

»Vielleicht... gleich? Ab morgen habe ich abends wieder jede Menge Kurse.«

Vince war noch nie bei uns zu Haus. Natürlich würde ich ihn furchtbar gern einladen. Aber so plötzlich? Ist mein Zimmer überhaupt aufgeräumt? Oder liegen überall Klamotten herum? Auf Mamas Druck hin sieht es eigentlich immer vorzeigbar aus. Notfalls räumt sie hinter mir her, was mir normalerweise nicht passt. Nur heute finde ich es praktisch. Eine bittere Pille gibt es allerdings um diese Uhrzeit: Mein Vater ist schon zu Hause. Papa mag keine Besuche von Jungs, nicht mal aus meiner Klasse. Mama drückt eher ein Auge zu.

»Okay, ich hoffe, meine Eltern machen keine Zicken, wenn wir in mein Zimmer verschwinden.«

6. Kapitel

Wir fahren den kurzen Weg zum Fichtenkamp, wo wir in der Nummer 6a wohnen.

»Schön hier.«

Vince betrachtet unser gemütliches weißes Haus mit den Blumenkästen voller roter Geranien und der riesigen Linde im Vorgarten. »Wo ist dein Zimmer?«

»Erster Stock, aber auf der anderen Seite. Zum Garten.«

Wir lehnen unsere Fahrräder an die niedrige Treppe.

»Vielleicht essen meine Eltern bei dem Superwetter hinten auf der Terrasse«, sage ich hoffnungsvoll. »Dann können wir klammheimlich nach oben verschwinden.«

Fehlanzeige. Ich spähe durch ein kleines Seitenfenster. Meine Eltern sitzen am Esstisch in der großen Diele, direkt hinter der Haustür. Mist. Besser, ich informiere Vince über Papas Hang, meine Leute auszufragen.

»Ich warne dich schon mal vor. Mein Vater ist ziemlich neugierig. Schockt dich hoffentlich nicht.«

Vince grinst und schüttelt den Kopf.

Als wir ins Haus kommen, hören meine Eltern sofort auf zu essen. Na toll. Papa rückt seine Brille gerade und mustert Vince durchdringend.

Ich tue so, als sei es total normal, mit wildfremden Jungs nach Hause zu kommen und sie in mein Zimmer zu schleppen. Bevor Papa mit seinem üblichen Verhör loslegen kann, entscheide ich mich für die Flucht nach vorn. Minimale Auskunft und dann weg.

»Das ist Vince Weise. Wohnt auch in Haverstedt. Am Hornweg.«

»Tag zusammen«, grüßt Vince.

»Hallo«, sagt Mama. Dieser elektrisierte Unterton schwingt immer mit, wenn sie etwas schlecht einschätzen kann.

»Sein Vater arbeitet am Gericht«, schiebe ich schnell nach. »Staatsanwalt Weise. Kennt ihr bestimmt. Wir wollen oben ein bisschen büffeln.«

Rasch dirigiere ich Vince am Esstisch vorbei auf die Treppe nach oben. Meinem Vater fällt fast die Tomate von der Gabel.

»Halt, so geht das nicht«, ruft er mir nach. »Du bist gerade vierzehn. Deine Tür bleibt auf, das ist ja wohl klar.«

»Papa!«

»Die Tür bleibt auf.«

Wir verschwinden in meinem Zimmer. Leise lehne ich die Tür an. Vince guckt sich um und pfeift durch die Zähne.

»Sieht mächtig nach Power aus. Alles rot. Bett, Schreibtisch, Regale, Lampen, Sofa. Passt zu dir. Du hast ja sogar einen Balkon. Genial.«

Er öffnet die Balkontür und guckt nach draußen. Aus den Nachbargärten dringt Kinderlachen. Flaschen klirren. Geschirr klappert. Der Geruch von glühender Holzkohle steigt nach oben.

Ich ziehe drei Reitbücher aus meinem Pferdebuchvorrat und werfe sie auf den kleinen Laptoptisch. Als Alibi für alle Fälle lege ich einen Stoß Mathe-Kopien dazu.

Wir setzen uns auf das rote Ledersofa in die Ecke am Fenster. Unbemerkt kneife ich mir in den Arm. Au. Ich schiele zur Seite. Wahnsinn. Ich bin wach und sitze hier tatsächlich mit meinem Schwarm.

Um meine Verlegenheit zu überspielen, blättere ich in den Büchern, als ob ich nach bestimmten Seiten suche.

Ohne Klopfwarnung wird plötzlich die Tür aufgedrückt und Mama erscheint mit einem Tablett in den Händen. Geistesgegenwärtig schiebe ich die Mathe-Mappe über meine

Reitbücher. Natürlich kommt Mama nur aus einem einzigen Grund nach oben: um zu kontrollieren, ob Vince mich schon aufs Bett geworfen hat. Erwachsene und ihre schmutzigen Fantasien.

Deutlich erleichtert, weil wir anständig auf meinem Sofa sitzen, sagt Mama: »Zwei Latte macchiato als Stärkung.«

»Danke, das ist nett von Ihnen.« Vince grinst entwaffnend.

Meine Mutter setzt die hohen, dampfenden Gläser vor uns ab und verlässt zögernd mein Zimmer. Die Tür bleibt einen Spalt offen.

»Lass uns Pferdeverhalten und Pflege anpeilen«, schlägt Vince vor. »Fütterung und Krankheiten habe ich schon mit Tapir gemacht.«

»Was willst du wissen?«

»Also, Verhalten… wie begrüßen Pferde zum Beispiel einen Menschen?«

»Ganz einfach: durch Betasten mit den Lippen. Lippen sind für Pferde das, was für uns die Hände sind. Menschen würden sich die Hand geben, Pferde schnuppern an allem.«

»Zeig mal.«

Ich senke meine Nase über Vince's Arm und schnuppere darauf herum. Hautalarm!!! Mir wird ganz schwummerig und schwindelig. Wie gut seine Haut riecht.

»Das vergesse ich bestimmt nie mehr«, murmelt Vince und betrachtet seinen Arm.

Papas Stimme blafft die Treppe hoch.

»Ist die Tür offen?«

Als ob mein Vater jede Minute eine Straftat erwartet. Oberpeinlich.

Wir sehen uns an und verdrehen gleichzeitig die Augen.

Ich springe auf und laufe zum Treppenpodest, wo ich mich über das Geländer hänge.

»Papa! Vince's Vater ist Staats-an-walt.«

Mit umwölkter Miene mustert Papa mich von unten.

»Jaja, Staatsanwalt«, grummelt er. »Als ob das eine Garantie wäre.«

»Wofür?«, frage ich unschuldig.

Mein Vater wirft mir einen warnenden Blick zu und knurrt statt einer vernünftigen Antwort: »Die Tür bleibt offen, damit das klar ist.«

Leise ziehe ich die Tür wieder an, bis sie fast dicht ist. Jede Wette, Papa horcht unten am Treppenabsatz, ob er das verräterische Klacken im Schloss hört, um notfalls sofort die Stufen hochzustürmen. Mein kleiner Papa ist eifersüchtig, weil seine Flo erwachsen wird...

Entschuldigend sehe ich Vince an, als ich zurück ins Zimmer komme. Er setzt sein Glas ab und wischt sich mit dem Handrücken den Milchschaum von den Lippen.

»Wie würde das jetzt Pepper machen?«

»Mal abgesehen davon, dass Pepper selten Latte trinkt«, grinse ich, »aber wenn... dann würde Alpino ihm beim Fellkraulen den Schaum ablecken.«

»Könntest du das mal demonstrieren?« Vince lächelt mich an, als ob er kein Wässerchen trüben könnte.

»BITTE?«

Warum klopft mein Herz plötzlich ganz wild? Vince beugt sich zu mir, sein Gesicht mit den funkelnden Augen kommt näher. »Vielleicht so?«

Und dann... unsere Lippen berühren sich.

HILFE!

Ist das ein Kuss?

Oder nur Fellpflege in der Praxis?

Auf jeden Fall ist es umwerfend. Verwirrend. Schön. Glücksfaktor tausend hoch tausend.

Vergiss die Hände, wenn du Lippen hast. Warum bin ich kein Pferd geworden?

Ich räuspere mich, um den Kloß in der Kehle loszuwerden. »Wenn du die Prüfung schaffen willst, musst du ernsthaft pauken, Vince Weise.«

Dabei möchte ich in Wahrheit jubeln: »Lass uns nur noch Fellpflege üben, das ist das Wichtigste überhaupt.«

Vince lächelt mich an. »Ich *bin* ernsthaft.«

»Gut. Dann kommt jetzt Putz-Theorie dran.«

Ich springe vom Sofa hoch und stelle mich vor meine Wand mit den roten Regalen und DVD-Türmen. Alles zusammen nimmt fast zwei Meter fünfzig ein, ungefähr so lang ist Pepper.

Ich gucke gegen die Wand und forme mit den Händen einen Pferdekörper.

»Denk dir die DVD-Türme als Pferdeschulter. Man stellt sich beim Putzen an die Schulter, also ungefähr neben die Vorderbeine. Da ist der sicherste Platz.«

»Wo genau ist der sicherste Platz?«

Auf einmal steht Vince ganz dicht neben mir. »Und warum eigentlich?«

»Neben der Schulter ist die Gefahr am geringsten«, wispere ich überrumpelt.

»Welche Gefahr?« Vince's lächelndes Gesicht nähert sich langsam, genau wie vorhin bei der Fellpflege.

»Ver-verletzungsgefahr.«

»Aber die Kussgefahr ist am größten«, flüstert Vince. Seine Lippen sind warm und weich und ich schmelze dahin. Am liebsten würde ich nach unten rennen und Papa alles erzählen, damit er sich mit freut, aber das kann ich wohl vergessen.

7.

Noch nie habe ich an einem 21. Juni so furchtbar gefroren wie heute.

Dabei knallt die Sonne vom wolkenlosen Himmel auf den Habichthof. Das Thermometer zeigt fünfundzwanzig Grad Wärme, aber meine gefühlte Temperatur liegt bei fünfundzwanzig Grad *Kälte*. Und das am Sommeranfang.

»Ich wünschte, ich wäre tot«, wimmert Emi zitternd und zieht ihre Stalljacke über die blaue Reitweste. Sie friert noch schlimmer als ich, und wenn ich mich auf dem Hof umgucke, entdecke ich neun weitere bibbernde Gestalten.

Der Grund für unser Gruppenschlottern ist der Reitpass. In wenigen Minuten beginnt die Prüfung.

Ich spähe über den Hof, auf dem ein Großaufgebot an Pferden angebunden ist. Neben den Schulpferden warten Pepper und Alpino.

»Idealer kann das Wetter für den Reitpass nicht sein«, ruft Herr Habicht uns im Vorbeilaufen zu. »Die Prüfer sind gerade angekommen. Wir trinken im Büro noch einen Kaffee. Strengt euch an, Mädels. Ihr wisst, worum es geht.«

Klar wissen wir das, und gerade das macht uns zusätzlich kribbelig. Wer heute patzt, kann den Wanderritt nämlich vergessen. Freitag wollen wir los und ohne bestandenen Reitpass lässt Habi keinen mitreiten. Da ist er knüppelhart. »Wegen der Verantwortung«, sagt er. »Und wegen der Versicherung.«

Meine Augen suchen den Hof und die Weiden nach Vince ab. Wenn ich ihn irgendwo entdecken könnte, würde mein Frösteln sofort nachlassen. Seit den sagenhaften Küssen in meinem Zimmer war ich nie mehr allein mit ihm. Nicht im

Stall und schon gar nicht auf dem Schulhof. Immerhin hat er mir aus der Ferne heimlich Luftküsse zugeworfen und süße SMS geschrieben, zum Beispiel »Wollen wir wieder einen Latte zusammen trinken?«.

Tapir kommt vom Umziehen zurück. Statt seiner geliebten Goldwäscherhose aus Arizona trägt er zur Feier des Tages sein schwarzes Jackett zur Reithose.

Er verteilt Startnummern mit Bändern, die wir über unseren Westen verknoten sollen. Ich habe die Nummer neun. Meine Finger verfummeln sich, so heftig beben meine Hände. Pepper mustert mich erstaunt, weil er mich nicht als Zitteraal kennt.

»Lass mich mal«, sagt Tapir. Geduldig entwirrt er meine Bindebänder.

»Emi, können wir Alpino als Prüfungspferd für die Jungs nehmen?«, fragt er Emily über die Schulter hinweg. »Wir verschwinden dann in den Außenstall. Alpi ist so handlich und lieb. Wenn Ferdi und Vince an ihm etwas zeigen sollen, macht er das geduldig mit.«

»Ja, schon. Aber ich brauche Alpi doch auch.«

»Du kommst einfach mit. Kannst die Theoriefragen zusammen mit den Jungs beantworten. Bis zur Praxis sind wir längst fertig.«

Leise informiert Tapir mich: »Ich will Emily den Stress ersparen, vor ihren Lieblingsfeindinnen befragt zu werden. Da kriegt sie doch kein Wort raus.«

Guter Tapir.

Kaum ist er mit Emi und Alpino abgezogen, muss ich mir Mellys Gejammer anhören. Seit Alpis Platz leer ist, steht sie mit Collin direkt neben mir.

»So eine Pleite«, jault sie. »Ich habe Startnummer zehn. Bis wir dran sind, das dauert ewig. Bestimmt bis zwölf Uhr.«

Anklagend zeigt sie in die Richtung, wo die Wasserstelle liegt. »Ab zwölf fällt die Sonne voll auf den Teich und ich kriege Collin garantiert nicht rein, wenn es blendet. Entweder muss ich bis halb zwölf durch sein oder nach drei rein.«

Ich schweige, denn ich weiß, dass Melly recht hat. Collin ist eigentlich ein wunderbares Geländepferd, er marschiert auch brav durchs Wasser. Nur nicht, wenn sich Sonnenstrahlen darin spiegeln. Das Aufblitzen macht ihn nervös, dann tänzelt Collin herum und geht rückwärts. Optimal schlecht für eine Geländeprüfung.

Melly starrt mich an. Unwillkürlich umfasse ich Peppers Kopf mit einem Arm. Mein Pferd schmust sich in meiner Armbeuge fest und grummelt ungehalten. Pepper hasst Meckerstimmen wie Mellys.

»Schuld bist du«, wirft sie mir an den Kopf. »Ich hatte mich schon im Februar für den Reitpass angemeldet, aber mit Pepper! Konnte ja keiner ahnen, dass du ihn kaufst.«

Glorias lila Haarsträhnen tauchen zwischen Collin und Flemming auf.

»Echt, das war ein gemeiner Coup mit Peppers Kauf. Hättest ja wohl bis nach der Prüfung warten können.«

Die unverschämte Anmache verschlägt mir die Sprache. Dann ist es für eine Antwort zu spät, weil in diesem Moment Lennart Habicht mit zwei Männern aus der Stallgasse nach draußen tritt. Die Richter.

Blitzartig verstummt das Geplauder.

»Jens Bremer und Dirk Kienkamp«, stellt Habi vor.

Ich hoffe, Jens Bremer zu kriegen, einen blonden, lockeren Typ, der Tapir ähnelt, nur ohne Pferdeschwanz. Der andere macht mir etwas Angst. Ein bulliger Typ mit verspiegelter Sonnenbrille, kurz geschorenem grauem Bart und straff zurückgekämmtem Haar mit grauen Strähnen. Obwohl er nicht älter ist als Lennart Habicht oder Papa, kommt er mir mindestens wie achtzig vor.

»Jens Bremer prüft die Jungs«, verkündet Habi. Mir rutscht das Herz in die Hose. Heute scheint mein Glückstag zu sein.

Kienkamp grüßt uns zackig: »Morgen zusammen«, dann marschiert er über den Hof, schreitet mit prüfendem Blick die Reihe unserer Pferde ab und gibt kurze Kommentare ab.

»Bei dem Fuchs sitzt der Kehlriemen zu stramm.«

»Der Sattel liegt bei der Stute eine Idee zu weit vorn. Nachsatteln, bitte.«

An Pepper hat er nichts auszusetzen.

Vom Außenstall kommt schallendes Gelächter. Die Jungs gehen den Basispass locker an. Ich wünschte, ich wäre Reitanfänger und im Außenstall dabei.

Zunächst müssen wir Herrn Kienkamp der Reihe nach beantworten, was Reiten im Gelände vom Reiten in der Halle unterscheidet. Ich bekomme die Frage: »Was musst du beim Gruppengalopp beachten?«

Natürlich kenne ich die Antwort: »Ich behalte strikt meine Position und bleibe hinter dem Pferdeschweif vor mir.«

Kienkamp nickt. »Richtig. Niemals überholen. Galopp ist die Fluchtgangart. Da neigen Pferde im Gelände zu heftigen Reaktionen, wenn ein Kumpel vorbeischießt.«

Strahlend kommt Emi mit Alpino am Zügel vom Außenstall zurück.

»Theorie bestanden«, raunt sie mir mit gerötetem Gesicht zu, als sie sich mit Alpino neben mir einreiht. »Vince und Ferdi müssen noch etwas zu Boxenhaltung erzählen und zum Pferde-Verhalten.«

Pferde-Verhalten! Sofort schwirrt mir der Abend in meinem Zimmer durch den Kopf, als Vince wissen wollte, wie Pferde sich Milchschaum von den Lippen wischen. Wie wir uns geküsst haben. Ein warmer Schauer läuft mir den Rücken runter.

»Aufsitzen und im Schritt Richtung Reitweg gehen«, ruft der Prüfer.

»Gleiche Abstände halten«, erinnert Lennart Habicht leise, während er uns die Steigbügel hält, damit wir eleganter auf unsere Pferde kommen.

Leonie führt die Gruppe mit dem Westfalen Bono an. Sie ist schon fünfzehn und reitet am längsten von uns allen.

»Anfang hier«, ruft sie und wir schließen uns an.

Hinter mir reiten Gloria auf Flemming und Melly auf Collin. Unter den Pferdehufen wirbelt trockener Sand hoch und treibt mir als Schleier vor die Augen. Mit dem Arm wische ich mir den feinen Staub aus dem Gesicht. Rechts und links am Weg baden Spatzen mit gespreiztem Gefieder im Sand. Ihr lautes Tschilpen übertönt leider nicht das ewige Gekicher von Melly und Gloria. Die sollen sich mal lieber konzentrieren, denn Kienkamp läuft mit und scheint Ohren wie ein Luchs zu haben. Wenn nicht sogar Schalltrichter wie eine Langohr-Fledermaus, so ähnlich sehen seine braunen Ohren jedenfalls aus.

Unser Richter geht von Reiterin zu Reiterin und stellt Einzelfragen zu Unfallsicherheit, Verkehrsregeln und Umweltschutz. Ich glaube, Gloria hat er auf dem Kieker, weil sie ständig plappert und mit ihrem Handy herumspielt. Bestimmt tickert sie die ganze Zeit Meldungen von ihrem Smartphone. Ich peile nach hinten. Als der Richter neben Flemming auftaucht, lässt Gloria das Handy rasch verschwinden. Ich schnappe eine Frage auf. »Welchen Plan hast du, wenn dein Pferd sich im Gelände verletzt?«

»Habe ich gerade nicht auf dem Schirm«, gibt Gloria zurück.

Mir stockt der Atem. Dreht sie jetzt komplett durch? Gloria braucht ihre Reisetasche gar nicht erst zu packen, wenn sie so weitermacht. Prüfungsrichter mögen keine flapsigen Antworten. Und richtig.

»Hör gut zu, Mädchen.«

Kienkamp redet auf einmal sehr leise. »Du hast es beim Reiten mit einem *Lebewesen* zu tun. Eine Verletzung ist etwas Ernsthaftes. Wenn du die Grundkenntnisse für Geländeritte nicht lernen willst, bitte sehr.«

Mit dem Kopf weist Kienkamp zum Stall. »Du kannst die Prüfung jederzeit abbrechen und zurückreiten.«

Das sitzt. Ich wette, Gloria hat nie in das Sachbuch »Reitpass« geguckt. Die Zeit, die sie beim Theoriepauken spart, steckt sie in Haarefärben.

Doch dann bleibt mir beinahe der Mund offen stehen: Gloria murmelt tatsächlich eine Entschuldigung und referiert dann fachkundig über Erste Hilfe im Gelände.

Nach einem Schlenker durch unser kleines Wäldchen erreichen wir den Reitweg. Hintereinander reiten wir in schöner gerade Linie mit Sicherheitsabstand, so wie es Herr Habicht gern sieht. Säße mir nicht Melly mit Collin im Nacken, würde ich noch viel entspannter reiten.

»Positionswechsel«, verlangt der Richter. Jede von uns muss einzeln an der Abteilung vorbeitraben und sich vor die Gruppe setzen. Danach sollen wir Kommandos zum Wechseln der Gangarten geben, im geschlossenen Verband nach links abbiegen und einzeln galoppieren. Punkt für Punkt haken wir ab, bis nur noch zwei schwierige Aufgaben fehlen: Wegreiten von der Gruppe und Durchreiten einer Wasserstelle.

Genau rechtzeitig zu den Königsdisziplinen treffen Vince, Ferdi und Tapir mit dem zweiten Richter an unserer Prüfungsstrecke ein.

»Euren Jungs könnt ihr gratulieren«, ruft Jens Bremer uns zu. »Beide haben jetzt den Basispass.«

Vincents Lächeln wärmt mich bis in die Zehenspitzen. Ich fühle mich plötzlich ganz locker und voller Tatendrang. Hoffentlich klappen die beiden letzten Prüfungen vor Vince's Augen. Einzeln von der Gruppe wegzureiten, ist ziemlich schwer für Schulpferde, die sonst nur gemeinsam ins Gelände gehen.

»Man muss mit Panikreaktionen rechnen«, warnt der Richter. »Das wisst ihr durchs Training. Pferde versuchen immer, in der Herde zu bleiben. In der Wildnis sind allein umherlaufende Pferde schließlich ein Angriffsziel für Raubtiere.«

Extrem peinlich, wenn das Pferd nach drei Galoppsprüngen auf dem Huf kehrtmacht und zurück zur Gruppe stürmt. Ist schon mehrfach bei unseren Prüfungs-Testausritten passiert.

Leonie schafft den Einzelgalopp auf Bono aber souverän. Kunststück, Bono wird meistens von Herrn Habicht geritten.

»Kriss Brinkmann auf Oskar.«

Mit ihren Fjordpferden Halvor und Oskar haben die Zwillinge leichte Probleme, weil die Pferde zunächst kleben und sich nicht trennen wollen, genau wie die Trakehner Stuten Siri und Piri. Im zweiten Anlauf klappt es.

»Emily Ehlert auf Alpino.«

Emi braucht nur einen einzigen Versuch. Mit fliegender Mähne stürmt ihr schöner Haflinger ins Gelände.

Es ist komisch mit Emi: Unter Menschen bewegt sie sich wie eine schüchterne Maus. So unauffällig, dass Melly ständig ätzt: »Emis zweiter Vorname ist Nobody.« Aber auf ihrem Pferd ist Emi wie umgewandelt. Traumhaft sicher. Ich könnte glatt neidisch werden … wäre Emi nicht meine BFF. Beste Freundin *forever* …

Mit sehnsüchtigen Augen sieht Ferdi Emi nach. Wie eine

zierliche Elfe schwebt sie über Alpis blonder Mähne. Ich lache in mich hinein. Von Anfang an bewundert Ferdi meine Elfenfreundin, aber Emi ist viel zu scheu, auch nur ein einziges Wort mit ihm zu wechseln.

Endlich werde ich aufgerufen.

»Nummer neun, Flora Rohde mit Pepper. Galopp bis zum Strommasten, dann zurück im Trab.«

Pepper benimmt sich traumhaft. Leicht und beschwingt entfernen wir uns von der Gruppe. Im leichten Sitz galoppiere ich von dannen. Als wäre das nichts.

Jedes Mal, wenn ich mich so über Pepper freue, rieselt von oben bis unten rosa Wärme durch meinen Körper. Auch jetzt beim schwungvollen Galoppieren. Vom Scheitel bis zu den Steigbügeln fühle ich mich wie aus lauter Glück gemacht. Pepper galoppiert leichtfüßig und elegant.

Am Strommasten pariere ich durch und tätschele Peppers Widerrist.

»Gut gemacht, Kleiner.«

Gehorsam dreht Pepper mit mir um und trabt in angemessenem Tempo zurück zur Gruppe. Er brettert nicht los wie andere, wenn sie die Herde wittern. Butterleicht lässt er sich von mir dirigieren. Als ich zum Schritt durchpariere, bin ich rundherum *happy:* Ich schaffe den schwierigen Einzelgalopp mit Pepper, obwohl er so lange Schulpferd war. Das heißt: Er vertraut mir total.

»Ein athletischer, einsatzfreudiger Holsteiner«, sagt Dirk Kienbaum. »Und du hast ihn gut im Griff.«

Da ist schon wieder das rosa Glück. »Mit dir kann ich alles«, flüstere ich Pepper ins Ohr.

Am liebsten möchte ich ihn jede Minute des Tages bei mir haben. Wenigstens sein Bild. Das Tollste wäre, wenn Ferdis Vater mir Pepper in Lebensgröße aus rosa Marmor bildhauern würde. Zwei Meter fünfzig lang, 1,66 m Stockmaß. Rosa wegen der rosa Wärme. Ferdis Vater ist als Bildhauer ziemlich bekannt. Für unser Tierheim hat er zwei riesige Doggen aus Sandstein geschaffen. Dieses Meißeln in Tierform stelle ich mir wahnsinnig schwer vor, aber Ferdi sagt, es ist ganz einfach. »Er schlägt bloß alles weg, was nicht nach Dogge aussieht.« Na ja, ob es so leicht ist… Den Marmor-Pepper möchte ich in unseren Garten stellen. Direkt vor meinen Balkon, dann sehe ich ihn schon morgens beim Aufwachen. Das wäre gigantisch. Als ich Papa vorschlug, mir Weihnachten Pepper als lebensgroße Skulptur zu schenken, griff er sich an den Kopf und stöhnte: »Was haben wir bei deiner Erziehung bloß falsch gemacht?«

Vielleicht kann ich ihn ja doch noch überzeugen. Jetzt freue ich mich erst mal über meinen lebendigen Pepper. Was gibt es Schöneres, als die schwierigste Prüfungsaufgabe so gut hinzulegen?

Ich reite an die Seite von Alpino, um den anderen Platz zu machen. Etwas abseits sehe ich Vince und Ferdi stehen. In den Augen der Jungs entdecke ich eindeutige Zeichen von Bewunderung.

Ja… es gibt tatsächlich noch ein i-Tüpfelchen auf mein Galoppglück: Vince sieht mir bei meinem Erfolg zu. Ich glaube, heute hat er seine Meinung über Reiter geändert. Bisher feixten die beiden Jungs ständig: »Was ist denn beim Reiten sportlich? Da arbeitet doch nur das Pferd.«

»Zum Schluss steht das Durchreiten einer Wasserstelle auf dem Programm«, kündigt Herr Kienkamp an.

Leider kann ich mich nicht mit Vince unterhalten, weil der Richter neben uns läuft. Ist vielleicht besser so, sonst verliere ich noch die Konzentration. Inzwischen funktioniert mein Temperaturgefühl wieder.

»Mir ist so heiß«, stöhnt Emi.

Mir auch. Meine gepolsterte Sicherheitsweste würde ich jetzt gern in die Ecke werfen.

Hintereinander ziehen wir zu einem lang ausgedehnten Teich, den wir von unseren Ausritten kennen. Selbst bei Dauerregen wird er nie tiefer als einen halben Meter. Verspricht, eine ganz relaxte Angelegenheit zu werden. Meine Gruppe stellt sich im Kreis auf die mit Gras bewachsene Böschung. Sofort versuchen die Pferde, uns die Zügel zu entziehen, um zu grasen, was wir natürlich nicht dulden dürfen.

Eine Reiterin nach der anderen wird aufgerufen und die Pferde durchqueren das Wasser mehr oder weniger freudig. Die Schwierigkeit ist der Einstieg. Steht ein Pferd erst einmal im Wasser, marschiert es auch weiter bis zum Ausstieg.

»Für euren Wanderritt seid ihr wirklich optimal vorbereitet«, lobt Richter Kienkamp.

Pepper und ich gehören zu den letzten Kandidaten. Natürlich stapft mein Schatz durch den Teich, als sei es die normalste Sache der Welt. Als wir aus dem Wasser klettern, macht sich auf der Böschung schon ausgelassene Stimmung breit. Gleich sind alle durch … und dann wird gefeiert. Nur Melly und Gloria fehlen noch.

In der Ferne schlägt die Kirchturmuhr von Haverstedt zwölfmal, als Melly dran ist.

»Bitte Melly Lanz mit der Nummer zehn«, ruft Richter Kienkamp. »Einmal das Wasser längs durchreiten und hinten raus auf die Böschung.«

Pünktlich mit den Glockenschlägen passiert genau das, wovor Melly eine Heidenangst hat. Die Sonne steigt über die hohen Eichen am gegenüberliegenden Ufer. Langsam überwinden die gleißenden Strahlen die Baumkronen und fallen blendend hell auf den Teich. Wie flüssiges Silber blitzt der Wasserspiegel auf und lenkt die Aufmerksamkeit unserer Pferde auf sich.

Collin tänzelt aufgeregt, als Melly ihn aus der Gruppe heraus in Richtung Teich reitet. Ihr Gesicht färbt sich hochrot. Nicht von der Wärme, sondern vor Zorn über ihr Pech. Automatisch denke ich an Mamas neuesten Teebeutelspruch.

»Glück ist, wenn das Pech die anderen trifft.«

Ich gebe zu, ich empfinde eine kleine unanständige Schadenfreude, für die ich mir einen Punkt auf der Fiese-Flora-Skala gebe. Natürlich kann ich meinen Jubel rechtfertigen: Melly hat mich mit ihrer hinterhältigen Art so oft zur Weißglut gebracht, dass ich mindestens hundert Punkte guthabe. Wenn ich allein daran denke, wie sie Vince und Ferdi in der Schule anschwärzen wollte.

Der braune Holsteiner versucht, dem Teich auszuweichen.

Melly kneift die Lippen zusammen und treibt Collin vorwärts, aber ihr Pferd bricht vor dem glitzernden Wasser zur Seite aus und trabt aufgeregt ein Stück davon.

»Teufel auch«, schimpft Gloria in meinem Nacken.

Was bin ich für ein Glückspilz, weil ich Pepper habe.

Auch Mellys zweiter Anlauf scheitert. Collin rammt die Beine in den Boden und verweigert.

»Du darfst es noch einmal von rechts versuchen«, sagt Kienkamp.

Mit verkniffenem Gesicht reitet Melly an, doch auch am rechten Ufer spiegelt und gleißt das Wasser. Collin lässt sich brav bis zum Einstieg reiten, stutzt dann aber und kriecht mit verspanntem Rücken rückwärts.

Die Sache ist vergurkt.

»Einmal hast du noch«, sagt der Richter streng. »Danach

musst du aufgeben. Der Wasserdurchritt gehört unbedingt dazu.«

Es wird eng für Melly.

Einige in unserer Gruppe murmeln ungehalten. Gloria traut sich, laut zu motzen.

»Liegt doch nicht an ihr, sondern an der blöden Situation mit dem spiegelnden Wasser. Sie können Melly nicht einfach durchfallen lassen.«

Richter Kienkamp rückt seine Sonnenbrille zurecht und mustert Gloria aus verspiegelten Augen.

»Vorsicht mit deinen Äußerungen«, sagt er. »Das bestimmst nicht du, wer den Reitpass besteht und wer nicht.«

Genau. Und Melly besteht ihn eben nicht. Sie kann so viele Anläufe nehmen, wie sie will, vor dem späten Nachmittag geht Collin nicht durchs Wasser. Eher geht ein Kamel durchs Nadelöhr...

Pepper dreht sich halb um und stößt ein paarmal mit der Nase gegen meine Stiefelspitze. Ich beuge mich aus dem Sattel zu ihm herunter.

»Perfekt, dass Melly uns auf dem Wanderritt erspart bleibt, was, Pepper?«, flüstere ich ihm ins Ohr. »Kann sie sich wenigstens nicht an dich heranmachen. Und an Vince auch nicht.«

Hartnäckig stupst Pepper mich weiter an. Ich will aber nicht darüber nachdenken, was er mir sagen will, denn seine möglichen Vorschläge passen mir absolut nicht, das ahne ich schon.

Nein, Pepper, schlag dir das aus dem Kopf. Auf keinen Fall retten wir Mellys Prüfung.

Mein Pferd gibt nicht auf, mich durch Anstoßen und Grummeln aufmerksam zu halten.

Klar weiß ich, dass Melly mit dir durch den Teich kommen

würde, Pepper. Aber Pferdewechsel kann keiner von mir verlangen. Nicht mal Herr Habicht macht einen Versuch. Obwohl er rasend unglücklich aussieht. Malt sich wohl gerade aus, wie Frau Dr. Lanz ihm die Hölle heißmacht, wenn ihre sensationelle Tochter durch die Prüfung rasselt.

Ob jemand von den anderen ahnt, welche Kämpfe ich gerade mit mir selbst austrage? In mir streiten sich zwei ICH. Das gute ICH und das gemeine ICH.

Pepper atmet tief ein und aus. Das fühle ich bis in meine Reitstiefel.

Gib es auf, Pepper. Ich kapier schon, du willst an mein gutes Herz appellieren. Vergiss es. Ich will Spaß auf dem Wanderritt haben! Melly ist so zickig. Ohne sie wird es supergenialspitze. Das vergeige ich mir doch nicht selber.

Bestimmt bilde ich mir Peppers Gedanken ein, weil ich selber hin- und hergerissen bin. Zu allem Überfluss kommt mir Tapirs schlauer Spruch in den Sinn.

»Pepper ist dein Gewissen. Er sagt dir, was du als anständiger Mensch tun solltest.«

Pah, Gewissen. Bin ich etwa eine gute Fee, die jedem Loser zu Hilfe kommen muss? Verdammt, nein!

Ich wundere mich, dass ich auf einmal aus dem Sattel gleite und mit Pepper am Zügel zu Dirk Kienkamp hinübergehe. Hat die Sonne mein Gehirn verbrannt? Erstaunt sieht Herr Habicht mich an.

»Melly wollte eigentlich mit Pepper den Reitpass machen«, erkläre ich dem Richter, der überrascht den Blick von seinem Prüfungsbogen hebt. »Aber ich habe ihn gekauft. Nun musste sie auf Collin ausweichen und konnte nicht üben.«

»Ja? Und?«

»Kann sie vielleicht auf Pepper durch den Teich reiten?«

»Bitte?«

»Pepper! Wissen Sie nicht mehr… der athletische, einsatzfreudige Holsteiner?«

»Super, Flo«, ruft Gloria von Flemmings Rücken.

Hoffentlich mache ich gerade keinen Riesenfehler. Auf Pepper wird Melly die Prüfung bestehen. Und eine Melly Lanz beim Wanderritt ist ein unkontrollierbarer Knallkörper.

Erstaunt nimmt Dirk Kienkamp seine Spiegelbrille ab. Der Richter hat viel nettere Augen, als ich dachte. Braun mit Grün, ein bisschen wie Vince.

»Eigentlich ist Pferdewechsel in dieser Phase nicht vorgesehen.«

Sein Blick streift Melly, die verzweifelt auf dem nass geschwitzten Collin hockt.

»Bisher war die Reiterin einwandfrei. Hm, spiegelndes Wasser hat schon Olympiapferde scheuen lassen. Gut, gib ihr deinen Pepper. Moment… wie heißt du?«

»Flora Rohde.«

»Das ist anständig von dir, Flora.«

Als Melly sich mit einem mühsam hervorgequetschten »Danke, Alte« in Peppers Sattel schwingt, schielt mein Pferd zu mir herüber.

Wir sind die Guten, Flo! Wir lassen keinen hängen. Nicht mal ein Biest wie Melly.

8.

Alles ist perfekt für unseren Abreisetag am Freitag vorbereitet. Meine gepackte Sporttasche wartet schon zu Hause im Flur – und nun das...

Als ich Donnerstagnachmittag kribbelnd vor Reisefieber in den Stall komme, rennt Emily mir mit verweintem Gesicht auf der Stallgasse entgegen.

»Habis Schwester hat sich den Arm gebrochen.«

»Was?« Wie angewurzelt bleibe ich stehen. »Das darf doch nicht wahr sein.«

Emi wischt sich über die Augen. Viel fehlt nicht und ich heule auch los. Mein Tief verstärkt sich noch, als Janne und Katta uns mit fuchtelnden Händen auf den Hof folgen. Wir wissen es auch schon, sagt ihr Blick.

»Der ganze schöne Plan kommt durcheinander«, schimpft Katta. Sie versetzt einem Hufkratzer einen Fußtritt, dass er durch die Luft fliegt und auf dem Misthaufen landet.

»Vielleicht können wir überhaupt nicht reiten«, jammert Janne. »Das muss man sich mal vorstellen: Jede von uns hat den Reitpass bestanden und nun scheitert der Wanderritt an einem Gipsarm.«

Die Schreckensnachricht muss ich erst einmal verarbeiten. Frustriert lasse ich mich auf die Pflastersteine am Paddock sinken und simse an Vince.

SOS. Wanderritt fällt vllt aus. Flo

Habis Schwester Annegret war unser Joker. Sie wollte auf Habis kleinen Johnny aufpassen, beim Stallausmisten helfen und Proviant, Halfter, Stricke, Trinkwasser zu unserem

Rastplatz transportieren. Und vor allem den Hänger ins Gelände fahren, falls ein Pferd sich verletzen sollte.

»Warum kann Tapir morgen eigentlich nicht den Hängerdienst übernehmen?«, schnieft Emi.

Katta winkt ab. »Der ist doch den halben Freitag schwer beschäftigt. Er muss unser Gepäck zum Paulsenhof fahren, Vince und Ferdi hinbringen und in Großenwerder alles vorbereiten: Schlafplätze, Boxen, die Rallye.«

Melly schlurft heran. Ihre Miene verrät, dass die schlechte Nachricht bereits bis zu ihr vorgedrungen ist.

»Habi hat ausdrücklich gesagt, er macht den Wanderritt nur, wenn die ganze Zeit jemand am Habichthof mit dem Gespann wartet«, sagt sie mit hängendem Kopf. »Damit man notfalls sofort mit dem Hänger ins Gelände kann.«

»Genauso ist es.«

Wir fahren herum, weil wir Habichts lautlose Sohlen überhört haben. Gequält lächelt Habi uns zu.

»Meine Schwester wäre ideal gewesen, weil sie mit meinem Geländewagen vertraut ist. Mit dem Hänger auch. Aber keine Panik, Mädels.« Habi durchforscht sein Handy-Adressbuch. »Vorerst blasen wir den Ritt nicht ab, ich telefoniere schon wie ein Weltmeister nach Ersatz.«

Er drückt eine Nummer und redet weiter.

»Am Freitag haben leider nicht alle frei wie ihr. Es ist höchstens möglich, dass jemand Termine verschieben kann ... Hallo? Eva Vollmer?«

Erwartungsvoll hängen unser Blicke an Lennart Habicht. Eva Vollmer gehört zu den Antiken, ziemlich nett, eine der erwachsenen Reiterinnen, die Pepper früher gern geritten haben.

Achselzuckend dreht der Chef sich nach dem Gespräch unserer Runde zu. »Sie muss ins Büro. Aber ein Lichtblick:

Frau Vollmer kommt am Wochenende in den Stall und hilft beim Ausmisten. Das ist doch was.«

»Dafür«, sagt Janne spontan, »schreiben wir ihr eine Riesenpostkarte aus Großenwerder. Die größte, die wir finden.«

Herr Habicht nickt und gibt die nächste Nummer ein.

Pling. Das ist mein Handy. SMS von Vince.

NEIN! Ich habe doch extra den Basispass gemacht. Melde dich mit good news!!! Sofort! Hab heute lange Kurs. Xx

Hypnotisiert bleibt mein Blick auf dem Display mit Xx hängen. Vince schickt mir Küsse! Zum allerersten Mal. Diese SMS wird nie gelöscht. So schwarz erscheint mir dieser Donnerstag auf einmal gar nicht mehr. Wie ein rohes Ei bugsiere ich mein wertvolles Handy in die Tasche.

Vince's Küsse tanzen mir im Kopf herum, während ich in der kommenden Stunde gleichzeitig zwischen Hoffen und Bangen schwanke. Wird Habi jemanden fürs Hängerfahren finden?

Nach einer gefühlten Ewigkeit sondert Melly sich ab, verschwindet telefonierend in der Einfahrt, und als sie kurz darauf zurückkehrt, strahlt sie wie ein Honigkuchenpferd. So sollte sie mal öfter gucken, dann käme sie vielleicht etwas sympathischer rüber.

»Bingo«, sagt Melly geheimnisvoll und schweigt.

»Komm schon«, drängelt Janne, »hast du etwa gute Nachrichten?«

»Und ob.« Wichtig wendet Melly sich an Herrn Habicht. »Meine Mutter übernimmt morgen den Hängerdienst.«

»Ach ja?«

Lennart Habicht ist im Grunde nicht gut auf Mellys Mutter zu sprechen, weil sie sich in alles einmischt. Oft genug bringt sie den Stall mit ihren hysterischen Anfällen durcheinander. Dabei ist sie Psychologin, die Frau Dr. Lanz!

»Aber deine Mutter arbeitet doch freitags!«

»Sie verschiebt zwei Termine.« Melly bläst sich mächtig auf. »Die Patienten kommen dann Samstag. Das geht.«

Egal. Und wenn Mellys Mutter noch so gewöhnungsbedürftig ist: Es ist klasse von ihr, dass sie uns den Wanderritt ermöglicht. Für meine positiven Gedanken gebe ich mir zehn Punkte auf der Feine-Flora-Skala.

»Sie will aber ihren eigenen Jeep für den Pferdehänger nehmen, weil sie den kennt.«

»Umso besser«, sagt Herr Habicht. »Dann kann Tapir meinen Landrover fahren.«

Ganz geheuer ist ihm die Sache offenbar nicht, obwohl er noch zweimal zu Melly sagt: »Richte deiner Mutter herzlichen Dank aus.« Wenn Habi die Baseballkappe abnimmt und sich die Glatze reibt, zweifelt er. Die Geste ist stallbekannt und ich weiß so gut wie die anderen neben mir, was er denkt. Logisch hätte er jeden anderen lieber gehabt als die launische Lanz. Aber in der Not frisst der Teufel Fliegen.

Er hält mich zurück, als unsere Gruppe sich auflöst.

»Dir ist doch klar«, sagt er, »dass wir *dir* das großzügige Angebot von Mellys Mutter verdanken? Und natürlich Pepper?«

»Wegen des Pferdewechsels beim Reitpass?«

Habi nickt. Insgeheim habe ich auch daran gedacht und ich freue mich riesig, dass der Chef es genauso sieht. Meine Großzügigkeit hat sich gelohnt.

»Pepper bekommt heute eine Portion Möhren extra«, sagt er. »Und bitte morgen pünktlich um acht im Stall.«

Das hätte er nun wirklich nicht erwähnen müssen.

9.

Nach einer schlaflosen Nacht erscheine ich total aufgedreht um sieben im Stall. Ein Wunder, dass Papa mich nicht höchstpersönlich abgeliefert hat. Am liebsten hätte er Habi noch vier Millionen Verhaltensregeln mitgegeben.

Ich kette das Fahrrad an und laufe mit meiner Sporttasche zur Einfahrt, wo ich Habis Geländewagen erspäht habe.

Sieht aus, als ob wir einen knallwarmen Tag bekommen. Das hatte der Wetterbericht gestern ganz anders geschildert, eigentlich sollte es nur normal warm werden. Die weißen Löwenmäulchen vor Habichts Haus lassen ihre Köpfe hängen. Mein Poloshirt klebt am Rücken, im Moment allerdings mehr vor Aufregung als vor Wärme.

Leonies und Jannes Eltern fahren gerade mit dem Auto vor, lassen ihre Töchter mit Gepäck aussteigen, hupen und verschwinden wieder. Hinter mir braust Maxies Vater über die Wiesenfeldstraße davon. Fast erwischt er die Brinkmann-Zwillinge, die mit ihren Rädern auf den Hof brettern. Kriss' und Tessys Eltern haben sich am meisten geziert, die Genehmigung zu unterschreiben. Ohne die verrückten Zwillinge wäre unser Wanderritt nicht komplett gewesen. Ohne die Fjordies auch nicht. Jannes Vater musste bei Brinkmanns anrufen und sie beruhigen, außerdem noch Tapir in seiner Rolle als Rechtsanwalt. Dann ging die Sache über die Bühne.

Habis schwarzer Landrover steht mit weit geöffneten Türen in der Einfahrt bereit. Daneben wartet Tapir auf unser letztes Gepäck. Schlafsäcke und Isomatten liegen seit gestern in Großenwerder. Habi hält es für sinnvoller, wenn wir ohne Packtaschen reiten und das Gepäck im Auto befördert wird. Eine weise Entscheidung. Bei dieser Wärme sollten wir den Pferden kein unnötiges Gewicht zumuten.

Der limonengrüne Jeep von Frau Lanz biegt um die Ecke. Durch die Windschutzscheibe sehe ich ihre perfekt gestylten Blondhaare. Immerhin, die Frau ist zuverlässig. Ich fürchte allerdings, dass ich ihr Gesicht so früh am Morgen nicht ertrage, und verkrümele mich schnell in den Stall, um Pepper fertig zu machen. Ob er ahnt, dass wir heute auf den ersten großen Wanderritt gehen?

Auf dem Hof höre ich Habi mit unterdrücktem Ärger sagen: »Nein, Melly, du kannst dein Haar nicht offen lassen. Keine Diskussionen. Im Nacken zusammenbinden oder unter die Kappe stecken, aber ein bisschen plötzlich.«

Um acht Uhr sitzen wir mit Reitkappen, Sicherheitswesten und umgeschnallten Trinkflaschen auf unseren Pferden. Alle warten nur auf Habis Startsignal.

Vor uns liegen 22 Kilometer bis zum Großensee. Knapp fünf Stunden Reitzeit, meint Habi. Pausen zusätzlich. Er kennt die Strecke fast im Schlaf und muss sich nicht mit komplizierten Landkarten abplagen.

Auf dem Hof werden unsere Pferde umringt von Tapir, Frau Lanz, Habis Schwester Annegret und Johnny. Alle reden durcheinander, man versteht kein Wort. Oder bin ich nur zu aufgeregt, um richtig hinzuhören?

Habi umarmt seinen kleinen Jungen und springt auf Bonos Rücken. An seinem Sattel hängen zwei kleine Packtaschen, vollgestopft mit Notfallausrüstung.

»Mal herhören«, ruft Herr Habicht über den Hof. »Heute wird es heißer, als wir erwartet haben. Das heißt, wir machen zusätzliche Pausen, auch zum Tränken. Und wir reiten fast nur Schritt. Nur in der ersten Hälfte im Wald einen Trab und Galopp.«

Gloria macht eine enttäuschte Handbewegung. »Oh, nein! Ich wollte endlich mal richtig lange Strecken galoppieren.«

»Das heißt Wanderritt und nicht Rennritt«, kontert Habi.

»Trotzdem blöd.«

»Geht nicht anders. Willst du etwa riskieren, dass Flemming einen Hitzschlag kriegt? Kannst auch zu Hause bleiben, wenn dir der Plan nicht gefällt.«

»Schon gut.« Gloria mault und dreht uns auf Flemming den Rücken zu.

»Das erste Teilstück im Wald wird erträglich kühl sein«, fährt Herr Habicht fort. »Wir reiten ungefähr zweieinhalb Stunden, dann legen wir eine lange Rast ein. Frau Lanz bringt uns Halfter und so weiter zum Rastplatz. Wir sind heute eine große Truppe mit zwölf Reitern. Darum reiten wir paarweise hintereinander. Als geschlossener Verband.«

Während er nachgurtet, gibt uns Habi die Reihenfolge bekannt.

»Pepper und Alpino gehen vorn.«

Emi stößt ein überraschtes »Huch« aus. Ich bin genauso baff.

»Traut ihr euch das zu?«, fragt Herr Habicht und blickt abwechselnd mich und Emi an. »Wenn *ich* euch nicht für gut genug hielte, würde ich nicht fragen. Flo geht links, hat also die größte Verantwortung.«

»Das ist gemein«, motzt Melly. »Nur, weil Pepper und Alpino Privatpferde sind.«

Feindselig starrt sie mich und Emi an. Klar, sie hat sich ausgerechnet, heute wie ein Star behandelt zu werden, weil ihre Mutter den Hänger fährt. Wir sind noch nicht losgeritten, da geht das Theater schon los. Super.

»Hör auf, Melly«, sagt Herr Habicht mit einem Seitenblick auf ihre Mutter. Er muss verdammt vorsichtig sein, um sie nicht herauszufordern. Ein falsches Wort und unsere Psychologin fährt heulend nach Hause und lässt uns mit dem Hänger sitzen.

»Pepper und Alpino gehen vorn, weil sie die erfahrensten Geländepferde sind, aus keinem anderen Grund«, sagt Herr Habicht bestimmt. »Bono und Dacapo sind sichere Schlusspferde. Ich reite mit Katta hinten. Was ist, Flo, willst du die Gruppe führen? Ist natürlich anstrengender als mittendrin zu reiten.«

Obwohl mir das Herz klopft, sage ich sofort: »Klar doch, Herr Habicht.«

Alles hört auf mein Kommando. Genial.

»Ich erkläre dir zwischendurch genau den Weg«, verspricht Habi. »Die ersten Kilometer kennst du ja.«

Emi guckt ein bisschen komisch, aber sie weiß, dass Pepper und Alpino im Gelände ein tolles Team sind. Und dass sie prima reitet, weiß Emi genauso gut, auch wenn das Wort »Selbstbewusstsein« nicht zu ihrem Wortschatz gehört.

»Hinter Flo und Emi gehen Melly und Gloria mit Collin und Flemming, danach Janne und Lina mit Chico und Mounty. Viertes Paar sind Maxie und Leonie mit Siri und Piri, dann folgen die Zwillinge mit den Fjordies, zum Schluss Katharina und ich.«

Er nickt mir aufmunternd zu.

»Dann mal los, Flo. Denk daran, Kommandos laut ansagen. Die anderen Reiter geben sie nach hinten durch. Wenn ich dir etwas mitteilen will, funktioniert das Ganze umgekehrt.«

Ich ziehe mit Pepper ein Stück nach vorn.

»Anfang hier.«

Hinter uns ordnen sich die Paare. Dass Melly mir im Nacken sitzt, finde ich blöd.

Mir flattern vor Aufregung die Nerven, als es losgeht.

Während wir den vertrauten Weg ins Gelände gehen, drehe ich mich dauernd im Sattel nach hinten, um zu prüfen, ob die Abteilung mir geschlossen folgt oder ob zu große Abstände entstehen. Melly schneidet jedes Mal eine Grimasse, wenn ich mich umsehe. Blöde Ziege, ohne mich und Pepper wärst du überhaupt nicht dabei.

Auf dem Weg neben uns sind breite Reifenspuren zu sehen. Weit vor uns rumpelt ein voll beladener Traktor mit Anhänger davon. Auf den gemähten Wiesen stapeln sich Dutzende weißer Silageballen, die abgeholt und in die Scheunen gebracht werden, bevor Krähen die Folie zerhacken können.

Nach fünfzehn Minuten Schritt rufe ich »nachgurten« und tatsächlich greifen alle gehorsam zu den Schnallen und ziehen die Sättel fester an, damit sie nicht auf den Pferderücken rutschen.

»Gleich rechts den Waldweg einschlagen und bis zum Ende traben«, richtet Janne von hinten aus.

Ich hebe meine rechte Hand. »Antraben!«

Aus dem Augenwinkel sehe ich, dass meine Befehle astrein befolgt werden. Die Position als Chef gefällt mir. Pepper benimmt sich einmalig als Leitpferd. Ständig schnaubt er leise vor sich hin. Mein Pepper ist in Sonntagsstimmung.

Nach dem Trab lässt Herr Habicht durchgeben: »Viel trinken. So ein langer Ritt ist nicht nur für die Pferde anstrengend.«

Ich löse meine Trinkflasche vom Gürtel und setze sie an, ohne Pepper aus den Augen zu lassen. Köstlich, wie das Wasser durch die Kehle rinnt.

Zum Glück hält sich die Hitze noch zurück. Der Weg führt kilometerweit durch angenehm kühle Eichenalleen und an Waldrändern entlang, wo dichte Baumgruppen Schatten auf den Reitweg werfen.

»Hoffentlich erlaubt Habi hier einen Galopp«, sagt Emi leise. »Der Weg ist doch optimal.«

Da ruft Herr Habicht auch schon: »Fertig machen zum Angaloppieren.«

Schnaubend springen unsere Pferde an. Fast ist die Strecke zu Ende, da ruft der Chef: »Hinten runtersetzen, Tessy!«

Ich sehe vorne nicht, was los ist. Nachdem wir wieder Schritt gehen, frage ich Gloria: »Was war denn mit Tessy auf der Galoppstrecke?«

»Halvor ist mit ihr losgebuckelt«, gibt Gloria zurück. Flemmings Prusten übertönt ihre Stimme fast. »Ist aber alles gut gegangen.«

Losgebuckelt? Sofort grummelt mein Magen. Hoffentlich überkommt Halvor die Buckelfreunde nicht gleich auf der Straße. Wenn wir die doch erst hinter uns hätten. Vorher kann ich den Ritt nicht richtig genießen. Emi geht es bestimmt genauso. Meine Freundin wagt nicht zu sprechen, so ernst konzentriert sie sich auf ihre Rolle als Anführerin.

Straßen sind immer eine Gleichung mit tausend Unbekannten. Als Reiter muss man mit allem rechnen: rücksichtslose Autofahrer, überbreite Lastwagen, rasende Motorräder, heranschießende Rennräder, Hupen, plötzliches Abbremsen, das ganze Programm. Man weiß nie, ob ein Angeber mit quietschenden Reifen an einem vorbeidüst.

»Dicht aufschließen«, ruft Herr Habicht von hinten. »Wir überqueren gleich die Straße. Tapir wartet dort und stoppt notfalls die Autos.«

Ein riesiger Stein fällt mir vom Herzen. Tapir wartet! Hätte der Chef das nicht vorher ankündigen können? Dann wäre mir eine Stunde Bauchweh erspart geblieben.

Hinter Pepper rückt die Abteilung zusammen. Wir reiten aus dem dunklen Schatten der Bäume heraus und sofort trifft uns die ungebremste Sommerhitze. Kurz vor der zweispurigen Straße halte ich Pepper an und verschaffe mir einen Überblick. Stoppen am Straßenrand hat Herr Habicht mit uns unerbittlich geübt und Pepper war immer der Star im Anhalten. Schon, als er noch »Pepper Habicht« hieß und Schulpferd auf dem Hof war.

Nur wenige Autos sind unterwegs. In der flirrenden Sonne erkenne ich Habis geparkten Landrover. Auf der anderen Straßenseite wartet der quietschgrüne Jeep von Frau Lanz. Alle Achtung, dass sie gekommen ist, um uns eine Schneise durch den Verkehr zu schlagen.

Tapir steigt aus und gibt mir ein Zeichen, dass er die Autos anhalten will. Ein kleiner Lastwagen mit Grünzeug auf der Ladefläche dröhnt um die Straßenbiegung und meine Nerven flattern nun doch wieder. Muss ausgerechnet heute ein Gärtner durch die Gegend fahren? Tapir geht ein Stück auf die Straße, hebt die Hand und zeigt auf unsere Gruppe. Der Lastwagen verlangsamt das Tempo und hält weit vor uns an. Hinter ihm stauen sich vier oder fünf Autos. Auf der Gegenfahrbahn kommt gerade niemand. Tapir sichert schnell nach beiden Seiten, dann winkt er uns hinüber.

Geschlossen und zügig überqueren wir die Straße.

»Jetzt kapiere ich auch, warum Habi hinten reiten wollte«, sagt Emi erleichtert, als wir drüben ankommen. »Er hält die Abteilung zusammen, damit kein Auto durch unsere Gruppe rasen kann und uns trennt.«

»Ganz schön schlau, der Mann«, sage ich, und das meine ich hundertprozentig so.

»Fünfhundert Meter an der Straße entlang«, ruft Habi. »Ganz rechts reiten. Hinter der Bushaltestelle links in den Feldweg einbiegen. Handzeichen geben.«

Diese Asphaltstraße noch, dann ist Ruhe. Dahinter warten nur noch echte, ruhige Reitwege. Ein Gruppe Fahrräder kommt uns entgegen. Die Frauen lachen und klingeln und winken uns zu. Himmel, finden die das komisch? Pepper spitzt die Ohren und tippelt schräg, als sie uns passieren.

Unter meiner gepolsterten Weste rinnt mir der Schweiß den Rücken herunter. Rasend gern würde ich das Ding herunterreißen und im Trägertop reiten. Aber das traue ich mich nicht. Herr Habicht würde nur sagen: »Geht's noch? Und wenn du einen Abgang machst? Möchtest du voll auf den Asphalt knallen?«

Meine Arme brennen. Ich hätte mich mit Sonnencreme einreiben sollen. Einige Autos brausen an uns vorüber. Vorsichtig schiele ich nach hinten.

»Die Pferde halten alle Spur«, gebe ich an Emi weiter.

Endlich! Das gläserne Wartehäuschen der Bushaltestelle kommt in Sicht. Dahinter schimmert es sandig gelb. Unser Reitweg.

Ich strecke den Arm nach links aus und rufe: »Abteilung nach links abbiegen.«

Geschafft.

10.

Seit wir die Straße überquert haben, vor einer Stunde ungefähr, hat kaum jemand ein Wort gesagt. Weil es einfach perfekt ist, schweigend durch die stille Landschaft zu reiten. Neben dem Reitweg wächst eine verschwenderische Fülle von Margeriten, Kamille und Lupinen. Weiße Schafgarbe und hochgeschossene Gräser wuchern hinter der Baumallee auf ungenutzten Ackerböden.

Habis Stimme durchschneidet die Ruhe auf dem Waldweg. »Am Steinhaufen rechts in den Trampelpfad.«

Pepper dreht die Ohren nach hinten.

»Einzeln hintereinander.«

Auf Peppers Rücken kommt mir die Natur ganz anders vor als sonst. Viel näher. Sogar die Durchgeknallten halten zur Abwechslung den Mund.

»Ich gehe hinter Pepper«, sagt Emi und nimmt Alpino etwas zurück.

Pepper zögert, als er durch den engen Weg gehen soll, der zu beiden Seiten mit hohem rosa Springkraut bewachsen ist. Um uns herum taumeln Zitronenfalter. Nach wenigen Metern öffnet sich das Dickicht und wir stehen auf einer sonnendurchfluteten Lichtung.

Geblendet kneife ich die Augen zusammen. In der Mitte wuchert hellgrünes Gras.

Hinter mir stöhnt Melly auf. »Oh nein, bloß das nicht. Noch mehr Sonne.«

»Ladys ... unser Rastplatz«, ruft Herr Habicht. »Runter von den Pferden. Und ab mit euch an die gegenüberliegende Seite.«

Erst jetzt erkenne ich gegen die Sonne, dass die Lichtung

ringsherum von Birken und dunklen Nadelbäumen eingegrenzt wird, die einen wunderbar breiten Schattenstreifen werfen.

»Einwandfrei«, sagt Emi begeistert.

Meine Knie schmerzen nach der ungewohnt langen Tour. Ich springe aus dem Sattel und recke mich ausgiebig. Runter mit der verschwitzten Kappe. Nass und heiß klebt mein zusammengebundenes Haar am Kopf. Ich puste mir Luft unter den Pony. Gut, dass Vince mich nicht so entstellt sieht. Aber wenn ich mich so umgucke, sieht keine aus meiner Clique besser aus. Melly schon gar nicht.

»Jeder guckt nach einem schattigen Plätzchen für sich und sein Pferd«, sagt Herr Habicht. »Am besten stellt ihr euch nebeneinander, dann können alle Pferde vernünftig im Schutz der Bäume grasen.«

Rechts und links hört man das typische Raaaatsch. Klettverschlüsse von Sicherheitswesten werden aufgerissen und jeder stöhnt, als endlich frische Luft unter die Weste gelangt. Dann satteln wir ab.

»Trensen drauflassen, bis die Halfter da sind«, sagt Herr Habicht.

»Wie das duftet!«, schwärmt Janne, während sie Chico den Nasenriemen öffnet, als wir unseren Schattenrand erreicht haben. »Nach Kiefern.«

Unsere Pferde schnauben, strecken die Köpfe nach vorn und fangen sofort an zu grasen. Ich fühle mich gigantisch. Ein wahnsinniges Gefühl, diesen Ritt schon halb geschafft zu haben. Jeden einzelnen Meter haben wir selber erobert, Pepper und ich.

»Anderthalb Stunden Pause«, ordnet Herr Habicht an. Er wirft einen Blick auf die Uhr. »Frau Lanz bringt gleich Halfter und Stricke.«

»Findet noch jemand außer mir, dass es hier nach Erdbeeren riecht?«, fragt Kriss plötzlich und schnuppert in die Luft. »Nach großen roten, saftigen Erdbeeren?«

»Wieso Erdbeeren?«, fragt Janne.

»Weil hier eine ganze Schüssel auf euch wartet«, sagt jemand hinter uns. Frau Lanz in Eierlikörgelb. Gelb ist heute eine Tarnfarbe – bei der Sonne.

Wie ist sie mit dem Wagen hierhergekommen? Wo wir doch mitten in der Einöde gelandet sind. Frau Lanz zeigt auf einen reich gedeckten Campingtisch, der versteckt hinter Birken an der schmalen Seite unserer Lichtung aufgebaut ist.

Interessiert hebt Pepper den Kopf und zieht mich zu den Birken. Er liebt Erdbeeren. Durch Gestrüpp und Unterholz leuchtet der limonengrüne Jeep mit dem weißen Pferdehänger. Teufel auch, direkt hinter unserer Lichtung liegt ein Waldparkplatz. Nie hätte ich gedacht, dass die Straße so nahe am Reitweg entlangführt.

»Das haben Sie sensationell ausgesucht«, sage ich zu Herrn Habicht, während ich das Picknick begutachte. Melly zieht Collin am Zügel hinter sich her und nimmt ein paar Erdbeeren.

Habi lacht. »Danke für das Lob vom Gruppenführer. Ich gebe es zurück – du hast deine Sache toll gemacht, Flora. Emi natürlich auch.«

Ich platze gleich vor Stolz. Melly und ihre Mutter platzen auch gleich. Allerdings vor Wut. Empört stemmt Frau Lanz ihre Arme in die Seiten. Fleckige Röte überzieht ihr Gesicht.

»Und ich? Zählt das nicht, dass ich den ganzen Weg bis hierher gefahren bin? Aus reiner Hilfsbereitschaft?«

»Aber natürlich«, beeilt sich Herr Habicht zu versichern. »Besten Dank dafür. Ohne Sie wäre der Wanderritt ins Wasser gefallen. Wir sind Ihnen wirklich sehr dankbar.«

Frau Lanz brummt etwas, das klingt wie »Dankbar? Dass ich nicht lache«.

Mit spitzen Fingern fische ich für Pepper eine dicke Erdbeere aus der Schüssel. Missmutig mustert Frau Lanz mich aus ihrem gefleckten Maserngesicht.

»Immer diese Privatreiter! Du wirst dem Tier doch wohl keine Erdbeere geben?«

»Nur die beiden, die für mich bestimmt sind«, beruhige ich sie.

Mit samtigen Lippen nimmt Pepper mir die süße Riesenbeere von der Handfläche.

»Pah«, knurrt Frau Lanz. Ich glaube, sie ist drauf und dran, Pepper die halb zerdrückte Erdbeere aus dem Maul zu angeln. Herr Habicht sieht mich an und verdreht die Augen. *Musst du diese schwierige Frau wirklich reizen?,* verstehe ich daraus.

Ja, Herr Habicht, es macht einfach Spaß, weil sie sich so wunderbar ärgert. Schon gut, Chef, gibt einen Punkt auf der Fiese-Flora-Skala.

Herr Habicht gibt mir Bono zum Festhalten und trägt Kisten mit Putzzeug, Stricken und Halftern aus dem Wagen herbei. »Hängt die Trensen an den Birkenast hier vorn. In der Reihenfolge, wie ihr reitet«, sagt Herr Habicht. »Links das Zaumzeug von Pepper, dann Alpino, Collin und so weiter.«

Nachdem wir die Halfter aufgezogen haben, hängen wir die Trensen säuberlich auf. In den Pferdegesichtern zeichnen sich feuchte dunkle Stellen dort ab, wo die Lederriemen entlangführten.

Die Sättel stellen wir hochkant mit den nass geschwitzten Unterlagen zur Sonne, damit sie trocknen können, bevor wir sie später wieder auflegen. Habi bindet Bono an einen starken Baum und kontrolliert mit der flachen Hand jedes Pferd auf Schwellungen in der Sattellage. Er hat noch einen Auftrag für uns, bevor wir uns aufs Picknick stürzen.

»Messt den Puls bei eurem Pferd und zählt die Atemzüge pro Minute.«

Er fragt die Werte ab und ist zufrieden.

»Kein Pferd ist ausgepowert. Das zeigt, dass wir vernünftig geritten sind bei der Hitze. Ohne viel Galopp.« Er schaut Gloria vielsagend an, doch die senkt sofort ihren Blick.

Jeder von uns hält vorübergehend das Pferd seines Nachbarn, damit jeder sich Essen und Trinken holen kann. Der Tisch biegt sich unter den vielen Flaschen und Platten mit belegten Brötchen.

»Wusste gar nicht, dass Mineralwasser so gut schmecken kann«, seufzt Maxie, als sie die fast leere Flasche absetzt. Mit geschlossenen Augen lässt sie sich den Rest als dünnes Rinnsal übers Gesicht laufen.

»Ihr wisst ja, unsere Pferde müssen bei der Wärme viel trinken«, sagt Herr Habicht. Er streicht Bono über den nassen Rücken. »Hat Tapir die Wasserkanister ins Auto geladen, Frau Lanz?«

Sie nickt. »Stehen hinten drin, abgedeckt unter der Aludecke. Die Transportkarre liegt auch dabei.«

Während Emily Pepper hält, checke ich schnell mein Handy. Mama hat schon zwei SMS geschickt.

Melde dich sofort, wenn ihr Rast macht. Mama.

Sie hatte Angst wegen der Straße, die wir überqueren mussten. Ich ziehe mich mit meinem Brötchen auf den schattigen Waldparkplatz zurück und rufe sie in der Sparkasse an.

»Flo. Endlich.«

»Ich darf mit Emi vorne reiten, Mama.«

Ein kleiner Aufschrei pfeift in mein Ohr. Wahrscheinlich glaubt jetzt die halbe Sparkasse, meine Mutter hätte eine schreckliche Nachricht bekommen. Mindestens, dass ich mit Schädelbruch im Krankenhaus liege.

»Komm runter, Mama. Es ist einfach nur cool.«

»Ist das nicht zu viel Verantwortung, Kind?«

»Nö, genau richtig.«

»Alles gut gegangen?«

Ich verscheuche eine lästige Fliege und lehne mich an den grünen Jeep. Herrlich, wie das Blech meinen Rücken kühlt.

»Klar. Einmal hat Halvor gebuckelt. Und Mounty wollte abhauen, als wir an einer Schafherde vorbeimussten. Die hatten sich ganz dicht und grau zusammengerottet, das war nichts für ihn.«

»Oha. Was macht man denn in solchen Fällen?«

»Wir haben Mounty in die Mitte genommen, das konnten wir locker managen.«

Na ja, so locker war es nicht. Tatsache ist, Herr Habicht musste Lina in die Zügel greifen, weil ihr Mounty sonst über die nächste Wiese abgezischt wäre. Aber nach zwei Versuchen konnten wir die Schafshürde überwinden und Mounty benahm sich wieder normal. Noch einmal brauche ich so eine nervige Unterbrechung aber nicht.

Mama ist halbwegs zufrieden und ich nutze mein ungestörtes Plätzchen, um Vince eine SMS zu schicken.

Traumhaft. Der totale Wahnsinn. Du musst doch noch reiten lernen.

Mein Finger schwebt über dem X. Soll ich ihm Küsse schicken? Irgendwie passt es nicht, finde ich. Dieser Wanderritt ist doch Peppers Auftritt. Ich schreibe nur »Flo« unter die SMS und krieche durch zwei überhängende Äste zurück auf die sonnige Lichtung.

Überwältigt bleibe ich stehen. Was für ein Anblick!

»Ich dachte schon, dich hätten sie entführt«, sagt Emi und reicht mir Peppers Strick. »Fast hättest du das Bild des Tages verpasst.«

Mit ausgestreckten Beinen liegen unsere Fjordies im Gras und schnarchen um die Wette. Ein Stück weiter haben sich Collin und Flemming hingelegt. Ihre Beine sind unter den Bauch gezogen, das Kinn ruht auf dem Boden und die Augen fallen den Pferden fast zu. Melly und Gloria halten die Pferde an langen Stricken.

Rechts und links stehen Chico, Mounty, Siri und Piri und fressen gemächlich das junge Gras ab. Die Schatten der Äste malen kunstvolle Muster auf ihre Rücken. Bono und Dacapo dösen mit hängenden Köpfen und angewinkelten Hinterbeinen.

Nur die leise Bewegung der Birkenblätter zittert durch die Mittagsruhe. Mir wird auf einmal ganz feierlich zumute. Nie werde ich dieses paradiesische Bild vergessen. Das brennt sich als Hintergrundbild in mein Gehirn ein. *Forever.* Dieses Bild wird mich immer aufrichten. Zum Beispiel, wenn mich Dr. Winkelmann in Mathe nach dem Kreis im Tangentenviereck fragt. Oder wenn ich später als alter Mensch, mit dreißig oder so, Ärger im Beruf habe wie Mama manchmal. Das hier kann mir keiner nehmen.

Emi sagt, was sie bei solchen einzigartigen Anblicken immer sagt: »Das kommt in meinen Herz-Safe.«

Ich krame mein Handy raus und schieße Fotos von unserem Pferdeparadies. Bei der nächsten Rast gehen die Aufnahmen an Vince und Mama.

Dann beginnt Habi, die schweren Kanister auf der Transportkarre herbeizufahren. Wir füllen das Wasser in Eimer und lassen die Pferde trinken. Unsere eigenen leeren Trinkflaschen füllen wir auch.

Die Pause verfliegt blitzschnell. Schon sind fast zwei Stunden vorüber.

»Vor dem Satteln müsst ihr das Fell pieksauber bürsten«, mahnt Herr Habicht, als er Putzzeug und Hufkratzer verteilt. »Damit kein Satteldruck entsteht.«

Wir räumen Erde aus den Hufen und achten auf Steinchen.

Herr Habicht sammelt Halfter und Putzzeug in Kisten, die Frau Lanz jetzt zu unserem Zielort an den Großensee bringen soll. Der Mann hat wirklich alles bis ins Kleinste geplant.

Die Hitze hat zwar eher noch zugenommen, aber wir sind alle wieder fit und bereit für die nächste Etappe. Unsere Pferde ebenfalls. Herr Habicht hat die Route ein bisschen geändert, damit wir für den Rest der Strecke mehr Schattenwege haben. Außerdem wollen wir zum zusätzlichen Tränken an einem Gasthaus anhalten, wo es uralte, große Wassertröge für Pferde gibt.

»Wenn Sie in Großenwerder fertig sind, Frau Lanz, fahren Sie am besten zurück zum Habichthof und schalten das Handy ein, falls wir den Hänger doch noch brauchen.«

»Das wollen wir nicht hoffen«, sagt Frau Lanz. »Ich reiße mich nicht darum, mit verletzten Pferden herumzufahren.«

Blöde Kuh, warum bietet sie sich denn überhaupt als Hilfskraft an?

Herr Habicht kommentiert die Bemerkung nicht, sondern studiert die Landkarte, bevor er sie Frau Lanz übergibt. »Die gelb markierte Strecke ist unser Weg. Falls etwas passiert, wissen Sie, wohin Sie kommen müssen. Mögliche Halteplätze habe ich rot umkringelt.«

Er wendet sich an uns. »Und nun in die Sättel.«

Er tippt an seinen Reithelm. »Besten Dank für das Picknick, Frau Lanz. Ich melde mich, sobald wir heile am Großensee angekommen sind. Schätze, in rund drei Stunden. Wir machen unterwegs noch mehrmals Rast wegen der Hitze.«

11. Kapitel

Gegen Mittag kommen die Mücken. Wir reiten durch eine Landschaft mit kleinen, sumpfigen Teichen und schmalen Wasserläufen, die alle zum Großensee fließen.

»Zum Glück dauert die Mückenstrecke nur zehn Minuten«, verspricht Habi.

Zehn Minuten. Ha! Gefühlte zehn *Stunden* sind das.

Von allen Seiten fallen mich die Quälgeister an. Unentwegt bin ich damit beschäftigt, die sirrenden Biester zu verscheuchen. Auch Pepper ist genervt. Sein Schweif peitscht, die Halsmuskeln zucken. Manchmal läuft ein Beben durch den ganzen Körper bis zur Kruppe und er stampft auf, um die Plagegeister loszuwerden. Wenn die Mücken ihm im Gesicht zu nahe rücken, dreht er sich zu Alpino und scheuert die Backen an dessen Kopf

Mein Gesicht glüht. Und die Nase erst. Bestimmt kriege ich Sonnenbrand, aber das ist nichts gegen die Haut von Emily. Meine Freundin sieht total ungewohnt aus mit dem leicht verbrannten Gesicht, wo wir sie doch alle nur weiß wie Seidentofu kennen. Die neue Farbe steht ihr. Emi sieht richtig unternehmungslustig aus.

Peppers Ohren spielen und er schielt nach hinten. Hinter mir drängt sich Collin nahe heran und versteckt sein Gesicht hinter Peppers wedelndem Schweif, um sich vor Mücken zu schützen. Ich würde Melly gern anmachen, weil sie mir so nahe auf den Pelz rückt. Andererseits verstehe ich den geplagten Collin und deshalb verkneife ich mir die Bemerkung »Eine Pferdelänge Abstand heißt die Regel«.

Melly kann von Glück sagen, dass Pepper so gutmütig ist.

Ein anderer hätte das dichte Aufreiten längst mit Ausschlagen quittiert.

Auf einmal beginnen Pepper und Alpino nervös zu tippeln. Peppers Rücken ist gespannt wie ein Flitzebogen. Aufgeregt drehen die Pferde sich zur Seite. Ich höre von hinten trommelnde Hufe.

»Abteilung HALT!«, brüllt Herr Habicht.

Da jagt auch schon Dacapo im gestreckten Galopp heran und stürmt an uns vorüber. Sofort will Pepper hinter Dacapo her, er zerrt mir die Zügel fast aus den Händen. Himmel, ich habe ordentlich zu tun, um mein Pferd zurückzuhalten.

Durch hochspritzenden Sand sehe ich unseren Fuchs mit Katta über den Reitweg davonsprinten.

»Halten«, ruft Herr Habicht noch einmal.

Endlich kommt die ganze Abteilung zum Stehen. Vor uns rennt Dacapo weiter und verschwindet in einer Staubwolke. Mir stockt der Atem. Zutiefst erschrocken starrt Emi dem durchgehenden Pferd nach.

Plötzlich schert Halvor aus, hetzt hinter Dacapo her, überholt uns noch gerade, doch nach einigen Galoppsprüngen kann Tessy ihr Fjordpferd stoppen. Ungeduldig schlägt Halvor mit dem Kopf, lässt sich aber wieder in die Abteilung zurückdirigieren.

»Katharina«, brüllt Herr Habicht. »Zirkel reiten!«

Die Staubwolke verzieht sich. Dacapo und Katta kommen wieder in Sicht. Auf einer abgemähten Wiese trabt Katta große Kreise, bis Dacapo sich halbwegs regeln lässt. Im aufgeregten Schritt zackelt er zu uns zurück. Ab und zu versucht er, sich mit einem Hinterhuf unter den Bauch zu schlagen. Aus den Augenwinkeln sehe ich, dass Katta sich neben Herrn Habicht einsortiert.

»Wasser trinken auf den Schreck«, ruft Herr Habicht kurz darauf. »Dann weiter.«

Von hinten wird der Grund für Dacapos Flucht bekannt gegeben: Mückenstich in den Bauch, vermutet Herr Habicht. Das versetzt ein Pferd leicht in Panik, besonders Wallache mit ihren empfindlichen Weichteilen.

»Puh«, stöhnt Emi. »Das muss ich nicht noch einmal haben.«

Ich auch nicht.

Die schlimmste Mückengegend lassen wir nun hinter uns. Offene Landschaft liegt vor uns. Lange Reihen von niedrigem Ahorn und Holunder bilden schnurgerade Alleen. Ein paar hohe Birken werfen hin und wieder Schatten, viel ist das aber nicht. Auf den weiten Wiesen ringsherum ist die Heuernte in vollem Gang. Gepresste Heuquader säumen unseren Weg. In der Ferne tuckern Traktoren. Seit einiger Zeit mischt sich in das dumpfe Muhen von Kühen das unterdrückte Geschnatter von Melly und Gloria. Ich spitze die Ohren, weil ihr Ton zunehmend besorgt klingt.

»Los, sag es schon«, drängt Gloria.

»Wir können doch nicht schon wieder halten«, jammert Melly.

»Nur mal nachsehen. Geht doch schnell. Komm schon, sicher ist sicher.«

Jetzt will ich Genaueres wissen und drehe mich um.

»Was gibt es auf den billigen Plätzen?«

»Pah.« Melly funkelt mich an, halb beleidigt, halb kläglich.

»Sie weiß nicht genau, ob Collin lahmt«, sagt Gloria.

Ich hebe den Arm und senke ihn seitwärts bis zum Oberschenkel, um das Kommando zum Halten zu geben. Über die Schulter rufe ich: »Collin lahmt vielleicht. Können Sie mal kommen, Herr Habicht?«

Der Chef reitet mit Bono an der Abteilung vorbei und winkt Melly aus der Gruppe heraus. »Trab ein Stück geradeaus.«

Mühselig quält Collin sich aus der Abteilung, antraben kann Melly ihn gar nicht. Herr Habicht winkt ab, als er sein Pferd humpeln sieht. »Lass sein! Steig ab, Melly!«

Zaghaft sitzt sie ab. Sie hat Tränen in den Augen. Was ein lahmendes Pferd bedeutet, weiß Melly so gut wie jede von uns: Ende im Gelände.

Habi springt aus dem Sattel und reicht ihr Bonos Zügel. Er tastet Collins Beine ab, dann hebt er nacheinander die Hufe an. Beim rechten Vorderhuf sagt er: »Aha. Da haben wir den Verbrecher. Ein dicker Stein.«

Er zieht einen Hufkratzer aus der Tasche, hebt Collins Bein an und werkelt unter dem Huf herum. Es dauert eine ganze Weile. Der Chef beginnt zu fluchen. »Das Miststück hat sich im Hufeisen verkeilt«, knurrt er. »Richtig eingeklemmt. So, nun aber.«

Er befördert einen kantigen Stein, groß wie ein Stück Würfelzucker, hervor und hält ihn in die Höhe.

»Führ Collin ein Stück im Schritt«, weist er Melly an.

Mit schräg gelegtem Kopf begutachtet er sein Schulpferd. Keine von uns fragt etwas, wir gucken nur hinter Collin her. Der Holsteiner humpelt zwar weniger stark als vorhin, lahmt aber immer noch eindeutig.

Habi fährt sich mit den Händen durchs Gesicht. »Komm zurück, Melly!«

Er hebt Collins Vorderbein noch einmal an und begutachtet die Hufsohle.

»Durch eingeklemmte Steine kann leicht ein Hufgeschwür entstehen«, erklärt er in die Runde. »Wegen des heftigen Drucks. Und wenn man etwas auf einem Wanderritt nicht braucht, dann ist das ein Pferd mit krankem Huf.«

Er richtet sich auf und wischt die Hände an der Reithose ab.

»So kann Collin nicht bis zum Großensee gehen, auch wenn es nur noch eine knappe Stunde ist.«

Unter ihrem Sonnenbrand erblasst Melly. »Und wenn ich ihn führe?«, fragt sie leise. Immerhin hat sie so viel Anstand, an Collins Gesundheit zu denken.

Habi schüttelt den Kopf »Nein. Wäre riskant. Und sinnlos, denn du brauchst ja auch in Großenwerder ein Pferd. Und für den Rückweg sowieso.«

Sein Frust ist nicht zu überhören. »Collin muss zurück. Ärgerlich, ich dachte, wir kämen ohne Hänger aus.«

Ein Stöhnen geht durch die Gruppe. Das verzögert den Wanderritt mindestens um eine Stunde.

Melly heult laut los. Das kann sie auf Kommando, wenn etwas nicht nach ihrem Geschmack läuft. Die Pferde werden unruhig und gucken sich um.

Klar tut Melly mir leid. Aber komischerweise ist es immer sie, wenn es Ärger oder Aufregung gibt. Wer weiß, wie lange Collin vorhin schon gehumpelt hat? Vielleicht *wollte* sie es nicht wahrhaben und hat dadurch alles verschlimmert? Beweisen kann ich es natürlich nicht. Auf jeden Fall kann Melly froh sein, dass ich milde gestimmt bin, weil ich mich so sehr auf die nächsten Tage mit Pepper und Vince und auf die Rallye freue.

»Seht den Stopp als zusätzliche Pause an«, seufzt Herr Habicht. »Obwohl diese Stelle natürlich nicht optimal ist. Mehr Schatten wäre besser.«

12. Kapitel

Todsicher hat Lennart Habicht einen Plan B im Kopf. Schon hackt er auf sein Handy ein. Mit dem Telefon am Ohr ruft er Melly zur Ordnung. »Hör auf zu jammern! Ja, es ist blöd mit Collin. Aber du bist nicht mehr sechs. Sei froh, dass wir deine Mutter als Feuerwehr haben. Sie holt Collin ab und bringt dir …«

Er bricht ab und konzentriert sich auf sein Handy. »Frau Lanz? Ist Tapir noch da? Ja, natürlich meine ich Herrn Nansen. Will gerade ins Auto steigen? Halten Sie ihn fest und holen Sie ihn ans Telefon.«

»Was ist passiert?«

Die Lanz-Stimme gellt mir in die Ohren. Sie ist die einzige Frau der Welt, die man durchs Handy in einem ganzen Bundesland hören kann. »Es ist doch etwas passiert«, lärmt sie. »Sagen Sie schon.«

Ihr Ton nimmt eine Färbung an, die ankündigt: Gleich wird sie hysterisch. Melly hört auf zu jammern und blickt peinlich berührt zur Seite.

Herr Habicht hält das Handy vom Ohr weg und blickt zu uns herüber, während er ins Telefon ruft: »Nun stoppen Sie schon Tapir. Es ist nichts Besonderes. Ein Pferd lahmt.«

Mehr erklärt er nicht. *Ein Pferd.* Den Namen Collin nimmt er nicht in den Mund. Verständlich.

»Gut, ich warte, Frau Lanz.«

Er mustert Melly. »Sandro oder Galvano als Ersatz? Sind beide gleich gut für lange Strecken trainiert. Wen reitest du lieber?«

Wenn sie Sandro sagt, raste ich aus. Sandro, den großen Hannoveraner Schimmel, stelle ich mir in meinen Träumen als Königspferd für Vince vor, auf dem er neben mir ins Abendrot reitet.

»Sandro«, schluchzt Melly.

Klar. Wahrscheinlich träumt sie auch von Vince als Prinz auf einem Schimmel.

»Tapir, bist du's?« Das Handy wandert zurück ans Ohr und Herr Habicht berichtet vom Stein in Collins Huf und gibt in Kurzform seine Anweisungen.

»Mach uns den Sandro fertig. Sattel, Trense, Putzzeug einpacken. Sandro allein verladen? Nein, stell Galvano dazu, dann hat Collin auf dem Rückweg Begleitung. Collins Huf zu Hause kühlen. Übrigens: Kein Wort, dass es Collin ist. Kontrollier die Deichsel bei Frau Lanz. Bleib doch bitte auf dem Habichthof, bis der Hänger zurückkommt. Allein entladen kann sie nicht. Gut, bis nachher.«

Er lauscht auf Tapirs Antwort und nickt.

»Gut. Pack Frau Lanz noch ein paar Kanister Wasser in den Wagen. Mit Eimern. Bis nachher.«

Kaum hat er das Handy eingesteckt, geht sein Klingelton los.

»Tapir! Was gibt's noch? Treffpunkt? Ach so, natürlich. Etwa fünf Kilometer vor Großenwerder. An der Hauptstraße steht ein rotes Transformatoren-Häuschen. Dahinter links in den Forstweg.«

Erleichtert stößt er einen Seufzer aus. »Dreiviertelstunde ungefähr.«

»Sollen wir absteigen?«, frage ich und blase mir ein paar angeklebte Ponyhaare aus der Stirn.

Herr Habicht lässt seinen Blick über das Gelände schweifen und schüttelt den Kopf. »Wir haben nicht genug Schatten für alle.« Er zeigt auf einen schmalen schattigen Weg, der um eine weite Ödfläche mit vertrocknetem Unkraut führt.

»Flora, Emily, traut ihr euch zu, mit der Gruppe einmal langsam um das Viereck zu reiten? Sieht dort kühler aus als hier. Ich warte hier mit Melly unter den Birken.«

Ich mache mich groß im Sattel und habe das Gefühl, Pepper wächst auch. Selbst Emi und Alpino richten sich auf. Wir haben die Königsrolle!

»Kein Problem«, sage ich und hebe sofort die Hand. »Anfang hier.«

Während die Gruppe sich hinter mir sortiert, nutzt Habi die Gelegenheit, den Mückenstich bei Dacapo zu inspizieren. Mit der flachen Hand betastet er seinen Bauch.

»Ziemliche Schwellung. Da hat sich wohl ein Flugsaurier auf den armen Dacapo gestürzt.«

Aus seiner Notfalltasche holt Herr Habicht eine Tube Kühlgel und trägt die Salbe dick auf.

»Wir kürzen die Schlusstrecke nachher ab«, kündigt er an, während er sich selber Mückengel auf zwei fette Quaddeln am Arm tupft. »Ich kenne einen Schleichweg. Und nun ab mit euch. Aber nur Schritt.«

»Logisch, Chef.«

In den nächsten Minuten schwitze ich mehr als auf dem gesamten Ritt.

Meine Augen flitzen nach rechts und links, nach vorne, nach oben und unten. Gibt es Kaninchenlöcher? Raschelt etwas im Gebüsch? Wildschweine mit Frischlingen? Kommt der Rest der Gruppe gut mit? Wie sind die Abstände? Komisch, vorhin bin ich doch auch vorn geritten, aber da wusste ich, dass der Chef am Ende die Sicherheitskontrolle übernimmt.

Nach einer guten halben Stunde kommen wir ohne Zwischenfälle zurück. Es war toll. Trotzdem bin ich froh, dass Herr Habicht die Sache wieder in die Hand nimmt.

Er steht mit Melly und den beiden Pferden im Halbschatten einer großen Birke. Wir steigen ab und drängen uns in kleinen Gruppen unter verschiedenen Bäumen zusammen, um ein bisschen Schatten abzubekommen. Unsere Pferde dösen mit gesenkten Köpfen. Emi und ich stehen nahe bei Collin und Bono.

Wir müssen nur kurze Zeit warten, dann spitzen unsere Pferde die Ohren. Auch Melly horcht auf.

»Sie kommt. Ich kenne unseren Wagen.«

Wie eine Neonwerbung leuchtet der limonengrüne Lanz-Jeep durch die Büsche.

Habi bedeutet Frau Lanz mit erhobenen Armen, den Wagen an einer niedrigen Haselstrauchreihe abzustellen.

Aus dem Hänger wiehern Sandro und Galvano.

»Die vergewissern sich, ob ihre Stallfreunde hier sind«, sagt Herr Habicht.

Pepper hebt den Kopf und wiehert zurück, dann Alpino und schließlich fallen alle ein und begrüßen sich, als seien sie hundert Jahre getrennt gewesen. Das Wiehern geht mir durch und durch. Gänsehautfeeling. Das ist wieder so ein magischer Moment, der sich in mein Gehirn brennt. Emi sieht mich an und legt ihre Hand auf die Sicherheitsweste.

»Kommt auch in den Herz-Safe«, flüstert sie.

Ziemlich geschickt, wie Frau Lanz mit dem Hänger rangiert. Wer hätte das gedacht? Ist nämlich gar nicht so leicht, hat Tapir mal gesagt.

»Hilfst du mir beim Tränken?«, fragt Herr Habicht und kneift mir ein Auge zu.

»Logisch.« Ich zwinkere zurück. Wir sind ein verschworenes Team.

Ich übergebe Emi Peppers Zügel. Keine Sekunde muss

ich überlegen, warum Habi mich aussucht. Frau Lanz soll nicht auf Anhieb bemerken, dass Mellys Pferd ausfällt, weil das größere Jammeranfälle nach sich zöge. Wenn sie zwei braune Pferde direkt vor sich sieht, wird sie nicht nachfragen. Unterscheiden kann sie Pepper und Collin sowieso nicht.

Herrn Habichts Rechnung geht auf.

Zum Glück ist Frau Lanz viel zu sehr mit dem Ausladen der Kanister und des Sattelzeugs beschäftigt, als unsere Pferde genauer unter die Lupe zu nehmen.

Wir füllen das Wasser in Eimer um und lassen jedes Pferd ein paar große Züge nehmen.

Herr Habicht führt den Schimmel Sandro ruhig nach unten, wo er ihn an den Hänger bindet. »Ich sattle ihn gleich«, sagt er, ohne Melly anzusehen. Ich frage nicht, warum Melly ihn nicht selber fertig macht, weil ich es weiß: um Frau Lanz keine Sekunde früher als nötig über das Pech ihrer Königstocher zu informieren. Immerhin ist unsere Prinzessin so klug, ebenfalls den Mund zu halten.

Ungeduldig scharrt Galvano im Hänger. Er steht nicht gern allein. Collin bekommt ein Halfter aufgelegt. Umsichtig begleitet Habi sein lahmendes Pferd die Rampe hoch, während wir in die Sättel steigen.

Jetzt erst überblickt Frau Lanz die Lage. Jede Reiterin sitzt auf ihrem Pferd, nur ihre Tochter nicht.

»Das Unglückspferd ist doch nicht etwa *deins*, Melly? Collin? Oh nein, wie entsetzlich!«

Bevor sie weiterjammern kann, ordnet Herr Habicht an: »Sofort abfahren, Frau Lanz. Bevor die Pferde unruhig werden. Und danke für alles.«

Sein Ton erlaubt keinen Widerspruch. Frau Lanz steigt ein und wir sehen dem Gespann nach, das langsam über den

Forstweg zurück zur Straße fährt. Diesmal wiehern nur Collin und Galvano.

Erleichtert reibt Habi sich die Hände. »So Mädels, letzte Etappe.«

13.

Unsere Pferde sind erstaunlich wach, als wir am späten Nachmittag in Großenwerder einreiten. Aber ich bin platt von der Hitze.

Meine Knie schmerzen vom ungewohnt langen Anwinkeln der Beine. Ich hätte mehr für meine eigene Fitness tun sollen und nicht nur für Peppers.

Lennart Habicht hat mit Katta die Führung übernommen, weil uns auf der Dorfstraße eine endlose Autoschlange entgegenkommt. Freitagnachmittags besuchen massenhaft Wochenend-Urlauber den Großensee.

»Bin nur froh, dass unsere Pferde die Autos so gelassen hinnehmen«, sage ich und klopfe Pepper den Hals.

»Um diese Zeit wollten wir schon längst auf dem Paulsenhof sein«, flüstert Emi. »Wenn die Sache mit Collin nicht passiert wäre ...«

Wir reiten am Sportplatz vorüber. Die hochgewachsenen Pappeln werfen kaum Schatten. Müde und staubig hängen die Netze in den Fußballtoren. Ein kleiner Supermarkt und eine Bäckerei begrenzen das vertrocknete Spielfeld.

Emis Handy geht. Mit einer Hand zieht sie es hervor, sieht mich an und zuckt die Schultern.

»Emi Ehlert«, meldet sie sich leise, damit Herr Habicht nicht aufmerksam wird. Und dann sagt sie eine Weile gar nichts mehr, erst zum Schluss. »Echt? Irre. Danke.«

Vor uns verengt sich die Straße.

»Was ist?«, flüstere ich.

Emi kaut auf den Lippen und vergewissert sich, dass Melly nicht zuhört. »Ich habe das Casting gewonnen. Für den Werbespot.«

»Was?« Ich schreie auf, sodass Pepper unter mir zusammenzuckt.

»Was ist denn mit dir los?«, fragt Herr Habicht nach hinten. »Konzentration bitte. Wir nähern uns dem alten Zentrum. Gleich sind wir da.«

Emi strahlt mich an und legt eine Hand auf die Lippen. »Aber nichts erzählen. Sonst beißt Melly die ganze Zeit nach mir.«

Ich tippe Emi begeistert mit dem Reitstiefel an und nicke.

»Zu Hause musst du mir alles haarklein erzählen.«

Emi nickt. »Logisch. Aber jetzt will ich nicht daran denken. Sonst habe ich ja nichts von unserem Wochenende. Ich weiß auch noch gar nicht viel. Die melden sich nächste Woche wieder.«

An Emis Stelle würde ich auch schweigen. Wer weiß, was Melly sich sonst als Rache ausdenkt. Emis gute Nachricht macht mich munter und ich bin nun wieder wach genug, um die schöne Umgebung in mich aufzunehmen.

Die Kronen uralter Lindenbäume berühren sich über der Dorfstraße. Bäuerliche Backsteinhäuser mit hohen weißen Sprossenfenstern und grünen Dielentüren begleiten uns. Jedes zweite Gebälk zieren wuchtige Eichenbalken mit geschnitzten Sprüchen.

»Guck mal, die Texte«, sagt Emi. »Die Vorläufer der Teebeutel-Sprüche, die deine Mutter sammelt.«

»Stimmt. Cool. Mal sehen, ob ich eine Ansichtskarte mit den Häusern drauf finde. Muss ich ihr schicken.«

Zwei kleine Jungs mit Schwimmtieren unterm Arm bleiben aufgeregt auf dem Gehweg stehen, als unsere achtundvierzig Hufe über den Asphalt klappern. Sichtlich beeindruckt von der Pferdetruppe weichen sie bis an die Zäune und Gartenmauern zurück. Schüchtern winken sie uns zu. Wir winken zurück, Ehrensache.

Habi dreht sich zu uns um. »So, Mädels, gleich habt ihr euren ersten Wanderritt geschafft. Die kleinen Abenteuer unterwegs habt ihr prima gemeistert. Herzlichen Glückwunsch an die ganze Bande.«

»Danke«, murmelt es müde von verschiedenen Pferden.

Ein Stück blaues Wasser schimmert durch eine Lücke in der Häuserreihe. Links verkündet ein Holzschild: »Zum Großensee 200 Meter«.

»Dürfen wir durch den See reiten, Herr Habicht?«, ruft Tessy von hinten.

Habi guckt über die Schulter. »Geht leider nicht.«

»Aber Sie haben es versprochen«, mosert Gloria und wischt sich mit dem Arm über die Stirn. »Weil es gut für die Pferdebeine ist.«

»Ach bitte, Herr Habicht«, kommt nun auch von Janne.

»Wo ist denn das Problem?«, quengelt Melly. »Sandro ist doch nicht so wasserscheu wie Collin.«

»Das Problem ist, dass Sandro noch ungefähr sechzehn Meter wachsen müsste, um durch den Großensee zu kommen.«

»Machen Sie Witze?«

»Der See ist siebzehn Meter tief, Mädels«, seufzt Herr Habicht. »Und zwar überall.«

»Verdammte Falle«, knirscht Melly. »Und nun?«

Habi wäre nicht Habi, wenn er zum Schluss keinen Höhepunkt geplant hätte. »Beim Paulsenhof gibt es einige flache Wasserstellen. Ausläufer vom Großensee. Da reiten wir durch. Sind höchstens noch zehn Minuten.«

Als wir das letzte Stück Dorfstraße reiten, kommt uns in der Autokolonne Habichts schwarzer Landrover entgegen. Mit geöffneten Fenstern rollt Tapir langsam an uns vorüber.

»Auf dem Paulsenhof ist alles für euch vorbereitet. Wir kommen gerade von dort«, ruft er Habi zu. »Collins Huf geht es schon besser. Wir machen jetzt zu Hause den Stall. Die Jungs helfen mir.«

Hinten im Geländewagen drängelt Vince sich mit Ferdi ans Fenster. Hoffentlich sehe ich gerade nicht zum Abgewöhnen aus, so verschwitzt, wie ich mich fühle.

Vince hängt sich halb aus der Fensteröffnung.

»Der Bauer macht Lagerfeuer für uns. Genial, was? Wir bringen nachher alles zum Grillen mit.«

Ich sehe haargenau, dass Vince nur Augen für mich hat, obwohl Melly ihren Sandro so quer stellt, dass sie mich fast verdeckt. Diese Tussi. Schon bin ich wieder hellwach.

Vielleicht ist es ganz gut, dass ich Vince nicht sofort nach dem Absitzen treffe. Sicher sinnvoller, erst ins Wasser zu springen und ein frisches Poloshirt überzuziehen.

Außerdem geht mein Pepper jetzt vor. Schließlich hat er mich zweiundzwanzig Kilometer getragen. Wie er wohl guckt, wenn endlich der Sattel runterkommt?

Zwei Straßen weiter endet der Ort. Hinter den letzten Häusern gelangen wir übergangslos in ein bewaldetes Stück Landschaft. Den lang gestreckten Großensee lassen wir in der Ferne liegen und biegen zu den flachen Ausläufern des Sees ab. Es geht ein wenig bergab. Dicht belaubte Äste alter Bäume neigen sich über das Wasser.

Habi reitet mit Bono hinein, wir anderen folgen nacheinander.

Das Wasser reicht den großen Pferden nur bis zum Vorderfußwurzelgelenk. Urige Weidenbäume und Kastanien spenden himmlische Kühle.

Die Pferde schnauben und senken die Köpfe. Pepper steckt die Nase in den See, schlabbert ein bisschen und durchpflügt das Wasser mit der Nase. Ich muss lachen. Mein Pferd sieht aus wie ein Dampfer auf vier Hufen.

»Lasst sie ruhig saufen«, ruft Herr Habicht. »Das Wasser hat Trinkwasserqualität.«

Hinter uns fangen Flemming, Mounty und Chico an zu stampfen. Mit weit ausholenden Vorderbeinen planscht Flemming uns alle nass. Sandro findet Spaß daran, mit seinem Kopf den klaren See aufzuwühlen und das Wasser nach rechts und links zu verteilen.

»Melly kriegt gerade eine Gratisdusche«, kichert Emi neben mir.

Wir reiten weiter durch tieferes Wasser, bald reicht es den Pferden knapp bis zum Bauch, bei den Fjordies wird der Sattel nass.

»Das ist eine echte Belohnung für unser Durchhalten«, seufzt Maxie zufrieden.

»War wirklich heftig in der Hitze«, lässt Kriss sich vernehmen. »Bin froh, dass *ich* mich nicht tragen musste wie mein kleiner Oskar.«

Ich sage nichts, weil ich einfach wunschlos glücklich bin. Im kühlen Schatten fällt alles von mir ab. Die Aufregung, der Stress der letzten Tage, die Verantwortung, die ganze Gruppe zu führen. Ich bin nur noch glücklich. So ein langer Ritt lässt sich mit nichts vergleichen, was ich bisher geschafft habe. Und er schweißt zusammen. Mit Pepper würde ich bis ans Ende der Welt reiten. Ich glaube, meine Augen leuchten, als hätte ich Drogen genommen. Habe ich eigentlich auch … die Pepperwanderrittdroge.

»Kommt mir vor, als wäre ich schon seit einer Woche unterwegs«, sage ich zu Emi. »Haverstedt – das ist sooo weit weg.«

Emi nickt mit glänzenden Augen.

Schräg hinter uns beginnt Halvor plötzlich zu scharren und hört gar nicht auf, zu prusten und zu schnauben, da ruft Habi auch schon: »Treiben, Tessy. Der Kerl legt sich gleich hin.«

Aber bei unserem sturen Fjordpferd hat Tessy keine Chance. Wenn Halvor sich vornimmt zu baden, dann badet er auch. Da kann Tessy treiben, bis ihr die Waden abfallen.

Schon knickt Halvor die Vorderbeine ein.

»Füße aus den Steigbügeln«, ruft Herr Habicht. »Und weg vom Pferd, sonst gerätst du darunter.«

Da liegt Halvor schon bis zum Sattel im Wasser. Tessy gleitet geschickt von seinem Rücken und treibt ein paar Meter zur Seite. Halvor ist außer sich vor Freude. Er dreht und wendet sich im Wasser, prustet, dann springt er auf und schüttelt sich, dass die Tropfen uns um die Ohren fliegen. Wer von uns in der Nähe steht, quiekt lachend auf.

»Führ ihn die letzten Meter, Tessy«, sagt Herr Habicht. »Wir sind ja praktisch da.«

Er reitet vor uns her zur leicht ansteigenden Ausstiegsstelle. Dahinter führt ein Wiesenpfad bis zu einem Mauerdurchgang, hinter dem sich hufeisenförmig eine großzügige neue Stallanlage anschließt. Entlang einer langen Reihe von Strohballen baut sich ein breites Fachwerkhaus auf. Der alte Paulsenhof.

Wir reiten in den Hof und sitzen ab.

Als Erstes reiße ich mir den Helm vom Kopf und werfe ihn auf den nächstbesten Strohballen.

Neugierig sehe ich mich um. Nach drei Seiten gibt es lange Boxenreihen, jede Box mit einer eigenen Tür. Aus einigen gucken Pferde heraus, die unruhig mit dem Kopf schlagen, als wir uns auf dem Hof breitmachen.

Pepper kümmert sich nicht darum. Ich glaube, er ist ziemlich froh, den weiten Weg geschafft zu haben. Dabei ahnt er noch nicht einmal, dass wir endgültig am Ziel sind.

»Aber wenn ich gleich mit dem Wasserschlauch komme, dann weißt du es«, flüstere ich ihm zu. Mit einem Auge schielt Pepper nach hinten. Tapir behauptet, jedes Pferd hört am Tonfall, ob wir ihm etwas Angenehmes mitteilen wollen. Pepper bestimmt.

Ein schlaksiger Mann in Habis Alter, gestutzte braune Haare, Reithose, weißes Poloshirt, kommt im Laufschritt herbei. Die Männer begrüßen sich mit einer kurzen Umarmung. Habi und Paulsen kennen sich seit ihrer Ausbildung zum Bereiter, hat Herr Habicht uns gestern verraten.

»Das ist Peter Paulsen, der Hofeigentümer«, stellt Habi den langen Dürren vor. Mit einer ausladenden Armbewegung umfasst unser Reitlehrer unsere gesamte Gruppe. »Und das sind meine frisch gebackenen Reitpass-Besitzerinnen.«

Peter Paulsen lacht. »Glückwunsch zu eurem ersten Wanderritt. Ihr seid jetzt echte Profis.«

Er zeigt über das Stalldach mit den hölzernen Pferdeköpfen auf die andere Seite. »Dahinter übernachtet ihr. Exclusiv in meinem nagelneuen Außenstall. Eure Jungs haben alles vorbereitet, Strohballen auf den Boden gepackt und so weiter.«

Die Nacht im Stall hatten wir uns alle wie verrückt gewünscht, obwohl einige Eltern auf richtige Pensionen drängten. Vor dem Ritt gab es deswegen noch reichlich Theater. Bis Herr Habicht genervt entschied: »Entweder schlafen wir alle im Stall oder ich streiche den Wanderritt. Wir müssen in der Nähe unserer Pferde sein. Außerdem werden Pensionen zu teuer. Nicht alle Eltern stapeln zu Hause tonnenweise Geld für die Ausflüge ihrer Kinder.«

Das Ganze endete damit, dass alle Eltern nicht nur den

Wanderritt, sondern auch das Schlafen im Stall schriftlich genehmigen mussten.

»Absatteln und Pferde waschen«, ruft Habi und winkt uns zu einer Wasserstelle mit Schlauch.

»Zum Glück mit Sonnenschutz-Dach«, seufzt Emi. Ihr feines blondes Haar ist dunkel vor Nässe. Sie hat unter ihrer Kappe genauso geschwitzt wie ich. Von Sonne haben wir definitiv erst einmal genug.

Wir duschen unsere Pferde sorgfältig ab. Pepper genießt den Wasserstrahl an seinen Beinen. Er schließt sogar verzückt die Augen und da kommen mir tatsächlich die Tränen.

Ich glaube, es liegt daran, dass ich mich wahnsinnig mit Pepper freue. Es kommt mir vor, als fühle ich selber, wie prickelnd das Wasser meine Beine erfrischt, dabei sind es doch seine.

Herr Paulsen und Habi gehen mit Eimern herum und lassen die Pferde trinken. Damit sie nicht zu hastig saufen, liegen Heubündel auf dem Wasser.

Danach kontrolliert Herr Habicht bei jedem einzelnen Pferd die Sattellage. Als er durch ist, sieht unser Habi auf einen Schlag entspannter aus: »Kein Einziger hat Druckstellen vom Sattel.«

Druckstellen sind der Albtraum jedes Reitlehrers, sagt Tapir immer. Druckstellen sind der Albtraum jedes Pferdes, sage ich. Wenn der Sattel nicht passt oder wenn die Satteldecke verrutscht oder wenn man nicht richtig nachgurtet – schon gibt es Schwellungen und Reibestellen und dann kann ein Pferd lange nicht mehr geritten werden. »Viel schlimmer ist doch wohl, dass die Druckstellen mördermäßig wehtun«, würde Pepper sagen, wenn er sprechen könnte.

Nachdem die Pferde sich entspannt haben, führen wir sie in die Boxen. Was für ein toller Empfang: Heu und saftige

Möhren liegen bereit. Im Vorbeigehen schnappt Pepper sich eine Möhre. Kauend inspiziert er die unbekannten Wände, beschnuppert das Holz und marschiert einmal in der Box herum. Dann seufzt er tief, was für mich klingt wie »Alles bestens, alles ungefährlich«. Pepper knickt die Vorderbeine ein, wirft sich in die frische Einstreu, reibt seine Backen im Stroh und wälzt sich stöhnend vor Vergnügen über den Rücken.

Fasziniert gucke ich zu, bis Herr Habicht mir auf die Schultern tippt. »Peter Paulsen bringt sie gleich auf die Weide. Er hat ein Stück mit schattigen Bäumen, extra für Wanderreiter. Grasen ist die beste Erholung. Morgen nur die Rallye, eine oder zwei Stunden im Bummelschritt, dann wieder auf die Weide. Das ist die ideale Kur für den Heimritt.«

Entsetzt reiße ich die Augen auf. »Heimritt? Wer will denn jetzt daran denken, Herr Habicht?«

Er schmunzelt und hebt die Stimme. »Alles mir nach zu den Schlafboxen.«

Kichernd folgen wir Habi. Auf dem Weg umarmen wir uns alle der Reihe nach, weil wir so glücklich sind. Aus Versehen umarmt Melly sogar mich!

Um die Außenmauer der Stallanlage herum führt der Pfad zu unserer privaten »Wanderritt-Pension«. Sie liegt mitten zwischen drei saftigen Weiden, die sich leicht abschüssig bis an den kleinen See hinunterziehen.

»Herr Paulsen baut hier noch weitere Ställe für Wanderreiter«, berichtet Herr Habicht, als er vor dem neuen Gebäude stehen bleibt, das von zwei Eichen überragt wird. Der Viererstall mit dem spitzen roten Dach gefällt mir. Braunes Holz verziert mit glänzenden Metallbeschlägen. Obwohl der Boxenstall nagelneu ist, wirkt er so gemütlich wie ein altes Fachwerkhaus. Zwei gekreuzte Pferdeköpfe schmücken den Giebel, genau wie beim historischen Paulsenhof.

»Sogar einen Waschplatz gibt es«, stellt Emi fest.

Unsere Isomatten, Schlafsäcke und Reisetaschen stapeln sich auf dem Vorplatz. Wir drängeln uns vor den Boxen, um sie genauer zu begutachten. Drinnen liegen als Matratzen frische Strohquader, die einladend duften.

»Sollen wir uns nicht gleich hinlegen?«, schlägt Leonie vor und gähnt herzhaft. »Ich könnte jetzt zwanzig Stunden an einem Stück schlafen.«

Kriss tippt sich an die Stirn. »Spinnst du, Leo? Denk mal an das Lagerfeuer!«

»Das will ich meinen!« Herr Habicht lacht. »Zieht eure Badesachen an und dann ab in den See. Oder wollt ihr die Jungs in euren verschwitzten Klamotten empfangen?«

14.

Frisch gewaschen, träge und zufrieden liegen wir drei Stunden später auf der abgemähten Wiese vor den Pferdeweiden. Mein Gesicht brennt wie im schönsten Nordseeurlaub. Mit im Nacken verschränkten Armen beobachte ich das Gewusel rund um den Stück für Stück anwachsenden Scheiterhaufen.

»Ihr habt heute Abend frei. Wir kümmern uns um das Abendessen.« Mit dieser äußerst willkommenen Mitteilung hat Herr Habicht uns vorhin überrascht.

Rings um uns herum haben wir unsere nassen T-Shirts und Reithosen zum Trocknen ausgebreitet. Auf meinem Polohemd döst der schwarze Stallkater. Ich döse auch. Der lange Ritt steckt mir in den Knochen.

Aus halb geschlossenen Augen sehe ich den Männern bei der Arbeit zu. Tapir schleppt lange Holzbretter herbei. Vince trägt trockenes Bauholz und Latten auf den Haufen. So müde kann ich gar nicht sein, dass ich seine coolen Bermudas übersehe. Herr Habicht wirft einen Arm voll trockener Zweige dazu und schichtet das Holz zu einem anständigen Lagerfeuer. Peter Paulsen bringt schmale Biergartenbänke, die er im Viereck um den Scheiterhaufen gruppiert. Ferdi macht heute den Grillmeister, er steht an der Holzkohle und pustet mit einem Blasebalg Luft in die junge Glut.

Links von uns, nahe der Wasserstelle, wo unser Wanderritt endete, grasen unsere Pferde. Ab und zu gucken sie herüber, aber meistens stecken sie die Köpfe ins Gras. Zwei Füchse – ich kann von hier nicht sehen, welche – schlafen im Gras, alle viere von sich gestreckt. Wenn ich nicht augenblicklich etwas gegen meine Müdigkeit unternehme, fall ich auch gleich in Tiefschlaf. Ich taste neben mich, bis meine

Hand an die Getränkekiste stößt und angele eine Flasche Cola heraus.

Auf einmal steht Herr Habicht vor uns und klatscht in die Hände. »Genug gefaulenzt, meine Damen. Auf mit euch, wir zünden das Feuer an.«

Ächzend richten wir unsere müden Knochen auf. Vor dem Holzhaufen kniet Herr Paulsen mit langen Kaminhölzern. Da züngelt die Flamme schon am Reisig, frisst sich rasch durch die dünnen Latten. Schnell lodern die ersten roten Feuerzungen empor. Winzige brennende Holzsplitter taumeln wie Glühwürmchen unter dem Abendhimmel.

Wir rollen uns auf die Knie und stöhnen, als wir in die Senkrechte kommen.

»Ich fühle mich wie gerädert.« Katta gibt einen Stoßseufzer von sich und reibt sich Knie und Nacken. »Also bei der Kavallerie wäre ich nicht gelandet.«

»Die konnten Soldaten mit Wimperntusche auch bestimmt nicht gebrauchen«, bemerke ich grinsend.

Katta hat sich doch tatsächlich nach allen Regeln der Kunst vor ihrem kleinen Taschenspiegel geschminkt. Wimperntusche, Lidschatten, Kajal, Rouge, Lipgloss, das ganze Programm. Die Hälfte ihrer Reisetasche besteht aus Schminksachen. Wie Tapir geahnt hat.

»Als ob wir in einer Dorfdisco gelandet wären«, flüstert Emi.

Katta ist nicht die Einzige mit Schminkzubehör im Gepäck. Gloria und Melly haben sich genauso heftig angemalt. Gloria wie immer schrill. Breit umrandete Augen, lila Lidschatten, lila Lippenstift. Dramatisch. Melly ist wieder mal glamourös aufgebrezelt. Die Zicke kann sich leider perfekt stylen. Schillernde Reflexe glitzern auf den Augen, Metallic-Strich auf den Lidern, Glimmerpuder leuchtet im Gesicht.

Gegen die drei Schminkweltmeister komme ich mir vor wie eine Landfrau im Kuhstall. Dafür sind meine Haare schön. Lang und glatt und blondbraun wie Heidehonig.

Ich beobachte Melly und Gloria, die unentwegt schnatternd ihre Kreise um Ferdi und Vince ziehen.

Melly ist nicht nur geschminkt, sondern hat als Einzige ein Kleid mitgenommen. Ein weißes, flatterndes Minikleid. Und Riemchenschuhe. Das Allerschlimmste: Wenn Melly nicht Melly wäre, sondern meine beste Freundin, müsste ich zugeben: Sie sieht toll damit aus. Ich beobachte grimmig, wie sie in ihrem Mini herausfordernd zwischen den Bänken hin und her stolziert, ihre langen Prinzessinnenhaare nach hinten wirft und sich selber mit dem Handy fotografiert.

Ich kremple meine dünne Sommerjeans bis übers Knie hoch. Schöne braune Beine habe ich auch, Melly Lanz!

»Komm, Emi, wir suchen uns einen Platz weit weg von Melly und Gloria.«

Wir nehmen unsere Flipflops in die Hand. Barfuß gehen – himmlisch! Unter meinen nackten Füßen fühlt sich das Gras warm und trocken an. Gänseblümchen-Blüten kitzeln meine Fußsohlen.

Mama würde jetzt von Zecken reden …

Als wir am Grill vorübergehen, vergisst Ferdi, das Würstchen in der Grillzange auf den Rost zu legen, weil er Emi hinterherstarrt. Vince deutet mit dem Kopf auf seinen träumenden Grillfreund und zwinkert mir zu. Vince sitzt neben Tapir auf der Bank und stochert zwischen den Bretterstapeln, damit sie gleichmäßig abbrennen. Liebend gern würde ich mich dazusetzen, aber gerade, als ich Kurs auf die Männerbank nehme, lässt sich Herr Habicht auf den Sitz fallen.

Dann eben nicht. Wir steuern die Bank von Kriss und Tessy an. So sitze ich Vince zumindest gegenüber und wir können heimlich Blicke tauschen.

Janne springt auf und wedelt mit einer kleinen Plastiktüte.

»Mal herhören. Wollen wir Collin einen Extrasack Möhren spendieren? Weil er morgen nicht auf die Weide kann? Jeder ein Euro. Seid ihr dabei?«

Natürlich erntet sie beifällige Zurufe.

»Gute Idee, Janne.«

»Logisch.«

»Klarer Fall.«

Janne geht mit einem Plastikbeutel herum, und wer Geld dabeihat, wirft eine Münze hinein. Für Emi zahle ich mit. Ich leihe ihr momentan ohnehin ständig etwas, weil Emis undurchsichtiger Vater in Geldschwierigkeiten steckt. Zum Glück ist meine Mutter einverstanden, weil Emi uns versprochen hat, im Herbst alles zurückzuzahlen.

»Collin sagt Danke«, ruft Herr Habicht in die Runde, als Janne ihm das Möhrengeld übergibt. »Das ist ein anständiger Zug von meinen Reitern.«

Kurze Zeit später kehrt wieder Ruhe ein. Frau Paulsen kommt vorbei und bringt eine Schüssel Brotteig, dazu ein Bündel langer Stöcke. »Oder seid ihr zu alt für Stockbrot?«, erkundigt sie sich zweifelnd.

»Nein«, rufen wir sofort.

»Wie auf dem Ponyhof«, kichern die Zwillinge.

Mit geübten Fingern wickeln wir kleine Teigfladen um die Enden der Stöcke. Im Viereck hocken wir um das Feuer und halten unser Stockbrot über die Flammen.

Der See blitzt in der letzten Sonne auf. Ich blinzle nach oben. Am Himmel türmen sich ein paar helle Wolken. Langsam bildet sich um die Sonne ein milchiger Hof, ein heller Schein, der den Feuerball geheimnisvoll aussehen lässt.

Weiß glühend sacken die ersten Scheite in sich zusammen.

Wie geheimnisvoll es knistert, wenn heiße Flammen auf Harztropfen treffen.

Hinter dem Großensee versinkt die Sonne. Für ein paar kurze Momente rieselt bleichrotes Licht über sämtliche Wiesen, Weiden und Zäune und bringt den letzten Winkel zum Strahlen. Ich fühle mich meilenweit von jeder Zivilisation entfernt.

Was für ein romantischer Abend. War ich jemals im Leben so wunschlos glücklich? Mir fehlt nichts. Mein Schwarm Vince sitzt mir gegenüber. Pepper steht inmitten seiner Pferdefreunde auf der Weide. Und ich habe den ersten Wanderritt meines Lebens geschafft.

Meine Stimmung ist gigantisch. Morgen wartet noch die spannende Pferde-Rallye. Seit Monaten fiebern wir dieser Schnitzeljagd entgegen.

Mein Handy geht, ich checke den Anrufer. Mama. Zuerst war sie voll für den Wanderritt, aber je näher der Termin rückte, desto ängstlicher benahm sie sich.

»Mama, ich lebe noch.«

Emi stößt mich vorwurfsvoll an. Ihre Mutter ruft sie nie an und Emi findet, ich sollte nicht so genervt gucken, wenn meine sich meldet.

»Mach keine Scherze, Flo«, sagt Mama. »Ist alles gut gegangen?«

»Aber ja.«

Ich strecke meine Beine weit aus, damit Vince sehen kann, wie perfekt sie aussehen. Das sagt sogar mein Bruder Dani, und wenn ein großer Bruder sich zu so einem Kompliment hinreißen lässt, dann muss etwas dran sein.

»Ich habe dir doch schon zwei SMS geschickt, Mama. Und ein Foto.«

»Alles angekommen. Aber ich wollte dich lieber live hören, bevor ihr in die Betten verschwindet. Geht das denn wirklich mit dem Schlafen in Pferdeboxen? Ich weiß nicht. Hoffentlich gibt es da kein Ungeziefer.«

»Doch«, flüstere ich ins Telefon. »Melly Lanz.«

Durchs Telefon sehe ich Mama energisch den Kopf schütteln.

»So etwas will ich nicht hören, Flo. Jeder Mensch hat auch gute Seiten.«

Jetzt bloß keine Grundsatz-Diskussion! »War ein Witz, Mama. Ich melde mich morgen, okay? Wir grillen gerade.«

»Viel Spaß euch allen. Grüß Emi.«

»Du Papa und Dani.«

Ich wundere mich noch jetzt, dass meine vorsichtige Mutter mir das Schlafen im Stall erlaubt hat. »Ich verlasse mich darauf, dass du keine Dummheiten machst, Flora«, hat sie nur gesagt und mich extrem ernst angesehen.

Im Grunde ein schlauer Schachzug von ihr, weil ich damit jetzt den Negativ-Joker habe. Mama verlässt sich voll auf mich. Das ist schlimm. So kann ich mir nichts erlauben. Nicht mal eine Schaufel frische Pferdeäpfel in Mellys Schlafsack stecken.

Tessy erzählt immer noch von ihrem unfreiwilligen Bad im See. Leider ist dabei auch ihr Handy weggeschwommen.

»Aber das ist es mir wert«, schwört Tessy. »War sowieso uralt. Und wer legt sich schon mit seinem Pferd ins Wasser?«

Herr Paulsen beschreibt einen Halbkreis über den blauen Horizont, der von der untergegangenen Sonne bleichrosa angeleuchtet wird.

»Jetzt haben wir die hellsten Nächte. Letzte Woche war Mittsommernacht. Also: Der Tanz ums Feuer passt noch, wenn ihr Lust habt.«

»Oh ja«, ruft Janne begeistert. »Letztes Jahr war ich in Schweden, da sind wir auch ums Feuer getanzt. Macht Spaß! Aber als Erstes brauchen wir Blumenkränze.«

Paulsen lacht und macht eine einladende Handbewegung an den Wiesenrand. »Bitte sehr, bedient euch. Margeriten ohne Ende.«

Wir laufen los und pflücken einen ganzen Arm voll Blumen. Emi ist mit den Fingern viel schneller als ich, sie legt die Stängel geschickt aneinander und übereinander, ein paar sinnige Bewegungen und ruck, zuck sind zwei Kränze geflochten, die wir uns gegenseitig aufsetzen.

Auf Emis Seidenhaaren sehen die Margeriten aus wie von einem echten Künstler gemalt. Oder wie von Ferdis Vater in feinstem weißem Marmor gebildhauert. Überhaupt sieht die ganze Emi mit den Blüten überirdisch aus.

»Wie eine Märchenfee«, flüstere ich ihr zu.

Natürlich läuft Emi rot ran. »Quatsch«, wehrt sie ab. »Märchenfee. Ich doch nicht.«

Ich wispere zurück: »Logisch. Genau so eine wie dich suchten die doch beim Casting. Eine feine, kleine blonde Elfe und ihr blondes Elfenpferd.«

Emi hält sich die Hände vors Gesicht. So ist sie. Immer zurückhaltend. Kann man solche Charaktereigenschaften nicht gleichmäßig auf alle Menschen verteilen? Melly Lanz zum Beispiel hat leider überhaupt nichts davon abbekommen.

Gut, der Blütenkranz sieht auf Mellys langen Haaren wirklich umwerfend aus. Natürlich beiße ich mir eher die Zunge ab, als das laut zu sagen.

Und jetzt legt sie ihre Melly-Lanz-Solo-Show hin. Tanzt mit geschlossenen Augen und ihrem Blütenkranz im wehenden Haar am Lagerfeuer.

Unverständlicherweise sagt nun auch noch Peter Paulsen zu

Habi: »Du hast ja tolle Reitermädchen, Lennart. Die können nicht nur reiten, die können auch tanzen. Die Kleine am Feuer ist doch filmreif.«

Dieser arglose Typ ahnt ja nicht, was er mit seiner Bemerkung bei unserer Schönheitskönigin anrichtet.

»Der kennt Melly natürlich nicht so lange wie wir«, flüstert Emi mir zu.

Aber dann passiert etwas, was mir die perfekte Stimmung gründlich verdirbt. Und das ist eine Bemerkung von Vince, die er so laut von sich gibt, dass Melly garantiert jedes Wort versteht: »Stimmt, in dem Kleid sieht sie wirklich super aus.«

Ich halte die Luft an vor Empörung. Melly übergießt Vince mit einem klebrigen Lächeln, tanzt auf ihn zu und zieht ihn mit sich. Wie eine Elfe tanzt sie mit ihm um das Feuer! Dieses Aas. Ich bin fassungslos. Würde mich nicht wundern, wenn Melly sich heute Nacht in einen Vampir verwandelt! Und ihr erstes Opfer wäre natürlich Vince, *mein* Vince!

Emi drückt mir den Arm. »Jungs sind manchmal komisch«, wispert sie.

Wütend beiße ich ein Stück knallheißes Brot vom Stock und versuche, Mellys braun gebrannte Beine in den silberfarbenen Sandalen zu übersehen.

»Pah, als ob mich das interessiert.« Ich bin ganz schön am Boden.

Vince weiß offenbar überhaupt nicht, dass er etwas falsch gemacht haben könnte, denn während Melly sich noch dreht und in Szene setzt, kommt er mit einem entwaffnenden Grinsen auf mich zugetanzt. Schon zittern mir die Knie.

»Mittsommernachts-Tanz bringt Glück, sagt Herr Paulsen.« Vince's Augen glühen im Dunkeln gefährlich wie die grünen Augen von Paulsens Katze. Er streckt beide Hände nach Emi und mir aus. »Kommt schon her.«

Ohne eine Antwort abzuwarten, nimmt Vince rechts meine Hand und links Emis. Tessy kommt dazu, dann Kriss und Janne, bis alle dabei sind. Nur Ferdi bleibt bei seinem glühenden Grill und schlägt mit der Zange den Takt auf den Rost.

Ausgelassen tanzen wir um das Lagerfeuer, bis uns die Luft ausgeht und eine nach der anderen sich ins Gras fallen lässt.

Atemlos liege ich zwischen Vince und Emi auf der warmen Wiese und schnappe nach Luft. Irgendwie total altmodisch, dieses Mittsommernachts-Gehopse, aber es hilft eindeutig gegen Tobsuchtsanfälle. Jedenfalls ist nach dem Tanz mein Ärger über Vince verflogen. Dabei war ich zehn Minuten vorher noch drauf und dran, meinen Blütenkranz vor Wut in den Boden von Schleswig-Holstein zu treten.

Verstohlen tastet Vince nach meiner Hand und drückt sie. Ich lächle mit geschlossenen Augen. Es geht mir wieder gut.

15.

Glücklich und müde schlendern wir vom Lagerfeuer zurück zum Stall. Wir stolpern fast über unsere eigenen Füße, so kaputt sind wir. Unsere Haare riechen nach verkokeltem Holz. Der Duft erloschener Glut begleitet uns, als wir vor unseren Schlafboxen ankommen.

»Dürfte gern etwas kälter sein«, stöhnt Maxie und dreht ihr langes Haar zu einem Knoten im Nacken zusammen. Die Wärme nimmt nicht ab, nur das aufkommende, winzige Rauschen in den beiden Eichen lässt auf Abkühlung hoffen. Lennart Habicht ist mit Peter Paulsen zum Bauernhaus hinübergegangen, wo er übernachtet. Bestimmt diskutieren die beiden Stallbesitzer bis morgen früh über Strohpreise und Holsteiner Hengste.

»Auslosung der Schlafboxen«, ruft Tapir in die blaue Dämmerung.

Der Satz macht uns noch einmal munter. Gespannt umringen wir ihn. Zu Hause haben wir längst ausgeheckt, wer bei wem schläft – aber nicht, *wo*. Dass Tapir mit Vince und Ferdi in der ersten Box links außen schläft, steht fest. Klar hätten wir uns eine komplett sturmfreie Bude ohne Tapir gewünscht. Aber da bissen wir bei Habi auf Granit.

»Keine Diskussionen! Eure Eltern würden mir die Hölle heißmachen, wenn ich keinen Aufpasser mitschicke«, hat Habi abgewehrt. »Die Zwillinge sind erst dreizehn.«

Tapir entfaltet die Loszettel mit unseren Namen. Ich drücke mir beide Daumen, die Box neben den Jungs zu ergattern. Insgeheim male ich mir aus, dass Vince nachts unbemerkt aus der Box schleicht und mich küsst. So einen Kuss unterm Sternenhimmel stelle ich mir sehr romantisch vor…

Und Vince hätte ja auch etwas gutzumachen nach seinem Tanz mit Melly, der Blütenfee.

»Box zwei neben uns: Melly, Gloria, Katta.«

Oh nein! Ausgerechnet Melly neben Vince! Grimmig mustere ich sie und prompt wirft sie mir einen triumphierenden Blick zu.

»Box drei: Janne, Maxie, Leonie, Lina.«

Also bleibt für Emi mich und die Zwillinge nur die letzte Box. Meilenweit von Vince entfernt. *Bye-bye,* Mitternachtskuss.

Vor unserem kleinen Außenstall funzeln die Notleuchten. Wolken schieben sich vor den Mond und sofort ist es stockdunkel. Die Lampen werfen nur magere Lichtfinger auf das graue Steinpflaster. Unter Gekicher sucht jeder seinen Schlafsack aus dem bunten Haufen.

Vince schubst mich freundschaftlich, als ich hinter Emily in unsere Box schlüpfe. »Ewig schade, dass wir Tapir nicht zum Boxentausch überreden können«, flüstert er.

»Keine Mitternachtsdates«, ruft Tapir und Vince grinst mich an. »Bis morgen, Flo.«

Sehnsüchtig schaue ich Vince nach, wie er die Stallgasse entlanggeht. Natürlich muss Melly ihm auch noch ein »Schlaf gut!« hinterhersäuseln. Vince wirft ihr einen Blick zu und zwinkert übermütig, bevor er in seiner Box verschwindet.

Ich breite Isomatte und Schlafsack auf den eckigen Strohballen in der Box aus. Ich zwinge mich zu vergessen, was ich gerade gesehen habe. Vince war doch süß wie immer zu mir. Dass er mit Melly getanzt hatte und der Blick gerade eben – das hatte doch nichts zu bedeuten ... Aber wenn doch? Seufzend pfeffere ich meine Reitsachen in die Ecke und krieche in meinen Schlafsack.

»Puh«, stöhnt Emily und zieht ihren Reißverschluss gleich wieder auf. »Hier kriege ich einen Hitzschlag. Wie halten das die Pferde bloß aus?«

»Die lehnen ihre Köpfe über die offene Tür«, kichert Tessy. »Kannst du ja auch machen.«

Wir stöhnen laut über die Backofen-Temperatur und hören aus der Nachbarbox ähnliche Flüche von Maxie und Leonie.

»Dabei müssen wir morgen fit sein für die tolle Rallye«, jammert Kriss.

Mit einem Ruck richtet ihre Schwester Tessy sich auf.

»Sollen wir nicht einfach nach draußen umziehen?«

»Auf die Steine? Ziemlich hart als Unterlage«, gebe ich zu bedenken.

Doch da ist Tessy bereits aus dem Schlafsack und zerrt an ihrem Strohballen. »Das Stroh nehmen wir mit.«

Gemeinsam schleifen wir die großen Ballen vor unsere Box.

Emily reckt die Arme hoch in die Nachtluft. »Genial. Zwischen euch hab ich draußen keine Angst.«

In unserer Nachbartür taucht Maxies Kopf auf. »Darf man fragen, was hier los ist?«

»Freiluft-Schlafparty«, kichern Tessy und Kriss.

Die Boxentür fliegt ganz auf und Maxie begutachtet unser Außenlager.

»Wir kommen dazu«, flüstert sie nach innen. »Hey Leonie, Janne, Lina, wir ziehen um. Nach draußen.«

Ich ahne, was kommt. Und richtig. Natürlich wittern Melly, Gloria und Katta, dass sich draußen etwas tut. In null Komma nichts schleppen sie ihre Strohmatratzen ins Freie und wuchten sie neben unsere. Ich lege mich ans Ende des Strohlagers und mache dabei so viel Lärm, dass Vince mich orten kann. Für den Fall, dass ihn nachts die Sehnsucht nach einem Überraschungskuss übermannt.

»Zum Glück liege ich ganz außen«, rufe ich, »da kommt vielleicht etwas Wind hin.«

Melly liegt weit weg, jetzt bin ich froh, dass sie in der vorderen Box wohnt. Doch kaum entspanne ich mich, kriecht Melly aus ihrem Schlafsack und robbt über die aufquiekenden Mädchen hinweg in meine Nähe.

»Was soll das, Lanz?«

»Dahinten schwirren zu viele Mücken herum«, kreischt Melly theatralisch. Mit ihrem limonengrünen Schlafsack packt sie sich ganz dicht zu Emi und mir aufs Stroh.

Egal, ich ignoriere sie. Dieser Abend ist zu schön, um sich über eine Kuh zu ärgern.

Flüsternd reiten wir alle noch einmal Kilometer für Kilometer unseres Wanderrittes durch.

»Wie die Kälber auf einmal neben uns galoppierten. Horror.«

»Und wie Herr Habicht vergessen hat, den Arm auszustrecken, als wir links abgebogen sind, ha, das ärgert ihn noch in hundert Jahren.«

»Und der arme Collin mit dem Stein unterm Eisen. Hoffentlich kriegt er kein Hufgeschwür.«

Danach diskutieren wir, welche Rallye-Aufgaben Tapir und Habi sich wohl für uns ausgedacht haben.

»Bestimmt Aufgaben aus dem Gelassenheitstraining«, meint Janne. »Ich wette, Flatterband-Vorhänge.«

»Und ich knisternde Folien auf dem Boden«, jammert Gloria. »Flemming hasst diese blauen Dinger. Die Aufgabe kann ich jetzt schon knicken.«

Jede kennt andere Horror-Aufgaben für ihr Pferd. Ein Pferd scheut vor Flatterplanen, eins vor Pfützen, eins vor unbekannten Geräuschen.

»Also ist es dann wieder gerecht«, stelle ich fest.

Ein paar Minuten blödeln wir noch herum, dann werden wir allmählich wortkarg. Das Geflüster verstummt. Wie eine bleierne Decke sinkt die Müdigkeit herab. Weit wölbt sich der Himmel über uns. Wie ein großer Fallschirm aus dunkelblauer Seide mit einem Muster aus Wolkenhaufen.

Ich bin zu 95 Prozent glücklich. Wegen des genialen Wanderritts und weil Pepper seine Sache so gut gemacht hat. Die fehlenden fünf Glücksprozente liegen ausschließlich an Melanie Melly Scarlett Lanz. Weil sie mit Vince getanzt hat. Und weil Vince ihr zugezwinkert hat.

Wenn man doch auf einem reinen Pferdeplaneten leben könnte. In so einem Paradies gäbe es nie Ärger.

Aus den Boxen hinter der Stallmauer höre ich die Pferde schnauben und stampfen und im Traum grunzen. Ich schlage nach Mücken, denn die schlafen nicht.

»Das Ungeziefer ist mit dir umgezogen«, sage ich bissig zu Melly.

»Blöde Kuh«, murmelt sie zurück.

Allmählich zeichnen sich zwischen den Nachtwolken einzelne Sterne ab. Ich suche nach dem Großen Wagen, meinem Lieblings-Sternbild, übrigens das einzige, das ich kenne.

Emi beugt sich vor und flüstert mir ins Ohr: »Unsere Sterne.« Den Stern rechts unten am Wagen und den ersten an der Deichsel haben wir Pepper und Alpino geschenkt, das weiß aber niemand außer uns.

Plötzlich wackelt ein schwarzer Schattenumriss auf uns zu, ein Pferdeschwanz an einem schmalen Männerkopf.

»Seid ihr verrückt?«, fragt Tapir und stemmt die Hände in die Seiten. »Geht sofort rein.«

»Zu heiß, Tapir«, jammert Leonie.

»Lass uns doch hierbleiben«, stöhnt Maxie.

»Kinder, ich habe die Aufsicht!« Tapir rauft sich die Haare.

»Kinder! Du spinnst wohl«, schimpft Leonie.

Kriss startet ebenfalls einen Versuch: »Habi schläft im Haus, der bekommt nichts mit. Es ist viel zu warm im Stall.«

Tapir seufzt. »Meinetwegen. Aber dann kette ich Vince und Ferdi drinnen am Wasserrohr fest.«

Wir kichern. In Box eins hört man die Jungs protestieren. In Bermudas und T-Shirts stehen sie in der Tür.

»Sei kein Frosch, Tapir«, drängt Ferdi. »Lass uns auch draußen schlafen.«

»Genau. Wir wollen auf die große Wohnmatratze«, verlangt Vince. Die Jungs lassen ihre Blicke über unsere Köpfe schweifen.

»No way«, sagt Tapir.

Mein Herz macht einen Sprung. Vince hat gesehen, wo ich liege.

Tapir schiebt die Jungs zurück. »Aus jetzt. Boxenruhe.«

Wir sind alle furchtbar müde, Katta und Gloria gähnen in einer Tour. Einige Handys leuchten noch, dann senkt sich der Schlaf über unser Strohlager. Mit großer Anstrengung halte ich das Gespräch in Gang, bis eine nach der anderen unverständlich gemurmelte Antworten gibt. Dann kommt gar nichts mehr. Aus den Schlafsäcken von Maxie und Emi dringt gleichmäßiges Atmen.

Kaum sinkt mein Kopf nach hinten, fallen auch mir die Augen zu. Mit aller Gewalt versuche ich, wach zu bleiben. Diese unglaubliche Wanderritt-Nacht kann ich doch nicht einfach verpennen. Ich suche Peppers Stern.

Schlaf gut, mein Pferd. Morgen gewinnen wir beiden die Rallye.

Immer dunklere Wolken schieben sich vor die Sternbilder. Fast schwarz liegt die Nacht über uns. Ich wedele mit den Armen vor meinem Gesicht. Kaum zu sehen. Wäre die schwache Notbeleuchtung nicht, würde ich kaum unsere Boxentür erkennen. Angst habe ich keine. Im Gegenteil, ich fühle mich bei aller Müdigkeit seltsam aufgedreht und federleicht. So leicht, dass ich abhebe und über mir schwebe. Von oben gucke ich auf unser Strohlager herab.

16.

Ich muss eingeschlafen sein, denn als ich schlaftrunken aufwache, steht der Mond ein Stück weiter über den Weiden. Eine neue Wolkenfront zieht heran und versteckt ihn.

Leise quietscht eine Boxentür. Jetzt bin ich hellwach. Das kann nur die Männerbox sein, denn unsere Türen stehen offen. Ist es Vince? Mein Herz klopft gefährlich laut.

Wir Mädchen liegen so eng nebeneinander, dass ich nicht wage, meinen Kopf im Schlafsack zu heben. Wenn Emi oder Melly aufmerksam werden, ist die sensationelle Möglichkeit vertan.

Nackte Füße tappen über die Pflastersteine. Obwohl ich die Augen aufreiße, erkenne ich wenig, lediglich die Umrisse von zwei langen Jungsbeinen in Bermudas. Regungslos verfolge ich den Weg der Beine. Vorsichtig bewegen sich zwei Knie auf mich zu.

Gleich werden alle um mich herum aufwachen, weil mein Herz hämmert wie ein Schmiedehammer. Hilfe, wann werde ich bewusstlos vor Aufregung? Überwältigt schließe ich die Augen. In der nächsten Sekunde küsst mich der süßeste Junge der Welt. Hoffentlich erlebe ich den Mitternachtskuss noch, bevor ich in Ohnmacht falle.

Und dann passiert etwas, was mich von einem Moment zum anderen aus der Fassung bringt: Ein Stück entfernt höre ich ein Kussgeräusch.

EIN KUSSGERÄUSCH!

Ich bin geschockt bis aufs Blut. Vince küsst Melly! Plötzlich leide ich unter Genickstarre. Ich kann meine Arme nicht mehr bewegen. Mein Rücken ist hart wie ein Brett.

So ein gemeiner, mieser Schuft.

Tausend Bilder flattern unter meiner Schädeldecke und wollen raus. Gleich platzt mein Kopf.

Tappend entfernen sich die Füße. Wie durch Watte dringen die Schritte des Verbrechers Vince Weise in mein Ohr.

Es herrscht Afrika-Wärme, aber in mein Herz ist Nordpol-Kälte eingezogen.

Ich weiß nicht mehr, wer da auf der Isomatte des Paulsenhofs liegt. Bin ich es tatsächlich? Oder hat mir jemand den Stecker rausgezogen und an meiner Stelle liegt hier ein fremdes Wesen, das zufällig auch wie ich Flora Rohde heißt? Ich kann mich nicht rühren. Selbst, wenn die Strohballen unter mir plötzlich in Flammen ständen, ich würde als Eisklumpen liegen bleiben.

Ich weiß nicht, wie viele Minuten ich wie tot auf dem Schlaflager verharrt habe, bevor ich den ersten Gedanken fassen kann. In meinem Kopf pulsieren zwei Worte: RIESENSCHUFT und RIESENFEHLER.

Ich habe einen Riesenfehler gemacht, als ich Melly meinen Pepper für die Prüfung geliehen habe. Schafsnaiv war ich. Was bin ich mir edel vorgekommen. Schuld ist Mama mit ihren Teebeutel-Sprüchen.

Edel sei der Mensch, hilfreich und gut.

Ja toll, Großmeister Goethe. Edel. Ich *war* edel. Ultraedel sogar und wohin hat mich das gebracht? Mein Schwarm küsst dieses dumme Luder! Und ich muss alles mit anhören.

Mir ist schlecht.

Vince soll mich kennenlernen. Von der eisigen Seite. Schluss mit edel. Ab morgen sind Gletscher gegen mich glühende Schmiedefeuer.

Der Zorn auf Vince macht mich lebendig. Ich kann mich wieder bewegen. Unruhig wälze ich mich herum. Von links nach rechts, auf den Rücken, auf den Bauch.

Wie lange hatte ich mich auf den Wanderritt gefreut. Und nun ist alles verdorben. Aus. Essig. Ende im Gelände.

Man kann sich eben nur auf Pferde verlassen.

»Pepper«, murmele ich mit Wuttränen in den Augen. »Warum kannst du kein Mensch sein?«

In zwinge mich, ausschließlich an meinen schönen, großen braunen, treuen Holsteiner Freund zu denken. Ich wünsche Pepper so intensiv herbei, dass kein Platz mehr für andere Gedanken bleibt. Mit beiden Händen umklammere ich meinen Kopf. Das angestrengte Denken tut weh. Aber diese ekelhafte Sache von vorhin muss ich unbedingt verdrängen. Pepper allein kann das schaffen. Seine 550 Kilo quetschen das Bild eines widerwärtigen Jungen namens V... gegen meine Schädeldecke, bis es in Millionen Atome zerfällt und sich rosa Pferdewärme in mir ausbreitet. Gut so, Vince Weise ist pulverisiert.

Über mir rauschen die zweihundert Jahre alten Eichen. Wie viele Liebesdramen haben die Bäume schon gesehen? Das raschelnde Eichenlaub beruhigt mich und irgendwann falle ich in einen unruhigen Schlaf.

Im Traum bin ich zurück auf dem Habichthof. Ich schwebe unter der Decke, genau in der Luke, durch die wir abends kleine Heuballen vom Dachboden in den Stall werfen. Ruhig stehen die Pferde in ihren Boxen, einige knabbern Heu. Pepper, Flemming und Collin lehnen sich über ihre niedrigen Türen und betrachten die Stallgasse. Es ist Mitternacht und plötzlich geschieht etwas Ungeheuerliches: Wie auf Kommando nehmen alle Tiere ihre Pferdemasken ab und legen sie in die Futterkrippe. Unter den Masken kommen Menschenköpfe zum Vorschein.

Ich kann es nicht glauben, dass ich wirklich Zeuge dieser Verwandlung werde.

Menschenköpfe auf Pferdekörpern; und alle passen perfekt zusammen. Wenn ich das unserem Tierarzt Müller-Maring erzähle, jubelt er garantiert: »Ein Bombenfall für die Tierärztliche Hochschule.« Ich muss höllisch aufpassen, dass er unsere Pferde nicht für die Wissenschaft wegfängt.

»Das Heu hat dieses Jahr wirklich eine tolle Qualität. Superlecker.«

Das war Flemming. Was für eine angenehm dunkle Stimme er hat.

»Zum Glück«, ergänzt Collin. »Wann begreifen die Menschen endlich, dass wir von Schimmelheu Koliken kriegen?«

Mucksmäuschenstill schwebe ich in meiner Heuluke und starre auf die Verwandlung.

Und jetzt ergreift Pepper das Wort, mein Pepper – und ich wundere mich kein bisschen über sein Aussehen. Eigentlich habe ich oft heimlich gedacht: Nimm doch mal die Maske ab, Pepper, und sprich mit mir.

Pepper ist braun gebrannt und hat tolles glänzendes schwarzes Haar. Seine braunen Augen gucken vergnügt und sanft, gleichzeitig selbstbewusst mit vergnügt tanzenden Sprenkeln darin ... wie mein Pepper eben aussieht. Mir kommt es vor, als hätte ich ihn schon immer ohne Maske gesehen.

»Tja, Jungs, den Volltreffer habe ich ja wohl gelandet«, sagt Pepper mit exakt der warmen Stimme, die ich vom Schnauben kenne. Alles in mir kribbelt vor Freude und Aufregung. »Meine Flora ist einfach klasse.« Er seufzt. »Ich wünschte, sie wäre eine Holsteiner Stute.«

Ich bin hin und weg. Eine Holsteiner Stute. Gibt es eine schönere Liebeserklärung von Pepper?

Und dann diskutieren sie über die Reiter, über Janne und Maxie, Leonie und die Zwillinge und das Ganze kommt mir immer normaler vor. Wie beim »Planet der Affen«, wo Affen die Welt regieren und Menschen als Haustiere halten.

Hinter den Stallfenstern zieht die Morgendämmerung auf. Milchig steigt das junge Licht in die Glasscheiben.

In den Boxen am Hofausgang kichern die Fjordpferde und erzählen sich unglaublich schräge Witze, die alle anfangen mit »Kommt ein Pferd zum Tierarzt«. Plötzlich hebt Halvor den Kopf und ruft durch den Stall: »Achtung.«

Draußen rattert Habis Traktor heran. In der Hoftür erscheint ein riesiger runder Strohballen, aufgelegt auf die Zinken der Frontlader-Gabel. Wie jeden Morgen befördert Herr Habicht einen frischen Ballen in den Stall.

Ohne Eile greifen die Pferde nach ihren Masken und setzen sie auf. Fasziniert beobachte ich, wie die Masken sich am Widerrist nahtlos in das Fell einpassen.

Der Dieselmotor dröhnt und rappelt. Den alten Traktor könnte Herr Habicht wirklich mal in die Autowerkstatt bringen.

Ich will mir die Ohren zuhalten und stoße dabei gegen etwas Hartes... Kriss' Ellenbogen ist es.

Verwirrt ziehe ich die Arme ein und schaue mich um. Wo bin ich? Ein grandioses Morgenrot färbt den Horizont ein.

Gähnend wirft Kriss einen Blick auf ihr Handy.

»Puh, ist das noch früh«, sagt sie. »Vier Uhr vierzig. Ich dachte, wir hätten Ferien? Herr Paulsen weckt mit seinem Traktor das ganze Rudel auf.«

Natürlich, wir sind auf dem Paulsenhof.

»Hm«, ist alles, was ich herausbringe. Ich muss mich erst in der Wirklichkeit zurechtfinden. Noch sehe ich im Geist Pepper vor mir. Pepper, wie er die Pferdekopfmaske ablegt.

Wind streicht mir übers Gesicht und verwirbelt meinen

wirren Traum. Eine Bö nimmt die Reste mit und verteilt sie über das Land. Vom großen Hof weht der Duft von frischem Heu herüber.

Ich reibe mir die Augen und versuche, in der Ferne die Weiden zu erkennen. Weiße Dunstschleier wabern über das Gras.

Allmählich lichtet sich auch der Nebel in meinem Kopf. Mit fatalen Folgen. Sofort spielt mein Innenleben verrückt, denn als Erstes fällt mir die Kuss-Katastrophe ein. Mir graust davor, Vince und Melly beim Frühstück zu sehen. Stöhnend drehe ich mich im Schlafsack auf die Seite und presse meine Hände auf den Bauch. Am liebsten möchte ich mich in Luft auflösen. Nie im Leben werde ich diese Nacht vergessen. Vince betrügt mich mit Melly.

Ich begreife das alles nicht. Wie kann Vince so gemein sein?

Meine Stimmung ist zwanzigtausend Meilen unter dem Großensee. Dabei sollte der heutige Rallye-Tag der beste Tag des Jahres werden. Ich muss mich ablenken, bevor ich hysterisch werde und Heulkrämpfe kriege wie Mellys Mutter in ihren schlimmsten Zeiten.

Jungs sind doch das Allerletzte. Nur Pferde können Freunde fürs Leben sein.

Hinter mir wird es unruhig. Eine nach der anderen wacht auf. »Was ist das für ein Traktor-Terror?«, mault Gloria. Die Reste der Abendschminke verteilen sich mit Strohhalmen auf ihrem Gesicht.

Während ich aus dem Schlafsack steige, starre ich krampfhaft nach vorn. Bloß keinen Blickkontakt mit Melly.

In der äußeren Box erscheint Vince mit schlaftrunkenem Gesicht. Mit beiden Händen fährt er sich durch das verwuschelte braune Haar. Mein Herz kriegt gerade einen weiteren

Knacks. Der Schuft sieht mich, strahlt und winkt unschuldig herüber.

Abrupt drehe ich mich um. So eine Frechheit.

Tapir kommt voll angezogen mit seiner Goldwäscherhose aus der Box. »Ich fahre nachher kurz zum Stall«, verkündet er. »Pferde füttern und nach Collins Huf sehen. Macht schon mal Klarschiff in den Boxen. Waschen könnt ihr euch später. Die Mädchen hier am Waschplatz, die Jungs auf dem Innenhof. Unsere Rallye startet um zehn.«

Er stopft sein Shirt zurecht und schnippt seine Hosenträger über die Schultern. »Herr Habicht hat solange ein Auge auf euch.«

»Was?«, frage ich abwesend. »Ist der denn schon wach?«

Tapir lacht auf. »Machst du Scherze? Eure Pferde stehen seit vier Uhr auf der Weide. Habi hat sie längst rausgebracht. Bis neun können sie grasen.«

Er bindet seinen Pferdeschwanz neu und dreht sich noch einmal um. »Ich bringe Frühstück mit, Leute.« Mit gerunzelter Stirn betrachtet er die intensiv gefärbten Wolken. »Morgenrot. Das Wetter ändert sich. Macht zu, dass ihr an die Arbeit kommt.«

Kriss schickt ihm eine Grimasse hinterher. »Möchte wissen, warum Habi auf uns aufpassen muss. Tapir tut so, als ob wir Verbrecher auf Freigang wären.«

Am liebsten würde ich antworten: »Verbrecher – das gilt zumindest für Vince«, aber natürlich verschlucke ich die Bemerkung.

Ich möchte sofort zu Pepper laufen und mich an seinem Hals ausweinen. Nichts wünsche ich mir jetzt sehnlicher. Aber kann ich als Einzige aus der Reihe tanzen? Alle wollen los und die Boxen ausmisten. Da muss ich mit. Auch wenn es mir dreckig geht.

Wir zwängen uns in die Reithosen, auch Melly, und rennen zum Hauptgebäude. Heute Morgen traut sich Melly nicht in ihr Girliekleid.

Im Vorbeirennen registriere ich ihre verlaufene Wimperntusche und die zerstochenen Arme. Sogar auf Mellys Stirn prangen zwei scheußliche Mückenstiche. Hässlich dick, feuerrot und aufgekratzt. Prinzessin mit Beulenpest.

Meine Laune bessert sich geringfügig. Anstandshalber gebe ich mir zwei Punkte auf meiner Fiese-Flora-Skala, denn insgeheim freue ich mich über den Mückenangriff.

Die Boxentüren stehen weit offen, alle Pferde sind auf der Weide. Noch immer leuchtet der Morgenhimmel über dem Paulsenhof tiefrot. Federwolken ordnen sich zu langen Bändern. Wütend jagen die Wolkenschleier weit oben vorüber. Passend zu meiner Stimmung.

Wir besorgen uns Mistgabeln und jede macht sich in der Box ihres Pferdes nützlich.

Emily benimmt sich komisch. Sie ist total abwesend und gibt verrückte Antworten. Sogar die Mistforke fasst sie falsch herum an. Hat Emi den Kuss von Melly mitbekommen? Und weiß nun nicht, wie sie es mir sagen soll? So wird es sein. Ich muss eine Gelegenheit finden, Emi unter vier Augen zu fragen. Aber ständig schwirrt irgendwer vor meinen Füßen herum.

»Viel ist nicht zu tun«, ruft Janne mir aus Chicos Box zu. »Peppers Einstreu sieht auch ordentlich aus«, gebe ich zurück. Einige Mistgabel-Ladungen mit nassem Stroh fliegen in die Schubkarre. Dann ist die Box schon sauber. Dabei hatte ich gehofft, dass ich mir durch richtig wüste Arbeit den Ärger aus dem Bauch arbeiten könnte. Andererseits habe ich ziemlichen Muskelkater.

»Lass mich machen.«

Plötzlich steht Vince hinter mir und streckt die Hände nach meiner Forke aus. Er trägt ein tolles T-Shirt mit Foto-Print. Großer Wolfskopf. Steht ihm teuflisch gut. Will er mich damit beeindrucken? Vergiss es, Weise.

Mit frostiger Miene ziehe ich den Stiel zurück und schüttele den Kopf: »Nein, danke.«

Soll das der neue Vince-Weise-Tauschkurs werden? Drei Mal Mistgabelnstemmen = ein Mal Fremdküssen?

Ferdi schlendert mit Händen in den Hosentaschen heran.

Das erste Mal seit Langem ohne die ewige Strickmütze. Seine blonde Fransenfrisur sieht geradezu verwegen aus. Trotz der unmöglichen Stunde strahlt Ferdi über den ganzen Hof und ist supergelaunt. »Was kann man denn tun, Mädels?«, fragt er grinsend.

»Hof fegen«, ordne ich an und zeige mit dem Kinn auf den Geräteschrank.

»Sehr gerne.« Pfeifend schnappt er sich den breiten Stallbesen. Aber statt vorn anzufangen, wie es sich gehört, marschiert er zu Alpinos Box und fegt dort extrem ausdauernd Strohreste zusammen.

Mit hängenden Armen steht Vince neben Ferdi herum. Ich muss aufpassen, dass er mir nicht leidtut, wie er da so verloren wartet. Das darf auf keinen Fall geschehen. Das Vergehen von heute Nacht verzeihe ich ihm niemals. Vince ist Vergangenheit. Absolut. Mehr als das. Kann man Vergangenheit steigern? Olga (meine Deutschlehrerin Olga Koch-Lisan) würde sagen: »Nein.« Ich behaupte: Im Fall Vince Weise doch. Vergangene Vergangenheit, vergangenste Vergangenheit, Saurier-Vergangenheit, Vince-Weise-Vergangenheit. Mehr Vergangenheit geht nicht.

Ferdi ist ungeheuer fröhlich, lacht und wirft Scherzworte

über den Hof. Verdrossen macht Vince ihn von der Seite an: »Warum bist du eigentlich so gut drauf?«

Leider verstehe ich den geflüsterten Grund nicht, nur Vince's erstaunte Antwort. »Echt wahr? Cool.«

Wir sind mit unseren Boxen fertig und kümmern uns jetzt um den restlichen Stall von Peter Paulsen. Aus Dankbarkeit, weil er uns für wenig Geld bei sich wohnen lässt. Mit elf echten Cracks – wir Mädchen – und zwei halb garen Hilfsarbeitern – die Jungs – schafft man einiges weg.

An einem Croissant knabbernd taucht Herr Habicht auf dem Hof auf und lobt uns. »Sehr anständig von euch. Wenn ihr durch seid, gibt es ordentliches Frühstück.« Er schaut nach oben. »Hoffentlich hält das Wetter für die Rallye.«

Seine Sorgen möchte ich haben! Das Wetter ist doch in Ordnung.

Sechs große Schubkarren stehen auf dem Hof. Wir nehmen uns eine Box nach der anderen vor. Wie eine Verrückte wüte ich in der Einstreu. Ich bin immer noch ziemlich geladen und Arbeiten tut gut. Trotz des Muskelkaters. Aus den Augenwinkeln sehe ich, wie Vince schuftet, als könne er damit alles wiedergutmachen.

Zu spät, Herr Weise.

17.

Es ist noch nicht mal acht Uhr, als wir verschwitzt die Mistgabeln aus der Hand legen. Der Wind kommt überraschend schnell und heftig. Plötzlich frischt er von Westen auf und wirbelt Reste von Silagefolien und Heunetze über den Hof.

Leonie stützt sich auf ihren Besen und beobachtet die Kronen der Eichen. Kräftige Böen schütteln die Zweige und reißen Blätter ab, die durch die Luft treiben. Auf dem Hof knallen Türen zu. Herr Habicht und Tapir hatten uns vor dem Wetterwechsel gewarnt.

»Hoffentlich hört das bald auf«, sagt Leonie besorgt. »Unbekanntes Gelände bei Sturm ist nicht gerade der Hit.«

Wissend nicken wir alle, bis auf Ferdi und Vince, die leicht verständnislos in die Runde blicken.

Gestern noch hätte ich Vince und Ferdi gern erklärt, warum Wind im Gelände jedes Pferd in Habtachtstellung versetzt. Ungefähr so: »Wenn Blätter rascheln, Zweige im Unterholz knacken, Bäume rauschen und Plastikplanen im Wind knattern, hören Pferde nicht, ob im Gebüsch ein Raubtier heranschleicht. Darum sind sie in ständiger Fluchtbereitschaft. Großer Mist bei einer Rallye.«

Das hätte ich in drei Sätzen zusammenfassen können. Keine große Sache normalerweise. Aber heute ist nichts normal. Kein Wort werde ich erklären. Sollen sie doch unwissend sterben.

Die Jungs bleiben für ihre Katzenwäsche im Innenhof, während wir zum Außenstall laufen, die T-Shirts auf das Matratzenlager werfen und uns mit Handtüchern am Pferde-Waschplatz versammeln.

Die Zwillinge greifen zum Schlauch und kommandieren uns einzeln heran.

»Katta.«

»Iiih, ist das kalt«, schreit die sofort, als sie den ersten Schwall mit ausgestreckten Händen abfängt. Trotz der warmen Luft lässt uns der Wind im kalten Wasserstrahl bibbern.

Es läuft auch bei uns auf Katzenwäsche hinaus. Gerade als wir uns wieder anziehen, bellt auf einmal Habis Stimme über den Hof.

»Bei drei seid ihr unten. Habt ihr sie noch alle? Eins, zwei ... wird's bald?«

Unsere Köpfe fliegen herum. Zwischen den gekreuzten Pferdeköpfen am Scheunengiebel sehen wir gerade noch die Haare von Vince und Ferdis Strickmütze verschwinden.

»Die haben uns beobachtet«, quiekt Melly.

»Und wennschon«, sage ich cool und mustere sie von oben bis unten. »Bis zum Waschplatz kann man vom Giebel aus gar nicht gucken.«

Hinter der Mauer schimpft Lennart Habicht wie ein Rohrspatz. »Und ihr wollt alt genug für den Basispass sein? Dazu gehört auch geistige Reife.«

Jedes einzelne Wort verstehen wir.

»... die beweist man wohl kaum, indem man von einer Leiter Reitermädchen beim Waschen beobachtet.«

Jemand bewegt die Metallleiter, legt sie neu an die Wand und steigt mit festem Tritt die Stufen herauf. Habi, klarer Fall.

»Ich komme hoch. Hängt euch Handtücher über, falls ihr noch nicht angezogen seid.«

Zwischen den Holzpferden am Giebel erscheint Habichts Glatze. Er winkt uns zu: »Will nur überprüfen, wie weit die Jungs gucken konnten.«

»Nicht weit genug«, gibt Maxie lachend zurück.

»Flöhe hüten ist einfacher«, seufzt Habi und macht sich an den Abstieg. »Vergessen wir die Sache.«

Kurz darauf kommt Tapir mit prall gefüllten Taschen vom Einkauf. Unser Frühstück. Ich habe einen Mordshunger. Macht Liebesstress hungrig? Futtere ich mir künftig Liebeskummerspeck an? Pepper wird sich schön bedanken, wenn ich als Moppel-Flo über die Stallgasse rolle.

Auf den Strohballen breitet Tapir eine karierte Campingdecke aus und verteilt Brötchen, Bananen, Milch und Saft. »Alle mal hergucken.« Er wedelt mit einer großen Tüte. »Zur Feier des Tages gibt es Donuts mit Streuseln.«

Begeistert quietscht unsere Gruppe auf.

»Wenn das meine Mutter wüsste«, grinst Gloria, »ich glaube, sie findet Donutsessen schlimmer, als wenn ich mich mit einem Pferd verlobe.«

Ich verdrücke zwei Nutella-Brötchen und einen rosa Streusel-Donut. Vor dem letzten Bissen fange ich an, die winzigen Zuckerstreusel zu zählen: Er liebt mich, er liebt mich nicht, er liebt mich …

Verdammt, Vince ist mir in den letzten Wochen echt wichtig geworden. Mein Bauchgefühl sagt mir, dass ich für Vince immer noch die Nummer eins bin. Nur leider passt mein Bauch ganz und gar nicht mit dem Albtraum von heute Nacht zusammen.

Solange ich Vince und Melly nicht ansehen muss, schmeckt es mir. Emi verdrückt auch mehr als sonst und zählt ebenfalls Streusel. Weil wir Mädchen dicht an dicht auf den Strohballen kauern, kann ich Emi schon wieder nicht fragen, warum sie so abgedreht aus der Sicherheitsweste guckt.

Um kurz vor neun holen wir die Pferde von der Weide.

Sie bekommen ihr Futter, bevor wir losreiten. Eine Stunde sollen sie danach Ruhe haben.

Ich führe Pepper zu seiner Box. Neugierig guckt er sich um, horcht auf das ungewohnte Klappern seiner Hufe auf dem Steinweg, schnuppert an allen Boxentüren. Offenbar wundert er sich, warum er plötzlich hier wohnt statt auf dem Habichthof. Auch den Trog kontrolliert er, bevor er sein Futter langsam frisst und sorgfältig kaut. Wie Mühlsteine zermahlen seine Backenzähne den Hafer.

Verstohlen streiche ich ihm über den Hals. Muss doch checken, ob die Sache mit der Maske vielleicht stimmt? Leider entdecke ich keine Nahtstelle. Trotzdem bin ich nicht abgeneigt, meinen irren Traum zu glauben. Wer weiß, ob sich das Blatt nicht tatsächlich einmal wendet? Wie beim »Planet der Affen«? Wir werden morgens wach – und peng regiert uns eine Herde Holsteiner Pferde. Dann sind wir es, die in Boxen stehen. Mit Glück steckt uns ein menschenliebes Pferd Pausenbrote zu.

Pepper grummelt leise und schmust an meinem Ohr herum. Seine Samt-Lippen knabbern an meinen Haaren, als Vince auf einmal hinter mir erscheint.

»Darf ich auch mal?« Er zeigt auf mein Haar.

Ohne zu antworten, drehe ich mich um, tätschele Pepper den Hals und gehe sehr aufrecht zurück zum Basislager.

»Warte doch, Flo.«

Ich hoffe, dass ich von hinten absolut abweisend aussehe.

»Phhh.«

Wer braucht Vince? Ich habe Pepper.

Ich renne, so schnell ich kann, zu unseren Schlafboxen und lasse mich auf das Strohlager fallen, wo die Mädchen und Ferdi warten. Später als ich kommen nur noch Tessy und Vince angelaufen. Atemlos werfen sie sich aufs Stroh.

»Die Spuren sind gelegt«, sagt Tapir feierlich. »Wir haben die Sägespäne mit rotem Tennisplatzsand gemischt. Sonst bläst der Wind alles weg und ihr verirrt euch wie Hänsel und Gretel.«

Strecke und Aufgaben sind *topsecret*. Keiner ahnt etwas. Paarweise werden wir auf die Strecke geschickt, immer einer im Sattel, einer zu Fuß. Zehn Stationen müssen gefunden werden, wo bestimmte Aufgaben zu bewältigen sind.

»Von den Gesamtpunkten ziehen wir bei den Privatreitern zehn Prozent ab, weil sie ihre Pferde so gut kennen. Ist das in Ordnung? Flo? Emily?«

Wir nicken und von allen Seiten murmelt es zustimmend.

Die Bewertungsbögen hat Tapir sich ausgedacht. Für jede Prüfung gibt es fünf verschiedene Punktzahlen. Null, fünf, zehn, fünfzehn, zwanzig. Null für Scheitern, zwanzig für völlig fehlerfreie Prüfung.

»An jeder Station warten Streckenposten. Herr Habicht, Herr Paulsen, Ferdi, Vince und ich. Einige Prüfungen liegen zusammen an einer Station. Haben alle ein Fotohandy?«

Allgemeines Nicken.

»Gut, mitnehmen. An Kontrollstelle Nr. 4 und 7 müsst ihr Beweisfotos machen.«

Die Spannung steigt. Als Nächstes werden die Teams ausgelost. Hoffentlich muss ich nicht mit Melly, dann falle ich sofort um und täusche eine Ohnmacht vor.

Der Wind nimmt weiter zu und fährt uns wie ein Riesenföhn durch die Haare. Nicht gerade der perfekte Prüfungstag. Ich habe ohnehin keine Lust mehr auf die Rallye. Vince hat alles verdorben.

Während Tapir die Namenszettel zählt, hält er plötzlich inne und schlägt sich gegen den Kopf.

»Mist. Denkfehler meinerseits. Ihr seid zwar zwölf Reiter – aber der zwölfte ist ja Herr Habicht. Elf Mädchen und Lennart Habicht. Zu blöd, nun fehlt eine zwölfte Reiterin, damit ich euch paarweise einteilen kann.«

»Oh, Tapir«, stöhnt Janne. »So was darf doch Erwachsenen nicht passieren.«

»Shit happens«, sagt Tapir und zuckt die Achseln. »Sorry, ich spreche kurz mit Lennart, wie wir das lösen.« Er läuft zum Hof hinüber und ruft uns zu: »Schafft inzwischen die Strohballen zurück in den Stall, falls es regnet. Wer's noch nicht gemacht hat, zieht jetzt seine Sicherheitsweste an.«

Unter erwartungsvollem Kichern werden gepolsterte Westen über die Schultern gestülpt. Nur meine Weste ist natürlich nicht da, sie liegt noch in Habis Wagen. Mein Kopf ist gefüllt mit Verräterküssen und Pferdekopfmasken, wo soll da noch Platz sein für Alltagssachen?

Ich springe auf und renne um die Stallungen herum zum Hofeingang, wo Herr Habicht seinen schwarzen Geländewagen geparkt hat. Unser halber Haushalt lagert darin. Zum Glück lässt Habi seine Autotüren offen, sonst wären wir ewig auf der Suche nach seinen Schlüsseln.

Keuchend biege ich um die Ecke auf den Hof. Ich reiße den Landrover auf, werfe mich auf die Rückbank, fische aus einer Masse Klamotten meine Weste und ziehe sie an.

Gerade zurre ich die Klettverschüsse vor der Brust fest, da höre ich Stimmen aus der Geräteecke. Tapir und Vince.

Leise ziehe ich die Tür dichter heran und gehe in Deckung. Flach ducke ich mich auf die Bank. Was haben die sich zu erzählen?

Beschwörend redet Vince auf Tapir ein.

»Flo ist heute so komisch. Als ob ich ihr etwas getan hätte. Ich muss rauskriegen, was sie hat.«

Er will herausfinden, was er mir getan hat? Spinnt der jetzt komplett?

Tapirs Antwort und Vince's nächsten Einwand verschluckt ein Windstoß. Eine Böe drückt die Wagentür gegen mein Bein, aber ich kann mich jetzt nicht aufrichten, um sie aufzustoßen. Mit zusammengekniffenen Lippen lausche ich nach draußen. Unser Pferdepfleger scheint irritiert zu sein, das verrät das bekannte Geräusch, wenn Tapir seine Hosenträger mit den Daumen schnacken lässt.

Schließlich schnappe ich seine Worte auf: »Vince, ich kann keinen bevorzugen.«

»Wieso bevorzugen? Ich bin eher eine Benachteiligung«, kontert Vince. »Zwei echte Reiter im Team haben doch viel mehr Ahnung als Flo mit mir. Und die Aufgabenliste kenne ich ja noch nicht.«

Vince will Tapir überreden, mit mir ein Team zu bilden? »Stimmt«, sagt Tapir. »Du solltest Rechtsanwalt werden mit deinen geschickten Argumenten.«

18. Kapitel

Endlich trommelt Tapir mit der Hand gegen die hölzerne Stallwand und ruft: »Auslosung.«

Ich stehe mitten in meiner aufgeregten und schwatzenden Gruppe und fühle mich überflüssig hier. Alle albern herum, nur ich halte den Mund, weil ich einfach nicht zum Scherzen aufgelegt bin. Seit einem Jahr fiebere ich meiner ersten Pferde-Rallye entgegen und dann macht dieser Typ mir alles kaputt.

Es wundert mich kein bisschen, dass Tapir in den Wind ruft: »Team eins: Flora auf Pepper. Vince als Fußgänger. Er springt für den fehlenden zwölften Teilnehmer ein.«

Super. Mit Vince allein unterwegs, das hat er fein hingebogen. Was ich mir wochenlang sehnlichst gewünscht habe, scheint mir jetzt wie das größte Unglück der Welt.

»Die haben doch was an der Auslosung gedreht«, höre ich Melly hinter meinem Rücken in Glorias Richtung zischeln. Doch nicht einmal Mellys wütendes Geschnaufe baut mich auf.

»Team zwei sind Janne auf Chico. Tessy als Fußgänger.«

»Team drei besteht aus Emily auf Alpino mit Kriss als hilfreichem Fußgänger.«

Emi stößt mich an und nickt zutiefst erleichtert. Mit Kriss versteht sie sich. Jede Wette, da hat Tapir ebenfalls etwas gedreht. Hätte meine Freundin ihre Erzfeinde Melly oder Gloria gezogen, wäre sie auf der Intensivstation des Kreiskrankenhauses gelandet.

»Ihr geht in mehreren Gruppen, damit ihr euch nicht in die Quere kommt«, schlägt Tapir vor. »Flo und Janne, ihr seid in Team eins und zwei, holt eure Pferde jetzt her. Die anderen reiten noch etwas auf dem Platz und gehen im Abstand von fünfzehn Minuten los.«

Wir satteln und reiten zurück zum Außenstall. Mit unbewegter Miene nehme ich hin, dass Vince sich neben Pepper stellt.

»Jedes Team nimmt seinen Bewertungsbogen mit«, ruft Tapir in die Runde. »In die Liste trägt der Streckenposten eure Punkte bei den Prüfungen ein. So, es geht los. Ich laufe vor zur ersten Station.«

Schon verschwindet Tapirs Pferdeschwanz um die Ecke. Weg ist er.

Vince faltet eine Liste und steckt sie ein. Er trägt jetzt ein schickes Hemd über seinen Jeans. Warum das Umziehen? Meinetwegen kann er in einem Hafersack rumlaufen. Wie egal mir das ist! Die Horrornacht und zwei Jungsbeine in Bermudas drängen sich erneut in mein Gedächtnis. Vorn im Kopf bleiben die Bilder stehen, als ob sie mich verhöhnen wollen.

»Geht ihr endlich los?«, sagt Janne hinter mir und pikst mich mit der Gerte an. »Oder braucht ihre eine schriftliche Einladung?«

»Ach so, sorry.«

Habe ich zum Frühstück Bremsflüssigkeit in mich reingeschüttet? Muss so sein, jedenfalls funktioniert alles an mir in Zeitlupe. Ich gebe mir einen Ruck.

Reiß dich zusammen, Flora.

Schweigend reite ich an, ohne mich nach Vince umzusehen. Ich ärgere mich schwarz, dass er mir die schöne Rallye verdirbt.

Aus den Augenwinkeln sehe ich Vince hinter uns her hecheln. Soll bloß nicht glauben, dass ich diese Nacht vergesse und dass er sich bei Tageslicht wieder an mich heranmachen kann. Auch wenn ich mir natürlich nichts sehnlicher wünsche als das. Aber daraus wird nichts. Aus, Schluss, vorbei.

Der Wind pfeift über meinem Reithelm, dreht immer wieder und drückt am Wegesrand niedrige Sträucher und wild wuchernden Beifuß zu Boden.

Peppers Ohren spielen, drehen sich zur Seite, nach vorn, nach hinten. Mein Pferd ist in Alarmstimmung und geht sehr verhalten. Oder ist Pepper gar nicht in Alarmstimmung? Ist es vielmehr so, dass meine Wut sich auf ihn überträgt? Logisch, meine Verspanntheit spiegelt sich in seinem Rücken wieder.

»Das Pferd ist der Spiegel des Reiters«, behauptet Lennart Habicht.

»Links in den Seitenweg«, sagt Vince und zeigt auf den rot-weißen Pfeil am Boden.

Gestern noch fühlte ich mich wegen Vince glücklich bis unter die Schädeldecke. Und heute? Eine Mischung aus Trauer und Wut arbeitet in mir. Und Verzweiflung. Durch seinen Melly-Kuss hat Vince mich schwer gekränkt. Keine Futtermilbe kann sich überflüssiger vorkommen als ich. Überhaupt, die ganze Liebe kann mir gestohlen bleiben. Erst dieses himmlische Bauchkribbeln, dann die Höllenqualen. Wer will so etwas? Bei Pepper bin ich nie so zerrissen, immer nur glücklich und voller rosa Wärme.

Wortlos wende ich Pepper ab und wir marschieren links weiter. Hinter uns trabt schon Team Nr. 2 heran. Tessy joggt an Chicos Seite.

»Nicht so schnell«, ruft Vince ihnen zu. »Ihr überholt uns ja.«

Janne hebt die Hand. »Okay. Hast recht.«

Kerzengerade sitze ich auf Peppers Rücken. Äußerlich ruhig, doch in mir rumort es gewaltig. Müsste ich mein Innenleben malen, dann säße nicht Flora Rohde mit Sicherheitsweste und Reithose im Sattel, sondern ein bizarres Gebilde aus zischenden Blitzen, wilden Blizzards und blinkenden Warnlichtern. Gelb, Rot, Neongrün – grrr. Ich versuche, mir die ganze Situation komisch zu denken. Dabei ist mir hundeelend. Ich habe keinen Plan, wie ich aus dem Tief wieder herauskommen soll.

Auf einmal scheut Pepper. Überrumpelt halte ich mich mit einer Hand am Sattel fest. Pepper drängt mit starrem Genick rückwärts und stößt erschreckte Schnaublaute aus. Nach vorn gebeugt suche ich auf dem Weg nach einer Ursache für Peppers Benehmen.

»Hilfe!«

Ein Riesenschreck durchfährt mich, denn direkt vor uns am Boden schlängelt sich etwas schmales Langes. Golden glänzt der Rücken im Licht.

»Eine Schlange. Verdammt.«

Pepper tänzelt aufgeregt zur Seite. Gefährlich nah plätschert der Bach in meinem Rücken. Hoffentlich vertritt Pepper sich nicht und rutscht die Böschung hinunter. Für einen Moment vergesse ich meinen selbst verordneten Schweigeschwur und spreche mit Vince. »Mann! Wusste nicht, dass es hier Schlangen gibt.« Meine Knie werden zu Pudding.

Vince lacht.

»Das ist nicht komisch«, fahre ich ihn zitternd an. »Ist die giftig?«

Vince macht ein paar Schritte vorwärts und stellt sich so hin, dass er die Schlange komplett abdeckt. Sofort beruhigt Pepper sich. Nicht schlecht, was Vince in der kurzen Zeit gelernt hat. Die Gefahr muss verdeckt werden.

»Sag schon«, dränge ich, »ist die gefährlich?«

»Was nehmt ihr eigentlich in Bio durch?«, grinst er. »Das

war überhaupt keine Schlange. Bloß eine Blindschleiche, und das sind ganz liebe Echsen.«

Puh, bin ich erleichtert.

Vince bückt sich und wirft einen prüfenden Blick ins hohe Gras, das die Böschung überwuchert. »Sie ist weg«, verkündet er.

Der Schreck sitzt mir noch so in den Knochen, dass ich mich um ein Haar wieder normal mit Vince unterhalten hätte. Gerade noch früh genug setze ich erneut meine unnahbare Miene auf und lenke Pepper immer den rot-weißen Pfeilen nach.

Obwohl Vince mehrmals versucht, ein Gespräch in Gang zu bringen, erntet er von mir nur stumme Verachtung. Ich glaube, ich wäre ein ziemlich gutes Pferd geworden, denn ohne hinzusehen, spüre ich, dass Vince gefrustet ist und keine Idee hat, wie er an mich herankommen soll. Dabei geht mir die fiese Funkstille selbst an die Nieren.

Wir biegen in einen schmalen Weg ein, und kaum sind wir um die Ecke, rammt Pepper wieder die Füße in den Boden. Oh je. Station eins hat es in sich. Zwischen zwei Buchen gespannt hängt eine Leine mit angebundenen Plastiksäcken. Blaue, gelbe und grüne Müllsäcke flattern hin und her. Heftig knattern die dünnen Beutel im Wind. Durch Flatterfolien zu gehen, hatten wir schon auf dem Habichthof geübt – aber im offenen Gelände ist so eine Horrorleine natürlich die Hölle.

Tapir wartet auf uns.

»Das ist unfair«, jammere ich aus einiger Entfernung, weil Pepper sich weigert weiterzugehen. »Bei dem Wind geht doch kein Pferd durch die Flatterfolien. Wie soll da jemand auf zwanzig Punkte kommen?«

Dieser blöde Wind verdirbt uns alles. Pepper hört nicht,

ob ein Raubtier anschleicht. Als Fluchttier muss er natürlich damit rechnen, dass Wölfe oder Löwen hinter den Müllsäcken lauern, die ihm die Sicht versperren.

Tapir ermuntert mich. »Versuch es wenigstens.«

Ich gebe alles, treibe wie ein Weltmeister, rede Pepper gut zu. Aber näher als auf fünf Meter kommen wir nicht an die Leine heran. Beim zweiten Mal immerhin auf eine Pferdelänge.

Ich glaube, Vince macht mich zusätzlich nervös, darum sende ich Pepper angespannte Signale. Bin nicht souverän wie sonst. Meine negative Wut-Energie geht auf Pepper über, und das verunsichert ihn.

»Vince kann Pepper am Zügel nehmen, die Säcke zur Seite heben und ihn durchführen«, schlägt Tapir vor. »Dann bekommt ihr immerhin fünf Punkte.«

Weil ich nicht antwortete, greift Vince kurzerhand nach dem Zügel, bündelt mit links die Säcke und nach anfänglichem Zögern folgt Pepper ihm, macht auf einmal einen schnellen Satz und schnaubt erleichtert, als er auf der anderen Seite steht.

Ich bin sauer. Welch eine Blamage vor Vince. Ausgerechnet nach dieser Frust-Nacht hätte ich ihn gern durch meine Reitkünste beeindruckt. Soll ich umdrehen und auf eigene Faust zurück nach Haverstedt reiten? Unsinn, das würde Habi mir schwer verübeln. Also Zähne zusammenbeißen und weiter.

»Fünf Punkte«, notiert Tapir. »Mehr werden die anderen auch nicht schaffen. Prüfung Nr. 2 folgt.«

Er lässt den Bewertungsbogen sinken und zeigt auf die Wiese, die sich hinter der Baumallee erstreckt. Auf dem gemähten Stück warten Heuballen auf ihren Abtransport. Exakt die Größe wie bei uns auf dem Habichthof.

»Frage zwei lautet: Schätzt das Gewicht dieser großen Rundballen.«

Ich protestiere aus dem Sattel. »Wer soll so etwas wissen? Gewicht schätzen! Tapir, du weißt doch, ich bin eine Mathe-Niete.«

Vince winkt ab. »Aber ich nicht. Das schaffen wir. Frag dich mal logisch: Kann man so ein Teil tragen?«

Patzig fahre ich ihn von oben an. »Quatsch.«

»Rollen?«

Ich schüttele den Kopf. »Natürlich nicht. Die Ballen packt Habi vorn auf seine Traktorgabel und fährt sie dann in die Stallgasse.«

»Also schweineschwer«, fasst Vince zusammen. »Ich brauche einen Vergleich. Shettys. Ein Shetlandpony wiegt hundert Kilo, das kann man notfalls vor sich herschieben. Selbst wenn es störrisch ist, geht das zumindest ein kleines Stück. Ja, hundert Kilo könnte Habi irgendwie bewegen.«

Stimmt. Mit schief gelegtem Kopf nehme ich bei den Heuballen Maß.

»So groß wie vier Shettys. Also 400 Kilo?«, schlage ich vor.

»Aber ein Pony besteht aus Muskeln und Knochen, die wiegen mehr als Heuhalme.«

»Dafür sind die Halme fest zusammengepresst.«

Wir einigen uns auf 400 Kilo und Tapir strahlt.

»Stimmt haarscharf. Gibt zwanzig Punkte.«

Er zeigt auf einen schmalen Pfad, der an der Wiese entlang zu einem Acker führt. »Weiter geht's. Mir nach.«

Ich wende Pepper und folge Tapir durch einen kurzen Hohlweg zum Acker. Dahinter knickt der Weg scharf ab, begleitet den Bach ein kurzes Stück geradeaus, bis er über eine geschwungene Holzbrücke weiterführt. Tapir überquert die Brücke vor uns und ruft uns von der anderen Seite zu:

»Ihr habt gehört, wie laut die Holzbohlen unter meinen Füßen poltern. Mit Hufeisen dreimal so laut. Also energisch vorwärtsreiten.«

Vince sagt irgendetwas, das ich nicht verstehe. Nicht verstehen *will*. Klang wie ein Angebot, Pepper zu führen. Aber eins steht fest: Über die Brücke gehe ich allein. Ohne Vince's Hilfe. Misstrauisch lässt sich Pepper an die Brücke heranreiten. Er senkt den Kopf, zaudert und setzt schließlich die Vorderhufe auf die Bohlen. Unter seinem Gewicht ächzt und knarzt das Holz. Erschreckt zuckt Pepper zusammen und weicht zurück auf den Reitweg.

Vollpleite.

Tapir legt die Hände an den Mund und ruft gegen den Wind zu uns herüber: »Der Begleiter darf das Pferd führen. Gibt dann allerdings nur zehn Punkte.«

Grimmig presse ich die Lippen zusammen. Führen! Das wollen wir doch mal sehen. Ohne Vince wäre ich längst drüben. Nur weil der sich nicht unter Kontrolle hat, bringt er alles durcheinander und stört meine Kommunikation mit Pepper.

»Nix führen«, rufe ich zurück.

Ich atme tief aus, drei Mal, das soll angeblich Pferde beruhigen. Tatsächlich spüre ich, wie Pepper ruhiger wird. Ich kraule seinen Widerrist, das liebt er. »Wir schaffen das«, raune ich ihm zu. »Komm schon, mein Schatz. Wir brauchen keine Jungs.«

Ich konzentriere mich voll auf das Überqueren der Brücke. Zögernd setzt Pepper den ersten Huf auf das Holz. Leise rede ich mit ihm und treibe gleichzeitig. Ja, er geht weiter! Mit großer Aufmerksamkeit und eindeutig ungern überwindet Pepper die Brücke.

Tapir steckt Pepper ein Leckerli zu, als er den letzten Meter schafft.

Ich kriege fünfzehn Punkte! Wer braucht Vince Weise?

»Jetzt wieder den Pfeilen nachreiten«, sagt Tapir. »Die nächste Station ist unbesetzt. Ihr müsst von dort etwas mitbringen, zum Beweis, dass ihr da gewesen seid. Viel Glück noch, Team eins.«

19. Kapitel

Bis zur Aufgabe Nr. 4 müssen wir zehn Minuten reiten. An der Prüfungsstation baumelt ein quietschgelber Briefumschlag im Baum. Vince angelt ihn herunter und liest den Text darin vor.

»Ihr findet ein Denkmal aus der Steinzeit, wenn ihr den Bach überquert und hundert Meter bis kurz vor die Kornfelder reitet. Bringt von dort einen Beweis mit. Ein Stück genügt. Pferd, Reiter und Begleiter müssen durch den Bach. Handyfoto ist Pflicht.«

Vince findet sein Grinsen wieder. »Die Aufgabe kann Tessy knicken«, sagt er. »Sonst liegt sie mit Halvor gleich wieder im Wasser.«

Schon kickt Vince seine Turnschuhe von den Füßen und hängt sie sich um den Hals. Er krempelt die Jeans hoch und setzt mit einem lässigen Sprung in den Bach. Idiot. Muss er mir auch noch zeigen, wie sportlich er ist? Insgeheim bewundere ich ihn für den coolen Sprung, weiter könnte das rote Riesenkänguru auch nicht hüpfen.

»Total flach. Kommt rein.«

Pepper steigt ohne ein Zeichen von Nervosität in das Wasser und durchquert den Bach zielstrebig und schnell. Nach kurzer Zeit stehen wir vor hoch aufgetürmten Findlingen. Wer sagt's denn: ein Hünengrab aus der Steinzeit.

Zwei Tauben lassen sich auf den Steinbrocken nieder. Misstrauisch beäugen sie uns. Als Vince sein Handy zückt und uns alle fotografiert, suchen sie flügelschlagend das Weite. Ich werde Vince später auffordern, das Bild zu löschen. Ich will nicht in seinem Speicher gefangen sein zusammen mit Melanie Melly Scarlett Lanz, die er hundertprozentig auch fotografiert hat.

Zwischen zwei Ginstersträuchern hängt eine Plastikdose mit der Aufschrift »Beweise zum Mitnehmen«. Vince nimmt eine Gerstenähre heraus und steckt sie ein.

Höchstpunktzahl.

»Die zwanzig Punkte hätte ich auch allein geschafft«, sage ich unnötig patzig, als wir Richtung Kornfeld weitergehen.

Vince sieht plötzlich ziemlich niedergeschlagen aus und kaut auf der Unterlippe.

»Ich dachte, wir sind so etwas wie... Freunde.«

»Ich brauche keine Freunde«, höre ich eine wildfremde Flo sagen.

Vince verliert die Geduld. Er geht rückwärts und sieht herausfordernd zu mir hoch, damit ich von meiner Königsposition nicht einfach über ihn hinweggucken kann.

»Ach so! Du brauchst keine Freunde.« Jetzt wird er bockig. »Oder *findest* du keine, weil du mit deiner schlechten Laune echt nerven kannst?«

»Ich? Ich könnte mehr Freunde haben, als das verdammte Kornfeld Ähren hat.«

Habe ich das wirklich gerade laut gesagt? Pepper bewegt sich steif unter mir, so als ob er sich unbehaglich fühlt. Ich bin der totale Psycho.

Vince runzelt die Stirn und sucht nach einer Antwort. Im Weitergehen bückt er sich und reißt eine blühende Ackerdistel aus dem Boden. Provozierend hält er mir das lila Unkraut zum Sattel hoch.

»Lass dich umtaufen. Flora Kratzdistel statt Flora Rohde. Was ist eigentlich los seit heute Morgen?«

Pepper dreht den Kopf nach hinten und schnuppert an der Distel. Vorsichtig nimmt er eine lila Blüte zwischen seine Lippen und zupft sie ab.

Vince muss lachen und krault Pepper in der wehenden

Mähne. »Wir Männer verstehen uns, Pepper! Dein Frauchen ist manchmal komisch, stimmt's?«

Frauchen! Das klingt wie alte Oma mit verfettetem Dackel.

»Sag nie wieder Frauchen zu mir!«

Wie kann Pepper nur die Distel fressen? Aus der Hand des Verräters? Finster schaue ich durch Peppers Ohren hindurch zu, wie mein brauner Wallach genüsslich auf der lila Blüte herumkaut. Hat er denn keinen Sinn dafür, dass er Vince links liegen lassen muss? Mein Pferd hat doch sonst so ein feines Gespür für Menschen.

Vince verdreht die Augen. »Mit dir ist die Rallye echt nicht der Brüller.«

Die kandisbraunen Sprenkel in seinen grünen Augen tanzen nicht mehr.

Nicht der Brüller. Danke, Vince. Ich finde mich selber auch gerade zum Kotzen. Da passt original gar nichts. Wenn ich du wäre, würde ich mich anschnauzen: »Mach doch deine Rallye allein weiter.« Meine Ausstrahlung muss ungefähr die einer Erdkröte sein.

Aber was soll ich tun? Nach dieser Katastrophen-Nacht kann ich mich einfach nicht normal mit Vince unterhalten. Dieses verdammte Funkloch zwischen uns. Alles nur wegen Melly. Wie konnte ich ihr Pepper für die Prüfung leihen! Wäre sie damals auf dem Habichthof durchgerasselt, hätte ich ein Problem weniger.

Warum fällt mir jetzt Mamas Lieblings-Teebeutelspruch ein, den sie mir jeden Tag beim Frühstück und Abendbrot ins Ohr flüstert?

Was du beginnst, beginne es klug und bedenke das Ende.

Ja, das Ende... wie das aussehen kann, dafür ist Melly der leibhaftige Beweis.

Ich werde dir eine Karte aus Großenwerder schicken, Mama, weil deine Dichter sooo recht haben.

Vince pfeffert die abgefressene Distel in den nächsten Graben. Windstöße tragen Sägespäne durch die Luft, nur der rote Tennissand bleibt liegen. Wenigstens auf Tapir ist Verlass. Seine Fährte kann man nicht übersehen.

Schweigend schlurft Vince neben uns. Rechts erstreckt sich lichter Buchenwald, der von heftigen Böen durchgeschüttelt wird. Durch zwei Baumstämme erkenne ich ein riesiges Plakat mit einer feuerroten »5«. Daneben wartet Herr Habicht. Mit vorgebeugtem Oberkörper marschiert er ungeduldig unter dem Schild hin und her.

Ich freue mich schon auf die neue Herausforderung… aber als ich näher komme, bin ich nicht mehr so begeistert.

Eine Wippe!

Schon wieder so ein Hammer. Pepper schnaubt überrascht und versucht, auf Abstand zu dem seltsamen Gestell zu gehen.

Ich starre auf den gefällten Baumstamm am Boden, über den ein paar lange, verschraubte Holzbalken liegen. Wie bei einer Kinderwippe auf dem Spielplatz. Und die soll ich mit Pepper überqueren? Über wackelige Wippen zu gehen, konnten wir auf dem Habichthof nicht üben. Kalt erwischt.

»Hat Herr Paulsen extra für euch gebaut«, sagt Herr Habicht und betrachtet das robuste Holzgestell mit einem gewissen Stolz. »Tragfähig für Pferde. Demnächst kommen regelmäßig Reiter für die Gelassenheitsprüfung nach Großenwerder, da brauchte er die Wippe sowieso.«

»Super«, sage ich lahm. Normalerweise reizen mich neue Herausforderungen. Aber nicht, wenn jemand wie V. neben mir steht, der später seinem Kusswunder lachend berichten kann, wie dämlich ich mich angestellt habe. Furchtbar. Ich kneife die Augen zusammen, bis Vince nur noch aussieht wie einer der trudelnden Blätterzweige. Besser.

Pepper mustert die Wippe mit vorgestrecktem Kopf. Sie erschreckt ihn nicht, macht ihn eher neugierig. Beherzt macht er ein paar Schritte nach vorn und tastet mit der Nase über den Wippbalken. Wie praktisch, dass Pepper den Geruch von Holz liebt. Plötzlich fährt ein Windstoß unter das Gestell, es knarrt und stöhnt unheimlich. Sofort springt Pepper zurück. Ich kann mich gerade noch im Sattel halten.

»Wird nicht leicht sein«, räumt Habi ein. »Manche Pferde kriegen wir da nicht hoch. Aber Pepper schafft das. Der ist cool. Wenn es nicht geht, darf Vince die Vorderhufe auf die Wippe stellen. Gibt aber Punktabzug.«

Vince, Vince, Vince.

»Ich will es allein versuchen«, sage ich bestimmt.

»Macht nichts, wenn er in der Mitte herunterspringt«, beruhigt Herr Habicht mich. »Ist ja sehr niedrig. Außerdem landet Pepper auf federndem Waldboden.«

Er winkt Vince zu sich heran.

»Geh mal vor. Aber langsam, damit Pepper sieht, wie das Ding funktioniert.«

Mit aufmerksam gespitzten Ohren betrachtet Pepper, wie Vince die Wippe hinaufgeht. Als der Balken in der Mitte zur anderen Seite wippt, gibt Pepper einen Grunzlaut von sich.

Kann man sich nicht mal mehr auf dicke Holzbalken verlassen?

Aber mein mutiges Pferd lässt sich nicht ins Bockshorn jagen. Tapfer betritt Pepper die Wippe, überwindet sie Schritt für Schritt weiter nach oben. Um uns herum treiben abgerissene Blätter durch den Wald, grüne Blätter wirbeln mir um den Reithelm. Schlechte Bedingungen für eine Mutprobe. Weiter, Pepper. Bis zur Mitte klappt alles bestens, doch als der Balken sich senkt, springt Pepper mit einem Satz herunter. Ich halte mir eine Hand vors Gesicht.

»Peinlich, Herr Habicht?«

»Überhaupt nicht. Das geht in Ordnung für das erste Mal!« Lennart Habicht nickt und zückt seinen Kugelschreiber. »Fünfzehn Punkte, weil ihr über die Mitte der Wippe hinausgekommen seid.«

Zwischen Vince und mir entspannt sich die Luft, weil Herr Habicht gewissermaßen zwischen uns steht. Aufgabe sechs fragt Habi gleich nach der Wippe-Nummer ab.

»Jeder zählt vier Pferderassen auf. Eure Punkte werden addiert und durch zwei geteilt.«

Er hebt den Blick von unserem Bewertungsbogen.

»Flora vier Rassen mit F, Vince mit H.«

Endlich kann ich wieder meine Überlegenheit zeigen. »Fjordpferde, Freiberger Pferde, Friesen, Französische Traber, Frederiksborger ...«

»Halt, halt«, lacht Herr Habicht und nimmt die Arme hoch. »Mehr als vier kann ich nicht werten. Nun du, Vince.«

Milde lächelnd sehe ich auf Vince herab.

»Äh«, beginnt er.

»Komm schon, Vince. Was für ein Pferd steht denn vor dir? Ich meine Pepper!«

»Ach so, Holsteiner.«

Habi nickt.

»Eben. Was ist mit unserem Schimmel Sandro?«

»Hannoveraner?«

»Geht doch. Und Alpino von Emily?«

Super, Herr Habicht, so kann es wirklich jeder Einzeller lösen.

»Haflinger.«

Habi macht eine Strichliste. »Einer noch. Denk an Galvano, den wir gestern als Begleiter für Mellys Sandro im Hänger mitgenommen haben.«

Verdammt, warum muss Habi das Reizwort aussprechen? Wenn ich noch einmal den Namen Melly höre, kriege ich einen Kotzkrampf.

Vince fährt sich mit den Händen durchs Haar. »Habe ich einen Joker?«

»Von wegen! Ich helfe dir sowieso schon mehr als üblich. Na gut, weil du erst den Basispass hast, noch eine Hilfe. Galvano kommt aus Holland.«

»Holländisches... äh, Reittier?«

»Mensch, Vince!« Jetzt ist es Herr Habicht, der sich die Haare raufen möchte. Weil er sich aber eine Glatze rasiert hat, kann er nur über die glatte Kopfhaut streichen. »Komm Vince, was ist unser Galvano? Kaltblut, Warmblut, Vollblut, Traber, Pony...«

»Holländisches Kaaa...«

»Stopp! Keinen Buchstaben weiter!«

Gleich platzt mir aber der Kragen. Raffiniert von Vince, einfach gedehnt zu sprechen, damit Herr Habicht früh genug eingreifen kann.

Vince versucht es erneut. »Holländisches Waaa...«

»Weiter«, ermuntert Habi ihn.

»Holländisches Warmblut.«

»Genau.«

Jetzt reicht es aber. »Sie sagen ja alles vor«, platze ich empört heraus. Heute gönne ich Vince keinen Triumph.

»Sei friedlich«, beschwichtigt Herr Habicht. »Sagen wir: fünfzehn Punkte für Vince, zwanzig für dich, Flo.«

Er reicht mir den Bewertungsbogen hoch. »Sieht insgesamt klasse aus.«

Ich schiebe die Liste unter meine enge Weste.

Mit einer Kopfbewegung zeigt Habi hinter uns. »Und nun ab zur nächsten Station. Team zwei sitzt euch schon im Nacken.«

Durch aufwirbelndes Laub trabt Janne auf uns zu. Wir reiten zur Seite. Pepper und Chico stecken die Nasen zusammen und begrüßen sich mit leisem Blubbern.

»Wie viele Punkte habt ihr?«, fragt Janne von Chicos Rücken.

»92,5«, gebe ich zurück. »Aber wir haben ja zwei Stationen mehr als ihr. Außerdem gehen bei mir zehn Prozent runter. Wegen Privatpferd. Wir verschwinden dann mal.«

20.

Station Nr. 7 ist eine reine Mutprobe«, stand auf dem Bewertungsbogen, den ich eingesteckt habe. »Für alle Teilnehmer, die reiterlich bisher Pech hatten.«

Wir gelangen über den Reitweg entlang des Bachs zu einer breit aufgestauten Stelle, die sich zu einem Teich vergrößert. In einer Eiche am Ufer baumelt ein langes Tau mit Knoten. Einer von uns soll sich daran über den Teich schwingen. Der Partner muss als Beweis ein Handyfoto schießen.

Vince trommelt sich grinsend auf die Brust. »Dazu muss man mutig sein. Bin ich.«

Mit zusammengekniffenen Augen funkele ich ihn an.

»Mutig? Zeugt nicht gerade von Mut, nachts herumzuschleichen und schlafende Mädchen zu küssen.«

So. Das sitzt. Dem habe ich es gegeben. Doch nur ganze zwei Sekunden hält mein Triumphgefühl an. Dann ärgere ich mich grün und blau über meine Worte. Super, Flo. Zickiger kann man eine Bemerkung kaum herausschleudern.

Vince sieht aus wie ein Fragezeichen in Turnschuhen. »Hä?«

Plötzlich bin ich mir schrecklich peinlich. Rasch schwinge ich mich aus dem Sattel, ziehe die Punkteliste aus meiner Weste hervor und lehne mich an Peppers Rücken. Pepper dreht seinen Kopf nach hinten und sieht ebenfalls aus wie ein Fragezeichen.

»Vergiss es«, murmele ich. Bloß keinen Blickkontakt mit Vince.

Ich tue so, als studiere ich die Rallye-Anweisung. Dabei dreht sich mein Kopf dermaßen, dass ich kein einziges Wort entziffern kann. Pepper grummelt und stupst mich fragend mit der Nase an.

Was soll das Theater?

Vince packt meinen Arm und sieht plötzlich ganz komisch aus.

»Denkst du etwa, ich hätte Melly heute Nacht heimlich abgeknutscht?«

Abrupt reiße ich mich los. »Und wennschon. Mach doch, was du willst.«

Mein Kopf glüht. Sicher ist er knallrot. Ein Lagerfeuer lodert in meinen Backentaschen.

Vince's Mundwinkel zucken ein bisschen. Er sieht gleichzeitig unglücklich und glücklich aus.

»Warte.«

Er nimmt mir den Bewertungsbogen aus der Hand und schreibt etwas darauf, das er mir unter die Nase hält. Sofort schnappt Pepper nach dem Papier und versucht, es zu zermalmen.

»Halt, Pepper, das ist wichtig. Nicht auffressen!« Vince zieht ihm das feuchte Stück Papier aus dem Maul, wischt es an seiner Jeans ab und zeigt mir dann die Notiz. In großen Buchstaben steht da:

ES WAR FERDI. NICHT ICH!

»Ferdi?« Nun bin ich endgültig durcheinander. »Warum knutscht Ferdi denn Melly ab?«

Ungläubig starrt Vince mich an. Dann schlägt er sich mit der Hand gegen die Stirn und fängt an zu lachen. Richtige Lachkrämpfe schütteln ihn, er kann gar nicht aufhören.

Schließlich stößt er hervor: »Ferdi hat doch nicht Melly geküsst. Sondern EMILY!«

Er lacht und lacht und lacht, bis der Eispanzer um mein Herz Risse bekommt. Wer so lacht, lügt nicht.

»Ferdi knutscht Emi? Warum denn im Stockdunkeln?«

»Weißt doch selber, wie schüchtern Emi ist. Ferdi traut sich nicht, sie allein anzusprechen, weil sie sofort mit rotem Kopf wegläuft. Da wollte er ihr eben klammheimlich einen Kuss geben.«

Der Eispanzer knackt auseinander. Vorsichtig taue ich auf.

Jetzt reimt sich einiges zusammen. Emis ungewöhnliche Verwirrtheit. Und warum Ferdi heute Morgen so strahlte.

Na warte Emi, dass du mir nichts verraten hast...

Das ist also die Erklärung. So einfach. So einleuchtend.

»Blöde Flo«, murmelt Vince und fährt mit seinen Lippen sanft über meinen Nacken.

Warme Gänsehaut rieselt mir über den Rücken. Löscht jeden einzelnen Zentimeter Ärger.

Ich schwebe auf Wolken.

Ich fühle mich leicht wie eine Feder.

Ich leuchte wie ein Glühwürmchen.

Mehr geht nicht.

Ich stehe einfach so da im Wind, voll mit rosa Wärme, und platze fast vor Glück.

Dieser Wanderritt ist das Größte. Nach dem Gefühls-Chaos die Versöhnung mit Vince. Alles war ein gewaltiges Missverständnis. Es ging nur um Emi und Ferdi.

Melly ist doch weniger schlecht, als ich dachte. Ich werde mir etwas Nettes für sie überlegen. Ich könnte ihr mein Mücken-Gel ausleihen, damit sie weniger zerkratzt aussieht. Vielleicht lasse ich sie heute auf Pepper reiten? Ach nein, das wäre übertrieben. Aber wenn wir zurück auf dem Habichthof sind, gebe ich ihr Pepper ab und zu für den Reitunterricht. So lange Collin ausfällt. Melly hat wirklich Pech gehabt auf dem Wanderritt. Seit fünf Minuten fällt es mir wahnsinnig leicht, großzügig zu sein.

Zwei gigantische Tage liegen noch vor uns. Ab sofort werde ich jede einzelne Minute genießen. Was heißt Minute. Jede Sekunde! Die ganze Welt könnte ich umarmen. Weil unser Planet dazu aber definitiv zu groß ist, falle ich Pepper um den Hals.

»Hast du gehört?«, flüstere ich glücklich in seine Mähne. »Es war Ferdi.«

Übermütig stupst Pepper mich mit der Nase an. Mein Holsteiner sieht gerade sehr überlegen aus. Fast wie in meinem Traum vom Planeten der Pferde.

Würde mich kein bisschen wundern, wenn er im nächsten Moment seine Pferdekopfmaske abnähme.

Quick-Check Gelände

1. Was ist wichtig beim Ausreiten?

- Vorn und hinten reiten die erfahrensten Reiter.
- Jeder Ritt beginnt und endet im Schritt. 10-15 Minuten.
- Der Anfangsreiter kündigt Antraben, Angaloppieren und Durchparieren laut an, damit alle gemeinsam die Gangart wechseln.
- Alle Kommandos des Anfangsreiters mit lauter Stimme an den Hintermann weitergeben.
- Emporstrecken des Arms des Anfangsreiters heißt: Achtung. Senken des erhobenen Arms heißt: langsamer.
- Die Gruppe darf sich nicht auseinanderziehen. Wenn

die schnelleren Pferde plötzlich hinter einer Kurve verschwinden, jagen die trödelnden Artgenossen ihnen nach.

- Überhole niemals auf der Galoppstrecke das Pferd vor dir.
- Auf diesen Böden nur Schritt reiten: Teerstraßen, harte Wege, tiefer Sand, schwere Matschböden, von Steinen übersäte Wege, unebene und holprige Strecken.
- Für Trab und Galopp eignen sich ebene, federnde Grasböden oder feste Sand- und Waldwege.
- Nimm Rücksicht auf Fußgänger, Radfahrer und entgegenkommende Reiter! Im Schritt vorbeireiten, freundlich grüßen.

2. Bist du fit für die Straße?

Das Ausreitgelände führt leider oft ein Stück über Straßen. Dass du eine Reitkappe trägst, ist logisch, oder? Idealerweise auch eine Sicherheitsweste. Dazu gibt es noch weitere Sicherheitspunkte, weil du dich nach der Straßenverkehrsordnung richten musst.

1. Du reitest mit Sattel und Trense.

2. Auf der Fahrbahn reitest du am äußersten rechten Rand. Mit deinem Pferd darfst du keine Bürgersteige oder Radwege betreten, nur in Notfällen kurz ausweichen.

3. Du kennst die Verkehrszeichen für Reiter, beide sind rund. Weißes Pferd auf blauem Grund = Reitweg. Schwarzes Pferd auf weißem Grund mit rotem Rand = Reiten verboten.

4. In einer kleinen Gruppe reitet ihr einzeln hintereinander.

5. Ab sechs Pferden reitet ihr auf der Straße paarweise als geschlossener Verband. Erfahrene Pferde gehen links.

6. Ihr zieht die Gruppe nicht auseinander, weil sonst Autos zwischen euch einscheren können. Viele Autofahrer wissen nicht, dass Pferde schreckhaft sind.

7. Beim Überqueren einer Straße schließen alle Reiter dicht auf, um gemeinsam zügig über die Fahrbahn zu kommen.

8. Beim Abbiegen gibst du Handzeichen wie beim Radfahren – Arm weit ausstrecken.

9. Bei Dunkelheit musst du mit deinem Pferd deutlich zu erkennen sein. Vorgeschrieben ist eine Leuchte am Helm oder am Stiefel, die von vorn und hinten zu sehen ist.

10. Du konzentrierst dich. Bremsende Autos, dröhnende Motorräder oder Lkws können Pferde zum Scheuen bringen.

3. Bekleidung bei düsterem Wetter

In der Dämmerung mit einem braunen oder schwarzen Pferd ausreiten? In dunklen Reitsachen? Vergiss es. Du musst deutlich als Reiter erkennbar sein... das ist gar nicht aufwendig. Besorg dir eine Kopflampe für die Reitkappe. Oder eine Stiefelleuchte zum Umschnallen. Zusätzlich praktisch: reflektierende Westen oder Ärmelbänder, Reflex-Minichaps, reflektierende Helmbezüge, Blinkanhänger, Pferdedecken in Neonfarben, leuchtende Gamaschen, Steigbügeleinlagen, Schweifschoner und Zügelüberzüge. Einfache Reflex-Westen, z. B. für Autopannen, und Stiefelleuchten gibt es ab einem Euro.

4. Fluchttier Pferd – schlaue Geländereiter sehen voraus

Wilde Pferde mussten ständig auf der Hut vor Raubtieren sein. Die einzige Möglichkeit, ihnen zu entgehen, war die sofortige Flucht. Das sitzt immer noch tief drin im Pferdehirn. Wittern Pferde Gefahr, stürmen sie los. Du kommst mit heiler Haut vom Ausritt zurück, wenn du einige Dinge weißt.

- Zusammengerottete Schafe oder große Feldsteine wirken auf viele Pferde wie gefährliche Wölfe.
- Manchmal hilft es, ein bedrohliches Objekt beschnuppern zu lassen.
- Pferde versuchen, ihren Kopf zu schützen, und drehen ihn von der »Gefahr« weg, z. B. von einem Steinhaufen. Meistens gelingt es, schräg an der Stelle vorbeizureiten.
- Letzte Möglichkeit: absteigen und Pferd vorüberführen. Du gehst zwischen dem Pferd und der Stelle des Schreckens.
- Panik verursacht alles, was von oben kommt. Wie sprungbereite Raubtiere wirken Handwerker in Strommasten oder kletternde Kinder in Bäumen.
- Bei Wind übertönen rauschende Baumkronen und flatternde Plastiktüten viele Geräusche, auch die von heranschleichenden Raubtieren. Darum sind Pferde bei Sturm besonders aufmerksam.

- Mit sicherem Führpferd und viel Geduld gewöhnt man Pferde allmählich an schwierige Situationen. Das sieht man an den coolen Polizeipferden. Pferde, die nur Box und Reithalle kennen, regen sich draußen leichter auf als Geländepferde.
- Scheut ein Pferd, darf man es nie dafür bestrafen. Scheuen ist ja aus Pferdesicht normal und überlebenswichtig. Straft man das Pferd, wird die Panik nur größer.

5. Bloß nicht!

- Niemals in Sichtweite von Pferdeweiden galoppieren. Pferde lieben Wettrennen. Hoch getragene Schweife sind Alarmzeichen. Auch Bullen und Kälber rennen gern mit.
- Niemals ein Pferd vom Fahrrad aus führen.
- Niemals mit einem Pferd auf der Straße mit Halfter und Strick spazieren gehen. Du hast keine Möglichkeit, in brenzligen Situationen einzuwirken. Trense auflegen!
- Niemals vom Hof reiten, ohne jemand Bescheid zu sagen.

- Niemals in Turnschuhen reiten. Nur Stiefel und Reitschuhe mit Absätzen und durchgehender Sohle sind sicher.
- Niemals auf Wald- und Feldwegen mit Verbotszeichen reiten. Du musst auch Schilder von Forst- und Naturschutzämtern oder von Gemeindeverwaltungen beachten.

6. Wann ist mein Pferd fit für einen Tagesritt?

Etwa drei Monate vorher mit regelmäßigem Training beginnen. Täglich reiten, möglichst häufig ins Gelände gehen. Sehr viel Schritt reiten. Das gibt Muskeln und Kondition. Die Ausreitzeit wird allmählich auf mindestens zwei Stunden pro Tag gesteigert. Nach regelmäßigem Training kann man auch mal einen Drei-Stunden-Ritt einschieben. Vorausgesetzt, das Pferd ist nicht gesundheitlich angeschlagen oder zu dick. Gemütliche Moppel haben oft keine Kondition und müssen erst abnehmen, bevor sie für einen Tagesritt trainiert werden. Wie fit dein Pferd ist, kannst du selber testen. Fünfzehn Minuten nach Trainingsschluss sollten sich Puls und Atmung wieder auf Normalwerte beruhigt haben (siehe Kapitel PAT-Werte). Falls das nicht so ist, musst du das Training verlangsamen. Hol dir Rat bei einem Reitlehrer oder Tierarzt.

7. Wanderritt super planen

- Ein erfahrener Erwachsener reitet als Wanderführer mit.
- Ziel aussuchen und bei Reitvereinen, Förstereien, Gemeindeämtern nach Reitwegen fragen.
- Fünf Stunden Reitzeit pro Tag kannst du höchstens ansetzen, überwiegend im Schritt.
- Im ebenen, leichten Gelände schaffst du mit einem trainierten Pferd etwa 20–22 Kilometer am Tag, in Hügellandschaft oder bei tiefen Sandböden weniger.
- Wanderkarte besorgen und die Strecke vorher mit Auto oder Fahrrad prüfen.
- Finde heraus, wo die Pferde unterwegs getränkt werden können, z.B. an Gasthäusern, auf Bauernhöfen, an Dorfbrunnen. Gibt es saubere Bäche oder Seen?
- Liegen an der Reitstrecke Häuser oder Straßen, wo du notfalls Hilfe holen kannst? Nicht überall gibt es Handy-Netze.
- Wohin kann im Notfall ein Pferdeanhänger kommen? Steht an deinem Wanderreit-Termin ein Erwachsener bereit, der den Hänger fahren kann?
- Übernachtung, Weiden, Boxen bzw. Futter vorbuchen.

- Größeres Gepäck von Eltern befördern lassen.
- Karten lesen und Wege suchen während der Tour, hält auf und ist kniffelig. Besorg dir von der Deutschen Reiterlichen Vereinigung die Broschüre »Zu Pferd natürlich«. Darin findest du sinnvoll geplante Reitstrecken mit Reitwege-Karten und Unterkunftslisten (bei: www.pferd-aktuell.de). Ebenfalls perfekte Infos bekommst du bei der Vereinigung der Freizeitreiter und -fahrer e.V. unter www.vfdnet.de.

8. Was gehört ins Gepäck?

- Falteimer zum Tränken, Putzzeug, Hufkratzer, Halfter, Strick.
- Regenkleidung, Shirts, warme Socken für nachts, Waschzeug, genügend Unterwäsche, denn verschwitzte Slips verursachen Scheuerstellen.

- Pferdepass
- Notfallapotheke fürs Pferd, u. a. Desinfektionsmittel, Salbe bei Prellungen, Kühl-Gel für Insektenstiche, Augensalbe, Wundkompresse, elastische Bandage, Fieberthermometer, Klebeband, Schere.
- Zettel mit PAT-Werten, um zu prüfen, ob dein Pferd ausgepumpt ist.
- Notfallapotheke für Reiter, u. a. Wundsalbe, Pflaster, Sonnenbrandgel, Mückengel, Salbe gegen Blutergüsse und Prellungen.
- Broschüre über Erste Hilfe.
- Liste von Tierärzten, Tierkliniken, Schmieden und Menschenärzten auf eurem Weg.
- Handy und Ladegerät.
- Packtaschen vor dem Wanderritt vollstopfen und zur Probe damit reiten, auch im Galopp.

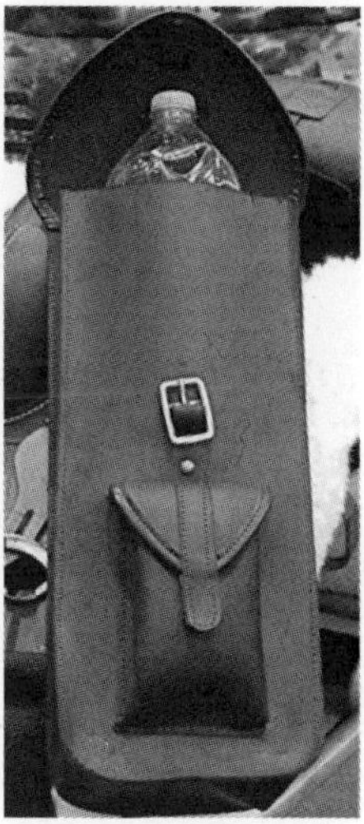

9. Rast im Gelände

- Im Sommer Schatten und Kühle suchen, nicht in der Sonne rasten.
- 15 Minuten nach dem Absitzen Atemzüge zählen und Puls fühlen (siehe Kapitel PAT-Werte).
- Grasen entspannt dein Pferd. Vorsicht bei anderen Pflanzen als Gras: Gefahr von Giftpflanzen. Möglichst nicht

mit Trense grasen lassen, weil Halme sich um das Gebiss wickeln. Wenn du kein Halfter dabeihast, säuberst du das Gebiss vor dem Weiterreiten.

- Jede Möglichkeit zum Tränken nutzen.
- Bei langer Rast sattelt man ab, lässt die Satteldecke trocknen und bürstet das Fell sorgfältig glatt.
- Pferde auf keinen Fall an Zügeln oder Gebissringen anbinden. Schwere Verletzungsgefahr! Zum Anbinden dünnes Wanderhalfter mitnehmen.

10. PAT-Werte prüfen

PAT = P wie Puls, A wie Atmung, T wie Temperatur. Die Werte zeigen dir, ob dein Pferd überfordert ist. Wenn ein Pferd arbeitet, gehen Puls und Atem schneller. In Ordnung. Wichtig ist die schnelle Beruhigung *nach* der Arbeit. Nach ca. 15 Minuten sollten die Normalwerte wieder erreicht sein.

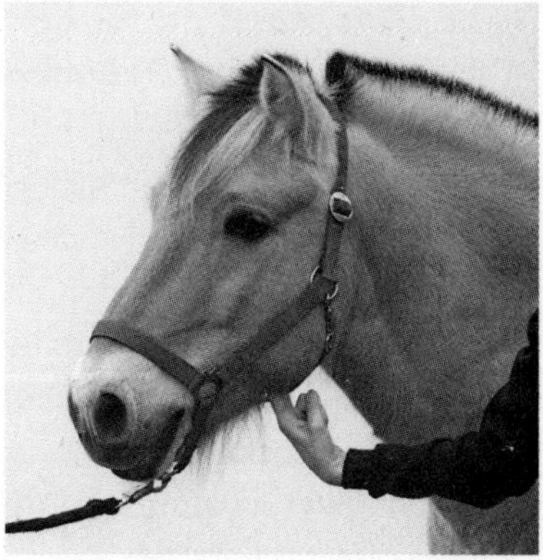

Puls: normal in Ruhe: 28–40 Herzschläge pro Minute. Zwei Finger an die Unterseite des Backenknochens (Ganaschen) legen. Eine Minute lang die klopfenden Pulsschläge zählen.

Atmung: normal in Ruhe: 8–16 Atemzüge. Eine Minute lang die Bewegung der Flanken beobachten. Einmal heben und senken ist ein Atemzug.

Temperatur: Normal sind 37,5–38 Grad Celsius. Die Körpertemperatur misst man mit einem Digitalthermometer im After. Thermometer gut festhalten. Zur Sicherheit mit Schnur und Wäscheklammer am Schweif befestigen.

11. Für wen ist der Basispass Pferdekunde gedacht?

Wer nicht mit Vierbeinern aufwächst, muss den richtigen Umgang mit großen Tieren erst lernen. Dafür ist der Basispass geplant. Genau richtig, wenn du gerade mit dem Reiten anfängst. Der Basispass ist aber auch für Nichtreiter wie Eltern und Freunde gedacht, die ab und zu ein Pferd versorgen. Du erfährst eine Menge interessanter Dinge über Pferdeverhalten und die Sprache der Pferde, über Rangordnung in der Herde, über artgerechte Haltung und Fütterung, über Krankheiten, Pflege, Satteln, Führen, Verladen und über das Tierschutzgesetz.

12. Was musst du für den Deutschen Reitpass können?

Der Reitpass gilt als »Führerschein fürs Gelände« und ist richtig für alle, die schon reiten können. Vor allen Dingen geht es um sicheres Ausreiten in Feld und Wald, Reiten im Straßenverkehr sowie um Unfallverhütung. Einige wichtige Punkte: ideale Ausrüstung im Gelände, Giftpflanzen erkennen, Krankheitszeichen rechtzeitig bemerken, Erste Hilfe für Pferd und Reiter, Versorgen des Pferdes bei Rast oder Unfall. Reiten in allen Gangarten, Kolonnenreiten, Überholen, Einzelgalopp, Wegreiten von der Gruppe, Wasser durchqueren, bergauf und bergab reiten, Straße überqueren.

13. So funktioniert eine Pferde-Rallye

Wenn ihr euch einig seid, wie viele Reiter mitmachen sollen, legt eine Liste mit allen Punkten zum Abhaken an.

- Passendes Gelände aussuchen.
- Wer könnte sich Aufgaben ausdenken? Muss jemand sein, der nicht mitreitet. Und echt verschwiegen ist.
- Legt die Rallye nicht auf Schnelligkeit an, sonst heizt ihr nur durchs Gelände und riskiert Unfälle. Besser sind Aufgaben für Geschicklichkeit oder Schlauheit.
- Anzahl der Stationen festlegen.
- Zahl der Helfer bestimmen, die Punkte vergeben. Das können neutrale Erwachsene übernehmen.
- Bewertungsliste ausdenken, die jedes Team beim Start mitnimmt.

- Vorschlag für die Punkteverteilung: Höchstpunktzahl 20 Punkte bei sehr guter Leistung, 15 Punkte für gute Leistung, 10 Punkte für befriedigend, 5 Punkte für ausreichend, null Punkte, wenn alles schiefläuft.
- Teams auslosen.
- Sägespäne besorgen, die als Pfeile auf den Weg geschüttet werden. Es geht auch mit Schildern an den Bäumen, dafür braucht ihr Folie und wasserfeste Filzer zum Beschriften.
- Wer könnte für die Siegerehrung Pokale, Putzzeug oder Bücher sponsern? Vielleicht rückt euer Reitshop Striegel, Bürsten, Hufkratzer, ein paar Tüten mit Leckerli oder anderes praktisches Zubehör heraus.

14. Tolle Broschüren online

Rund um das Thema Gelände und Ausreiten könnt ihr euch tolle Infos vom Onlineshop der Deutschen Reiterlichen Vereinigung FN herunterladen. Die meisten kostenlos.

Guckt bei www.pferd-aktuell.de unter Menüpunkt »FN-Shop« und weiter unter »Broschüren, Formulare, Verträge.«

Unter dem Schlagwort »Abzeichen im Pferdesport« findet ihr »Basispass Pferdekunde« und »Der Deutsche Reitpass«.

Unter dem Schlagwort »Breitensport« bekommt ihr Infos zur »Gelassenheitsprüfung« – mit super Ideen für Pferde-Rallyes.

Außerdem findet ihr auf der Seite »Breitensport« die Broschüre »Fernreitwege und Reitstationen in Deutschland« – mit Tipps zum Wanderreiten, Infos über die richtige Ausrüstung bei Geländeritten und jede Menge Quartier-Verzeichnisse.

Pepper und Flo

Pepper in Gefahr

1.

Natürlich kann die Sache auffliegen und dann handeln wir uns jede Menge Stress ein.

Andererseits – sollen wir uns wegen einer Stunde Gemecker um einen richtig guten Nachmittag bringen? Ausgerechnet heute, wo ich die ganze Zeit so ein schokoladiges Gefühl habe, dass die Welt absolut in Ordnung ist? Ist doch wirklich nichts dabei, wenn wir mit unseren Pferden in den Garten von Emilys Eltern ziehen. Schließlich kommen die erst abends spät zurück.

»Steht Fremdgrasen neuerdings im Strafgesetzbuch?« Grinsend stupse ich Emily an, die unschlüssig neben mir am Weidetor des Habichthofs steht. »Meinst du, dafür brummt uns jemand zwei Jahre Knast auf?«

»Du mit deinen Vergleichen, Flo.«

Immer steckt Emi voller Bedenken und damit ist sie das glatte Gegenteil von mir. Trotzdem halten wir eisern zusammen. Seit wir vor acht Jahren gemeinsam unsere Schultüten ausgepackt haben, ist Emi meine beste Freundin.

Unentschlossen guckt Emi in die sonnige norddeutsche Landschaft und schlenkert ihren Strick.

Zum Glück nimmt ihr Alpino die Entscheidung ab. Emilys blonder Haflinger löst sich gemeinsam mit meinem großen braunen Holsteiner Pepper aus der Herde und beide marschieren zielstrebig auf das Gattertor zu. Dicke Freunde sind die beiden. Genau wie wir.

»Na bitte, Alpi will es auch«, stelle ich zufrieden fest.

Wir öffnen das Tor und schließen es sofort hinter den Pferden. Bevor andere Vierbeiner auf die Idee kommen, neugierig hinterherzulaufen. Das können sie nämlich gut, sich blitzartig aus dem Tor drängen. Aber nicht mit uns.

Pepper grummelt, als ich ihn auf den Hof führe. Sanft streicht er mir mit seiner braunen Nase rechts und links durchs Gesicht.

»Ist ja gut«, murmele ich gerührt.

Mit kribbelndem Hochgefühl klicke ich den Strick ins Halfter. Im Vorübergehen tunkt Pepper sein Maul in die Regentonne und nimmt ein paar Schluck Wasser. Prustend und schnaubend schüttelt er sich die Tropfen vom Maul.

Ich gönne mir einen schnellen Blick in den Seitenspiegel des Landrovers, der auf dem Hof abgestellt ist. Heute bin ich ziemlich zufrieden mit meinem Äußeren, was selten der Fall ist. Mein honigblondes Haar weht lässig um die Schultern. Kann sein, dass ich nachher meinen Schwarm Vince aus der 10b treffe. Das wäre mal ein Knaller. Meistens sieht Vince mich nämlich, wenn ich gerade aussehe wie aus dem Gully gezogen.

Aber heute fühle ich mich wie im Paradies! Außer Pepper und Vince gibt es noch einen dritten Grund dafür und der lautet: SOMMERFERIEN! Seit exakt drei Stunden und zwölf Minuten haben wir frei. Sechs endlose Wochen ohne Lehrer.

Gleich trudeln die anderen Reitermädchen ein. Normalerweise freue ich mich auf meine Clique, nur heute will ich vom Hof sein, bevor jemand kommt. Um keine Fragen beantworten zu müssen. »Wohin verschwindet ihr?« – »Warum nehmt ihr uns nicht mit?« – »Weshalb sind eure Pferde dabei?«. Und so ein Zeug.

Ausnahmsweise will ich mit Emi allein feiern. Wir können schlecht die gesamte Clique in den Garten ihrer seltsamen Eltern schleppen.

Der Habichthof liegt still in der Julisonne, als wir aufbrechen.

»Deine Eltern werden nie davon erfahren«, sage ich, während wir eilig den Putzplatz überqueren. »Die Hufspuren im Rasen treten wir einfach wieder zu. Gut ist.«

Die grandiose Idee, den letzten Schultag zusammen mit unseren Pferden zu feiern, stammt von mir. Wir haben nämlich zwei riesige Anlässe zum Feiern:

1. Mein Zeugnis. Das ist überraschend okay ausgefallen. Zugegeben nur durch die Hilfe meines großen Bruders. Ohne Dani hätte ich mindestens eine Fünf kassiert. Aber was kann ich dafür? Wenn man ein eigenes Pferd hat, kann man nicht auch noch zur besten Schülerin des Jahrhunderts gekürt werden. Egal. Tatsache ist, dass ich das Schild 8a zum letzten Mal an meinem Klassenzimmer gesehen habe. Das Kapitel ist abgehakt.

2. Emilys Werbespot. Meine blonde Freundin hat zusammen mit ihrem ebenso blonden Haflinger ein Casting gewonnen. Der Werbespot ist gerade fertig gedreht worden. Im Stall können wir Emis Erfolg schlecht feiern, weil es da eine gewisse Melly Lanz gibt. Und eine gewisse Gloria Tanner. Mannomann, waren die sauer, als die Sache mit Emis Werbespot nicht länger zu verheimlichen war. Letzte Woche rückte das Filmteam »Supernova« auf dem Habichthof an. Melly und Gloria hatten sich beim Casting selber Chancen auf den Sieg ausgerechnet. Besonders Melly mit ihren rotblonden Engelslocken und dem kürzesten Minirock auf der nördlichen Erdkugel. Und dann diese Demütigung! Ausgerechnet Emi gewann, die scheue Maus. Die hatte Melly als Konkurrenz gar nicht auf dem Schirm. Erstaunlicherweise hat Melly Lanz die Niederlage besser weggesteckt als ihre Mutter Frau Dr. Lanz. Wenn ich für

das Wort »anstrengend« ein Gesicht finden müsste, würde ich sagen: das von Mellys Mutter. Die Frau Doktor Lanz sieht ihre einzige Tochter allen Ernstes als Filmstar auf Werbeplakaten.

Unsere Pferde folgen uns am Strick und heben erstaunt die Köpfe, als wir auf die Einfahrt neben Lennart Habichts Wohnhaus einbiegen. Diesen Weg sind wir noch nie mit den Pferden gegangen. Pepper spitzt die Ohren und orientiert sich, als wir die Anlage verlassen und an der Wiesenfeldstraße ankommen.

»In fünf Minuten sind wir schon da, Pepper.«

Hintereinander gehen wir die menschenleere Straße entlang, dann nehmen wir die Abzweigung zur Buchenallee, wo Emis Elternhaus liegt. Haus ist für das vanillegelbe Ungetüm das falsche Wort. Protzklotz trifft es eher. Die Villa liegt hinter einem hohen Eisenzaun. Zwischen den gemütlichen roten Backsteinhäusern an der Straße wirkt das gelbe Haus wie ein Fremdkörper.

Neben der Villa steht zwischen gedrehten Säulen ein breiter Carport. Dahinter geht es hinunter in eine Tiefgarage.

Emi schließt die Tür an der Carportrückwand auf und wir führen unsere Pferde durch den leeren Unterstand.

Pepper stößt ein kurzes Schnauben aus, als seine Hufe drinnen laut auf den Steinen hallen. Ich tätschele seinen Hals, als er seinen Schritt beschleunigt. »Alles gut, mein Junge.«

Im Vorbeigehen deponieren wir unsere Handys auf den Flügeln eines fetten Marmorengels, damit wir sie beim Spielen nicht verlieren, und ziehen weiter in den weitläufigen Garten. Ein verwildertes Stück Wiese empfängt mich.

Sonst breitete sich hier ein kurz geschnittener Rasen aus. Die Büsche sind nicht in Form gestutzt wie früher und in den Beeten wuchern Rosen, wilde Margeriten und Unkraut ungehindert ineinander.

Emi muss die Überraschung in meinem Gesicht sehen, denn sie gesteht schulterzuckend: »Seit wir kein Geld mehr haben, kommt der Gärtner nicht mehr.«

Ich winke ab. »Super. Die Pferde freuen sich über das lange Gras.«

Außer mir und meinen Eltern weiß niemand, dass bei Emis Eltern momentan das Geld knapp ist. Im Stall darf das natürlich nicht die Runde machen, sonst wird Emi Zielscheibe für dumme Sprüche. Meine Freundin musste im Frühjahr Schulden bei mir machen, um Alpinos Boxenmiete auf dem Habichthof bezahlen zu können. Gestern hat Emi mir das Geld komplett zurückgegeben. Vom Honorar, das sie von »Supernova« für ihren Werbespot bekommen hat. Der Spot für Shampoo läuft noch nicht, aber einzelne Fotos habe ich schon gesehen. Irre. Die kleine Emily mit wehendem blondem Elfenhaar neben ihrem Goldfuchs. Alpinos frisch gewaschene Mähne flattert im Wind. Ein Traumpaar.

Leider durfte ich bei den Filmaufnahmen genauso wenig zugucken wie die anderen Reitermädchen. Der Regisseur sagte: »Lenkt zu sehr ab. Emily soll total schüchtern rüberkommen. Wenn sie dich sieht, kichert sie am Ende noch.«

»Pah. Hier kichert keiner. Wir sind Profis.«

»Außerdem stört jede Farbe im Hintergrund. Was glaubst du, warum das gesamte Team schwarze Klamotten trägt.«

»Kann mich auch schwarz anziehen. Und ich halte mich unauffällig irgendwo hinten.«

Aber der Kerl blieb eisenhart. War überhaupt ein Stinktier, dieser Regisseur Sautenberg. Ewig mies gelaunt, arrogant und mit dem Herrschaftswissen über die Welt. Alles wusste er besser, sagt Emi. Obwohl der gesamte Werbespot im Fernsehen nur zwanzig Sekunden dauern wird, hat das Team von »Supernova« zwei Tage für die Dreharbeiten gebraucht. Zehn Leute. Zwei Tage. Für zwanzig Sekunden.

»Wenn ich so arbeiten würde, wäre der Habichthof schon lange pleite«, war Habis Kommentar.

Am liebsten hätte Regisseur Sautenberg direkt auf der großen Weide gefilmt. Mit allen Schulpferden im Hintergrund, weil die Sonne dort vormittags so malerisch durch die Pferdemähnen fällt. Das muss man sich mal vorstellen. Zehn blinde Nullen – pferdemäßig gesehen – mit Kameras, Leuchtstrahlern, Reflexionsschirmen und meterhohen Stativen auf der Weide. Selbstverständlich hat Habi abgelehnt. »Kommt gar nicht infrage. Pferde sind Fluchttiere. Was ist, wenn sie panisch davonstürmen? Die brechen sich ja die Beine.«

»Können wir denn für meinen nächsten Werbefilm ins Geschäft kommen? Mit rechtzeitiger Anmeldung?«, wollten die Filmleute wissen.

Aber so etwas läuft nicht mit Lennart Habicht. Seine Schulpferde sind ihm heilig. »Vergessen Sie's.«

Murrend verzog sich das Team ein Stück weiter auf den Sandweg. Das Licht ist dort genauso gut, bloß eben keine Pferde im Hintergrund. Nur der kleine Johnny, Habis sechsjähriger Sohn, durfte in die Nähe. Stolz lief er mit seinem neuen himmelblauen Fotoapparat umher. *Er* konnte nicht verjagt werden, weil die Filmleute Lennart Habichts Erlaubnis zum Drehen auf seinem Gelände brauchten.

»Deine Eltern sollen froh sein, wenn Pepper und Alpino ihnen das Rasenmähen abnehmen«, beruhige ich Emi.

Unsere Pferde stecken sofort die Nase in die Grashalme und beginnen zu fressen. Zuerst halten wir sie noch am Strick, um den Garten auf Giftpflanzen abzuchecken.

»Ich sehe giftige Buchsbaum-Kugeln auf der Terrasse«, stellt Emi fachmännisch fest.

Ich reiche Emi den Strick von Pepper und schleife die schweren Blumenkübel hinter den Terrassentisch. Emi entfernt die Führstricke und sofort macht sich Pepper zum Haselnussbusch auf, der vom Nachbarn herüberragt. Alpino zieht es zu den Birken unten am Graben, wo er den Kopf in den grünen Blättervorhang streckt.

»Ich hole Proviant«, verkündet Emi. Sie verschwindet im Haus und kommt mit einem vollen Korb zurück. Wir packen Becher mit Schokoladenpudding auf den Rasen, einen Karton Donuts, Kaubonbons, Lakritzschnecken, Chips, Apfelsaft.

»Für nachher«, sagt Emi. »Erst trainieren wir für die Gelassenheitsprüfung. Wir müssen noch Hufewässern üben und Überqueren einer Plastikplane. Das geht bei uns besser als im Stall. Da gucken zu viele zu.«

Emi besorgt eine kleine rosa Plastikwanne und platziert sie mitten auf dem Rasen.

Als ich einen Eimer Wasser darin ausleere, unterbrechen unsere Pferde ihr Abendessen und sehen mit gespitzten Ohren zu uns herüber.

Ich schlendere gemächlich zu Pepper und nehme ihn am Strick mit zu der rosa Wanne. Reichlich irritiert folgt er mir.

Als ich seinen linken Vorderhuf hebe und im Wasserbottich abstelle, starrt er auf das rosa Becken und auf sein

Bein, als hielte er mich und die Situation für absolut irreal. Aber mein kluges Pferd bleibt ruhig stehen.

Emi blättert in ihren Computer-Ausdrucken.

»Zehn Sekunden genügen. Pepper kann wieder raus. Super gemacht!«

Ich marschiere mit Pepper neben der Wanne auf und ab, während Emi Alpino holt und die gleiche Nummer abspult. Auch der Haflinger macht seine Sache wunderbar. Wir sind beide sehr zufrieden.

Die nächste Übung wird kniffliger. Während unsere Pferde grasen, breiten Emi und ich eine vier Meter lange schwarze Plastikplane auf dem Rasen aus. Ich rolle den Gartenschlauch aus und halte ihn hoch. Silbern rieselt eine Fontäne aus der Spritze. Argwöhnisch fixieren Pepper und Alpino den gelben Schlauch. Vorsichtig gehe ich damit auf Pepper zu. Mein Pferd wird immer größer, seine Augen auch. Langsam weicht er zurück. Ich lege den Schlauch aufs Gras und Pepper beschnuppert ihn ausgiebig. Dann streckt er ein Vorderbein aus, stupst den Schlauch mit dem Huf an und springt weg, als der sich dreht.

»Komm, Pepper, ganz ungefährlich«, locke ich. »Ich bin hier, dir kann nichts passieren. Du magst doch Wasser.«

Ich drehe den Schlauch zu, nehme Pepper am Halfter und führe ihn entschlossen zur wasserbedeckten Plane. Pepper stockt, als wir davorstehen. Zögernd setzt er seinen linken Huf auf die nasse Unterlage. Ich rede ihm zu und gehe zügig vorwärts. Pepper folgt mir mit tief gesenktem Kopf. Er stößt kurze Schnaublaute aus, als könne er so ergründen, wie tief diese unheimliche Wasserstraße ist. Plötzlich weht eine Ecke der Plane hoch und Pepper springt mit einem Satz über die Steinabdeckung auf den Rasen. Geduldig führe ich ihn zurück auf die Plane und nach einigen Wiederholungen klappt dic Sache hervorragend.

»Toll«, sagt Emi. »Jetzt Alpino.«

Nach einer halben Stunde ist der Wasserschlauch ein guter Freund für Pepper. Alpino muss noch etwas üben. Übermütig spielt Pepper mit dem Wasserstrahl, schnappt danach und will ihn fressen.

»Ich taufe ihn um«, sage ich. »Ab sofort heißt er NPR. Nilpferd Pepper Rohde.«

»Riesig«, sagt Emi. Dann betrachtet sie den zertretenen Rasen und kratzt sich unruhig am Kopf.

Mit seinen 550 Kilo Gewicht hat Pepper ordentliche Hufspuren hinterlassen, aber Alpino auch.

»Wir treten die Löcher zu«, beruhige ich Emi.

Ihre Eltern sollen sich bloß nicht aufregen. Emi hat zehn Millionen zertretene Gärten gut. Sozusagen als Wiedergutmachung für das Nichtkümmern ihrer Eltern. Die interessieren sich einen Dreck für ihre einzige Tochter. Stattdessen macht Emis Vater undurchsichtige Geschäfte. Erst vor wenigen Wochen hat die Polizei das Haus durchsucht. Weiß niemand außer mir. TOP SECRET.

Wir lassen die Pferde grasen, legen uns neben sie in die Sonne, trinken Apfelsaft und futtern einen ganzen Karton Donuts leer.

Einträchtig fressen unsere Pferde Nase an Nase die Grashalme ab. Ein Spruch auf Mamas Teebeutel fällt mir ein, den sie gestern beim Frühstück vorgelesen hat. Meine Mutter liebt solche sinnigen Sprüche.

»Freundschaft ist eine Seele in zwei Körpern.«

So kommen mir Pepper und Alpi vor. *Eine* Seele in zwei Pferden.

Ich verschränke die Arme im Nacken und grunze vor Zufriedenheit. Im Moment besteht mein Flora-Rohde-Körper ausschließlich aus rosa Wärme und purer Schokolade.

Plötzlich schrecken wir auf. Lautes Kläffen dringt in den Garten.

2.

Hunde!« Beim ersten Bellen springt Emily auf die Beine. Sie läuft ein paar Schritte vor und späht am Haus entlang zum Carport.

»Ist die Tür richtig zu? Das muss ich nicht erleben, dass Hunde unsere Pferde jagen.« Sie stöhnt auf. »Mist, die Tür ist nur angelehnt.«

Das helle Kläffen geht in forderndes Gebell über. Diesen gebellten Befehl kenne ich doch. So bellt nur einer.

Emi und ich sehen uns an. »Avatar?«, sagen wir wie aus einem Mund – und da ist er auch schon.

Der kleine, freche Jack-Russell unserer Stallfreundinnen Tessy und Kriss zwängt sich durch die Tür. Mit wehenden Ohren stürmt etwas braun-weiß-schwarz Geschecktes den Gartenweg hinab und flitzt an uns vorbei zu Pepper. Wie ein Gummiball springt der Hund an seiner Brust hoch. Pepper senkt gutmütig grummelnd den Kopf. Der kleine Terrier ist regelrecht verliebt in mein Pferd. Es könnte die romantischste Liebesgeschichte seit Romeo und Julia werden, wäre Pepper nur einen Meter fünfzig niedriger. Oder Avatar eins fünfzig höher.

Woher kommt der Hund auf einmal? Emi zuckt die Schultern.

»Komisch. Kriss und Tessy lassen ihn doch nie aus den Augen.«

Von der Straße ruft jemand nach uns. »Emi, Flo! Seid ihr hier?«

Gleichzeitig schreit die Klingel durchs ganze Haus bis in den Garten. Draußen drückt jemand Dauerton.

Alpino wiehert.

Ich renne über die Terrasse durchs Wohnzimmer und reiße die Haustür auf.

Außer Atem steht Stallbesitzer Lennart Habicht draußen. Neben ihm sein kleiner Sohn Johnny. Halb verdeckt dahinter sehe ich die Zwillinge Kriss und Tessy mit ihren lustigen Zopf-Gesichtern. Aber fröhlich sehen die zwei heute gerade nicht aus. Sie hecheln genau wie Habi und Johnny, als kämen sie direkt von einem Marathonlauf.

»Sind eure Pferde hier?«, will Habi wissen. Sein Gesicht ist erhitzt.

Verständnislos starre ich ihn an. »Logisch.«

Habi grunzt wie ein wütender Stier, er schiebt mich einfach beiseite und setzt mit großen Schritten quer durchs Haus nach draußen.

»Hallo, was ist los, Herr Habicht?« Ich laufe ihm nach.

Emi wartet auf der Terrasse und sieht den Stallchef schuldbewusst an. Das ärgert mich. Emi mit ihrem ewigen Demutsverhalten! Dabei gibt es gar keinen Grund zum Schämen.

Es sind *unsere* Pferde, wir können hingehen, wohin wir wollen. Selbstbewusst blicke ich Lennart Habicht in die Augen.

»Habt ihr sie noch alle?« Habi schnaubt. »Wir haben eure Pferde beim Füttern vermisst. Kein Ton von euch, dass ihr mit Pepper und Alpino unterwegs seid. Sattel und Zaumzeug hingen im Stall. Natürlich dachten wir, eure Pferde sind ausgebrochen.«

Ich habe gerade eine witzige Antwort auf den Lippen, aber die steile Falte zwischen Habis Augen signalisiert: Im Moment hat er absolut keinen Sinn für Scherze.

Schon poltert er weiter: »Was glaubt ihr, wo wir überall gesucht haben! Eure Handys habe ich bis zum Anschlag vollgesprochen. Keine Reaktion von den Damen.«

»Um ein Haar hätten wir die Polizei angerufen«, sagt Tessy vorwurfsvoll.

Ihre Zwillingsschwester mit den exakt gleichen dünnen Zöpfen in Messingblond nickt und lässt eine Kaugummiblase zerplatzen.

Überrascht gucke ich auf die Uhr. Neunzehn Uhr. Um achtzehn Uhr wird gefüttert. Ach du Schreck. Total die Zeit verpennt.

Ich versuche, unseren Stallchef zu beruhigen, und erzähle bemüht heiter von unseren Wasserspielen und von Nilpferd Pepper Rohde. NPR.

Habi kontert grimmig: »NPR? Das ist wohl eher die Abkürzung für Nullchecker Primitivflora Rohde.«

Nullchecker! Primitiv! Das trifft mich im Innersten, weil die Stallleitung sonst große Stücke auf mich hält.

Langsam kehrt die Farbe in Habis Gesicht zurück. Trotz der Erleichterung wettert er weiter. »Ein Albtraum, wenn wirklich Pferde ausbrechen. Die schwersten Verkehrsunfälle können sie verursachen.«

Er holt tief Luft und mustert uns. »Von euch beiden hätte ich mehr Verstand erwartet.«

Johnny hält sich die Ohren zu und fängt laut an zu singen. Er hasst Streit und jedes laute Wort. Davon hat er sicher genug gehört, bevor seine Mutter ihn und seinen Vater bei Nacht und Nebel verlassen hat. Johnny ist ja erst sechs. Habi wuschelt seinem Sohn durch die blonden Haare und hebt ihn auf die Schultern. Mit einem Blick checkt unser Stallbesitzer den Garten. Wortlos zeige ich auf die professionell gesicherten Buchsbaum-Kübel hinterm Gartentisch.

»Na ja«, brummt Habi, »zumindest habt ihr sie nicht an Giftpflanzen herangelassen. Was Emis Eltern allerdings zu dem zertrampelten Rasen sagen, möchte ich lieber nicht hören.«

»Hab meinen Fotoapparat nicht mit«, kräht Johnny von oben. »So was Blödes. Ich will die Mülltonne knipsen.«

Seit er seine kleine himmelblaue Kamera besitzt, ist Johnny süchtig. Er fotografiert alles, was ihm in den Weg kommt, und guckt sich die Bilder unaufhörlich auf dem Display an. Klar, dass sein Akku ständig leer ist. Am liebsten fotografiert er Müll. Gerissene Halfter, leere Huffett-Dosen, krumm geschlagene Nägel. An einem umgekippten Mülleimer kommt er natürlich nicht vorbei!

»Ab in den Stall«, kommandiert Habi.

Unschlüssig sieht Emi auf die hufeisenförmigen Spuren im Rasen. »Ich muss vorher noch die Löcher zutreten, Herr Habicht.«

Die Zwillinge bieten an: »Das übernehmen wir.«

Emi streift ihr Schlüsselband vom Hals und wirft es Kriss zu.

»Toll. Schließt die Tür hinten im Carport ab, wenn ihr verschwindet. Sonst sind meine Eltern gleich alarmiert, wenn sie heimkommen.«

Pepper geht aufrecht an Herrn Habicht vorüber. Eindeutig ist mein Pferd sich keiner Schuld bewusst. Im Vorbeigehen greife ich mein Handy vom Marmor-Engel und checke die Anrufe. Fünf von Habi und Tapir. Dann drei Mal Papa.

Papa Nr. 1, ärgerlich: »Flora, was ist los? Herr Habicht rief mich vorhin zu Hause an. Ich bin gerade heimgekommen. Ruf sofort zurück. Papa.«

Papa Nr. 2, leicht besorgt: »Flo? Geh ran. Du hast dein verdammtes Handy doch sonst immer an. Sobald du die Mailbox abhörst, rufst du zu Hause an.«

Papa Nr. 3, deutlich verstört: »Flöhchen? Kind, wir machen uns Sorgen. Bist du mit Emily und deinem Pferd ohne Sattel im Gelände? Hoffentlich ist nichts passiert. Mama wird verrückt, wenn sie gleich nach Hause kommt. Mensch Flöhchen…«

Ich fühle mich mies. Das hat Papa nicht verdient, dass er meinetwegen Bauchschmerzen bekommt.

Zum Schluss ist Mama drauf.

»Flöhchen? Wir sind alle völlig fertig. Jetzt ist es fast sieben. In einer halben Stunde alarmieren wir die Polizei, wenn wir nichts von dir hören. Bei Emi zu Hause meldet sich auch niemand. Hoffentlich bis gleich. Mama.«

Um Himmels willen. Ich muss so schnell wie möglich zu Hause anrufen. Arme Mama.

Nur noch rasch die SMS meines Bruders Dani lesen.

Bist du heimlich mit Vince unterwegs? Hättest mir eine Info geben können. Melde dich. Dani.

Mein großer Bruder Dani ist der Einzige, der etwas von Vince und mir weiß.

Sofort sehe ich Vince' Gesicht vor mir, seine grünen Augen mit den lustigen kandisbraunen Pünktchen darin. Und die süße Armbewegung, mit der Vince andauernd sein braunes Haar hinters Ohr streicht. Schlagartig bessert sich meine Laune. Wir sind drei Viertel zusammen. Noch nicht richtig, aber klar ist, dass ich Vince Weises Favoritin auf dem Habichthof bin. Da kann Melly ihn noch so heftig anbaggern. Geküsst haben wir uns auch schon.

Meine Eltern müssen nichts Genaues über Vince wissen, sonst kann ich mir stundenlang anhören, dass sie selbst mit vierzehn noch die reinsten Pamperskinder waren.

»Hoffentlich ist dein Handy bald verschwunden«, mosert

Herr Habicht, als wir auf die Wiesenfeldstraße einbiegen. »Mit Telefon in der Hand bist du unfähig zum schnellen Zupacken, falls Pepper scheut.«

Noch nie einen Fehler gemacht, Herr Professor? Leider hat er recht.

Hastig stecke ich das Handy ein. Ich gehe mit Pepper das letzte Stück die Wiesenfeldstraße hinunter. Gut, dass seine Hufe so laut auf dem Asphalt klappern. Da fällt es kaum auf, dass Habi und ich uns den Rest der Strecke konsequent anschweigen.

Kann sein, dass Herr Habicht sich über uns ärgert, aber *ich* bin auf mich selbst noch wütender, weil ich nicht an die Folgen unseres kurzen Ausflugs gedacht habe.

Hoffentlich schmiert Lennart Habicht mir die Sache mit dem Gartentrip nicht die nächsten sechs Ferienwochen aufs Butterbrot.

Die Ferien fangen irgendwie suboptimal an.

3.

Emis Eltern fällt natürlich nichts auf, aber die merken ja nie was. Dafür verbreitet sich die Sache mit unserem Gartenausflug im Stall wie ein Flächenbrand.

Kaum biegen Emi und ich am nächsten Morgen in die Stallgasse ein, fällt Janne lachend über mich her. »Das muss einem erst mal einfallen, den heiligen Garten von Emis Eltern zu verwüsten.«

Noch nicht mal elf Uhr und schon weiß die gesamte Clique über unsere »Flucht« Bescheid.

Leonie scherzt: »Wenn ihr nächstes Mal abhaut, sagt uns Bescheid, dann nehmen wir die Schulpferde mit.«

»Warum seid ihr mit den Pferden nicht zu Tarek Döner essen gegangen?«, will Melly mit süffisantem Grinsen wissen. »Dann hättet ihr noch mehr Aufsehen erregt.«

Lauter solche Sprüche.

Reicht es nicht, dass ich mir gestern von meinen Eltern eine saftige Predigt anhören musste? *Gedankenlosigkeit* und *mangelndes Verantwortungsbewusstsein* zählten noch zu den nettesten Bezeichnungen. Nur weil Daniel und Papa gestern unerwartet Tickets für das Riesen-Fußballturnier am Freitag bekommen haben, geriet die Angelegenheit irgendwann in den Hintergrund. Die beiden Rohde-Männer freuten sich wie Schneekönige über die Karten. Insgeheim danke ich allen Fußballvereinen der Welt für ihre Existenz. HSV, Schalke, Borussia Dortmund, AC Mailand, FC Barcelona und wie sie alle heißen, die Freitag in Hamburg spielen sollen. Acht Meister-Mannschaften laufen auf.

Es reicht mit der Anmache im Stall. Emi gibt mir mit den

Augen ein Zeichen, die Kurve zu kratzen. Wir schnappen uns Schubkarren, Mistforken und Schaufeln.

»Dieses Mal fliehen wir wirklich«, rufe ich Janne vom Hof zu. »Vor euren Sprüchen.«

»Aber nur zum Pferdeäpfelsammeln auf die Weide«, ruft Emi hinterher, bevor sich neue Horror-Gerüchte verbreiten.

Wir schieben unsere Karren zum Weideeingang. Das Tor steht weit offen, Habi hat die Pferde zum Füttern in die Boxen geholt.

»Hoffentlich erkennt Habi unsere Schufterei als Wiedergutmachung an«, sage ich, während der Stallchef in einiger Entfernung düster an uns vorbei zum Stall marschiert. Oh je, sein Regenwolken-Gesicht spricht Bände. Er ist noch sauer auf uns. Schon gut, Herr Habicht, wir wissen inzwischen, dass unser kleiner Ausflug eine glatte Sechs war.

»Wenn er nachher seine blitzblanke große Weide sieht«, hofft Emi, »wird sich seine Miene schon aufhellen.«

Pferdeäpfelmäßig sind wir eigentlich nur für die kleine Weide zuständig, wo Pepper und Alpino mit den drei anderen Privatpferden stehen, mit Skagen, Odin und Grazius. Aber diese Koppel ist im Moment gesperrt, weil Habi und unser Pferdepfleger Tapir einen Entwässerungsgraben durch die feuchte Weide ziehen wollen. Im Frühjahr haben Emi und ich tagelang Sauerampfer und Hahnenfuß ausgestochen, die das Gras verdrängen, aber das ist ja keine Dauerlösung.

»Wann ist Habi endlich mit der Graberei auf unserer Weide fertig?«, fragt Emi und stützt sich auf die Forke.

Ich grinse sie an. »Vielleicht nie? Vielleicht macht er eine Umschulung zum Maulwurf?«

»Dann hätte er wenigstens schönes Fell auf dem Kopf.« Emi spielt auf Habis rasierte Glatze an. »Wetten, dass dein Pepper demnächst mehr im neuen Wassergraben steht als auf der Weide? Nilpferd Pepper Rohde. NPR.«

Peinlich berührt kneife ich die Augen zusammen. »Erinnere mich bloß nicht an diese Abkürzung. NPR. N wie Nullchecker, sagt Herr Habicht. Furchtbar.«

Die erste Schubkarre ist schon voll, wir nehmen uns gleich die zweite vor und werfen von rechts und links Pferdeäppel in die Blechwanne.

»Unsere Pferde haben sich toll wieder bei den Schulpferden eingegliedert«, sagt Emi zufrieden. Sie klopft die oberen Äpfelhaufen fest, damit wir mehr stapeln können. »Nur Bono und Pepper mussten sich natürlich zoffen...« Sie kichert.

Tatsächlich hatten die zwei eine kurze Auseinandersetzung. Der Westfale Bono hat die Leitung der Schulpferde übernommen, seit Pepper auf der Nachbarweide steht. Ich hatte ganz schön Bammel, ob sie sich an den Hals gehen würden. Aber dann lief alles schnell und sauber ab. Die beiden haben sich ein paar Mal umkreist und in die Knie gezwungen – dann gab Bono nach. Der Westfale ging rückwärts. Pepper war wieder die Nummer eins. Bono findet das okay, glaube ich. Pferde sind da schmerzfreier als Menschen. Das Wort »Führungsposition« ist in ihrer Welt eher unwichtig.

»Wenn ich meinen Vater mit einem Pferd vergleiche...« Ich muss lachen. »Sollte jemand Papa seinen Posten bei der Versicherung streitig machen, würde ich mich zu Hause aber schnell verkrümeln, um nicht in seine Hacklaune zu geraten.«

Emi pikt mir den Forkenstiel in die Rippen.

»Was du immer hast. Ich wäre froh, wenn ich so einen Vater hätte.« Ein Schleier senkt sich über ihr Gesicht und ich wechsele rasch das Thema.

Muss ich ohnehin, denn Melly kommt angelaufen und schwenkt aufgeregt die Arme über dem Kopf. Die sucht doch sonst nicht unsere Gesellschaft.

»Pepper ist ausgebrochen«, schreit Melly, während sie durch die Galopplöcher im Gras stolpert. »Die Tür zum Parkplatz stand offen. Er ist durch und weg.«

Sofort drehe ich mich auf dem Absatz um und renne an Melly vorbei zum Stall. Die Mistgabel lasse ich einfach im Gras liegen.

»Warte doch«, ruft Emi mir nach, aber ich hetze vorwärts, renne aus dem Tor über den Hof, der verlassen in der Sonne brütet. Sicher sind schon alle vorn heraus zur Wiesenfeldstraße und suchen nach Pepper.

Mein Herz hämmert, als ich in die Stallgasse schieße.

Überrascht sehen die Pferde von ihren Futtertrögen auf. Auf einen Blick erkenne ich, dass Peppers Boxentür am Ende der Stallgasse geschlossen ist. Und dann sehe ich auch meinen Schatz. Groß und braun und schön steht er hinter der halbhohen Gittertür, hebt den Kopf und brummt leise, als ich atemlos vor ihm stehen bleibe.

Mir schießen die Tränen in die Augen. Schluchzend falle ich Pepper um den Hals und er reibt seinen Kopf an meiner Schulter. Das war nur ein blöder Scherz. Aber ein selten blöder.

Auf der Stallgasse kichert es verhalten. Mit zusammengekniffenem Mund drehe ich mich um. Feixend steht die halbe Stallbesatzung da. Melly eingeschlossen. Die haben mich veralbert! Um mir den unangemeldeten Ausflug von gestern heimzuzahlen.

Von hinten zieht jemand an meinen Haaren. Tessy und Kriss, die Zwillinge.

»Nun guck nicht so sparsam«, sagt Tessy. »Ist ja alles gut. Natürlich war Pepper nie weg.«

»Aber einen Denkzettel konntest du vertragen, nachdem du uns gestern so aufgeregt hast«, fügt Kriss hinzu. »Einfach klammheimlich verschwinden, ts, ts, ts.«

»Mich hätte vor Schreck der Schlag treffen können«, sage ich. »Warum fahrt ihr nicht endlich in die Ferien, damit Emi und ich Ruhe haben?«

Janne zuckt die Schultern. »Geht erst Samstag los. Bettenwechsel in Dänemark.«

Melly verkündet: »Auf Sylt auch. Ich fahre Samstag los, mit meiner Mutter.«

»Wir auch. An die Ostsee«, wirft Katta ein.

Gloria sagt anklagend: »Ich muss nach Südafrika.«

Wie sie MUSS betont. Richtig gemein. Schließlich können ein paar von uns überhaupt nicht verreisen, nicht mal auf den Campingplatz am Großensee. Also muss Gloria ja wohl nicht ihr Maul meterweit aufreißen, um allen zu verkünden, dass ihre Eltern im Geld schwimmen und mit ihr nach Südafrika fliegen.

Außerdem will ich sowieso nichts von Ferien hören, dann müsste ich nämlich an unseren Familienurlaub denken. Zum Glück planen meine Eltern die Nordseetour erst Ende Juli, aber bis dahin muss ich wissen, wer Pepper versorgt. Emi bleibt zwar in Haverstedt, aber ob sie das allein schafft? Ich müsste mich endlich mit dem Thema Reitbeteiligung befassen, will ich aber nicht.

»Achtung! Peppers Tür steht offen«, ruft Katta plötzlich. Diesmal drehe ich mich nicht um und bin stolz darauf.

»Wer einmal lügt, dem glaubt man nicht«, sage ich und

wackele mit dem Zeigefinger wie Englischlehrerin Fischer, wenn ich eine falsch vorgesagte Vokabel aufsage. »Noch mal falle ich nicht auf euch rein, ich schwöre.«

4.

Aber dann kann ich doch nicht über meinen Schatten springen. Emi auch nicht. Als unsere Clique es am nächsten Tag mehrmals darauf anlegt, Emi und mich aufzuziehen, fallen wir prompt darauf rein.

»Flo, dein Pferd ist weg.«

Schon renne ich hektisch zu seiner Box. Natürlich steht er drin und mustert mich verwundert.

Oder: »Flo, ich glaube, Pepper ist gestohlen worden.«

Wie ein Olympiasprinter rase ich zur Weide und suche meinen Braunen.

Oder: »Emily, komm schnell, jemand hat Alpinos Mähne abgeschnitten.«

Das sind die Scherze, die wir uns am Mittwoch und Donnerstag anhören müssen.

Als ich Freitagvormittag in Peppers leerer Box stehe und seinen Trog scheuere, schwöre ich mir, mich nicht aus der Ruhe bringen zu lassen. Da müsste schon jemand in den Stall stürzen und schreien: »Peppers Schweif steht lichterloh in Flammen.«

Nein, auch dann nicht. Aus die Maus.

Pfeifend befeuchte ich die im Trog angepappten Haferreste mit Wasser. Pepper liebt Mash, das warme Körnerfutter, bei dem die Reste leider bombenfest auf dem Metall kleben bleiben. Heute Abend koche ich ihm wieder sein Lieblingsfutter.

Sorgfältig löse ich mit meinem Hufkratzer die Körner vom Stahlblech. Melly und Gloria holen gerade die Pferde zum Füttern von der Weide. Sonst erledigt das Tapir, aber heute Morgen arbeitet er in seinem Halbtagsjob als Jurist und ist beim Gericht. Habi bringt gerade seinen Johnny zur Tagesmutter und besorgt Lecksteine.

In allen anderen Futterkrippen liegt schon Kraftfutter, nur in Peppers Trog nicht. Ich muss mich mit dem Putzen beeilen. Wenn Pepper beim Hereinkommen keinen Hafer findet, macht er einen Riesenaufstand.

Draußen wird es unruhig. Ich hänge mich über die halbe Boxentür und studiere den Hofausgang. Tobt unsere Herde schon heran? Doch statt der Pferde stürmen nur Melly und Gloria in die leere Stallgasse.

Mellys Flipflops klatschen auf dem Betonboden. Stirnrunzelnd betrachte ich Mellys superkurzen Minirock in Lachsrot. Sie wartet nur darauf, Vince wieder anbaggern zu können. Als Einzige erscheint sie ständig in flippigen Sachen im Stall.

»Die Weide ist leer!« Gloria und Melly schreien wild durcheinander. »Alle Pferde sind ausgebrochen!«

Ach nein! Wieder die tägliche Nummer. Ungerührt schrubbe ich weiter.

»Ist klar«, sage ich. »Fällt euch nichts anderes ein?« Sorgfältig schüttele ich die nasse Wurzelbürste aus und rubbele die aufgeweichten Futterreste weg.

Melly greift in die Metallstäbe der Box und versucht, daran zu rütteln.

»Mann, Flo! Das ist echt wahr.«

»Logisch. Und ich bin der Herr der Ringe.«

Melly stampft mit dem Fuß auf und dreht sich um ihre eigene Achse. Die langen Engelshaare fliegen um ihr Gesicht.

»Nein, nein, nein. Diesmal stimmt es wirklich.«

»Verzieh dich. Mir tun die Ohren weh, wenn ich dir zuhören muss, Melly Lanz.«

Gloria rückt mir so nahe auf die Pelle, dass ihre schwarz gefärbten Haarfransen meinen Arm streifen.

»Komm mit, Flo. Kein Fake. Die Weide ist leer! Und der Zaun total kaputt!«

»Es reicht. Abflug.«

Mit dem Fuß schiebe ich den Wassereimer näher heran.

»Sie glaubt uns nicht«, ruft Melly den Zwillingen entgegen, die mit hochroten Köpfen vom Hof hereinrennen.

»Doch Flo«, brüllt Tessy. »Alle Pferde weg.«

»Der Zaun ist niedergetrampelt«, schreit Kriss hinterher. Und dann erscheint auf der Stallgasse die einzige, der ich absolut vertraue. Emi. Die Art, wie sie starr vor Schrecken zu Peppers Box stakst, verheißt nichts Gutes.

Emi sieht aus, als flösse kein Tropfen Blut mehr durch ihre Adern. Mir wird flau im Magen.

»Emi, stimmt das?«

Meine Freundin senkt stumm den Kopf. Ihre Mundwinkel beben.

Wie ein Blitz durchzuckt mich der Schreck. Aber ich glaube es trotzdem nicht. Ich *will* nicht glauben, dass unsere Pferde ausgebrochen sind. Unmöglich, dass eine solche Tragödie mitten in den Ferien in mein Leben knallt. Ausbruch würde bedeuten: Lebensgefahr für Pepper. Lebensgefahr für *alle* Pferde. Lebensgefahr für Menschen, die umgerannt werden. In ihrem Fluchtreflex rennen Pferde kopflos über Straßen, vor Fahrräder, vor Autos, vor Lastwagen.

Nein, ich kann der Meute im Stall nicht trauen. Wie oft die mich schon reingelegt hat. Ich lasse mir doch die großen Ferien nicht verderben.

Emis Schultern zucken, als ob sie weint. Stimmt die Sache mit dem Ausbruch etwa doch? Emi lügt nicht. Wenn ich meine zitternde Freundin angucke, weiß ich: Es ist wahr.

Bei dem Gedanken daran werden meine Arme zu Gummi. Ich vergesse, dass ich Peppers Bürste in der Hand halte. Sie rutscht mir aus den Fingern und platscht in den vollen Eimer. Meine roten Bermudas bekommen einen Schwall Wasser ab. Langsam tropft es über meine nackten Schienbeine und läuft in die hohen Turnschuhe.

Vor mir glänzt das frisch geputzte Metall von Peppers Trog. Plötzlich pocht das Blut unter meiner Schädeldecke. Die Kehle wird mir eng und ich muss ganz schnell ein paar Mal schlucken. Meine Augen kleben an Peppers Trog, als gäbe es nichts Wichtigeres auf der Welt als das geputzte Blech.

Alles, was mir einfällt, ist: Wird Pepper je wieder aus diesem Trog fressen?

Plötzlich steht Janne neben mir. »Nicht heulen, Flo.«

Heulen? Ich könnte gar nicht heulen, weil ich zu einem Eisblock erstarrt bin.

Janne tippt mich an. »Wir finden sie. Alle.«

Automatisch nicke ich. Die Bewegung lockert meine Angststarre. In meine Beine kommt wieder Leben. Ich schiebe mich an Janne vorbei aus der Box und renne los.

»Warte doch, Flo. Wir kommen mit«, ruft jemand.

Wir rasen über den Hof und den Sandweg zum abgelegenen Ende der Weide. Direkt vor der letzten Koppelecke, die man vom Stall kaum sehen kann, halten wir an. Ich bin völlig aus der Puste.

Wo heute Morgen noch der stabile Zaun stand, fehlen jetzt vier oder fünf Querstangen. Halb verdreht liegen sie an der Seite und ragen anklagend in den Himmel. Eine breite Lücke klafft. Am Boden sind eine Menge Hufeindrücke zu sehen, die über den Sandweg ins Gelände führen.

Sofort hole ich mein Handy heraus und drücke Habis

Kurzwahl. Nervös trete ich von einem Bein auf das andere. Endlos geht der Ton hinaus.

Mach schon, geh ran. Nichts. Auch keine Mailbox.

Verzweifelt fahre ich mir durch die Haare.

»Typisch Habi. Nicht angestellt.«

Gloria zückt ihr teures Smartphone, hüpft von rechts nach links und fotografiert die ganze Szene von allen Seiten. Hufspuren, Zaun, abgerissene Stangen.

»Was soll das denn? Wenn du jetzt anfängst, Statusmeldungen abzugeben«, fauche ich sie an, »kriegst du Ärger mit mir. Verdammt, wir müssen sofort einen Suchplan machen.«

Wie kann Gloria in diesem Moment nur an ihre dämliche Seite denken!

Beleidigt packt Gloria ihr Handy weg. »Pah, das ist natürlich für die Polizei. Wer weiß, wie viele Leute hier gleich alles kaputt trampeln. Fällt euch eigentlich nichts auf?«

Ich bin viel zu aufgeregt, um sorgfältig hinzuschauen.

»An dieser Stelle ist kein Pferd galoppiert«, beantwortet Gloria selbst ihre Frage. Sie zeigt auf den Rand der Koppel. »Sonst müssten jede Menge Grasstücke herausgefetzt worden sein. Sind sie aber nicht. Alles glatt.«

Ehrlich gesagt bin ich beeindruckt von Glorias Beobachtung. Sollte sie ein paar gute Eigenschaften besitzen, die ich bisher übersehen habe?

Janne pfeift durch die Lücke zwischen ihren Vorderzähnen. »Scheint fast so, als wären unser Pferde einfach herausspaziert«, stellt sie fest.

»Und warum ist dann der Zaun total kaputt?«, will Katta wissen.

»Wollt ihr hier Wurzeln schlagen? Klären wir alles später«, unterbricht Leonie ungeduldig. »Wir müssen sofort die Suche starten. Wir können nicht auf Habi warten. Wer weiß, wann er zurück ist.«

Alle Blicke fliegen auf die Armbanduhren.

»Frühestens in zwanzig Minuten«, stellt Emi fest.

Wir rennen zurück zum Stall, um Halfter und Stricke zu holen.

»Habi sagt immer, er will keine Halfter auf der Weide, weil die Pferde sich damit aufhängen können«, ächzt Tessy neben mir. »Aber jetzt wären sie praktisch. Hoffentlich bekommen wir die Pferde zu fassen, wenn sie aufgeregt sind.«

»Dazu müssen wir sie erst mal finden«, keucht Kriss in meinem Nacken.

Auf dem Hof teilen wir elf uns in aller Eile auf. In fünf Gruppen schwärmen wir in verschiedene Richtungen aus. Emi und ich, Kriss und Tessy, Janne und Lina, Maxie und Leonie, Melly, Gloria und Katta.

Emi und ich übernehmen die Nachbarn an der Wiesenfeldstraße, wo der Habichthof liegt.

Blitzschnell simse ich an Vince und Ferdi. Unsere Jungs, die zwar keine Reiter sind, aber im Stall helfen, sind irgendwo in Haverstedt unterwegs.

> Hi Vince und Ferdi, Alarm!!! Unsere Pferde sind ausgebrochen. Kein Witz. Augen offen halten. Fragt herum. Flo, Emi.

Wir hängen uns ein paar Halfter und Stricke um und laufen los. Leer und ohne einen einzigen Pferdeapfel liegt die wenig befahrene Wiesenfeldstraße vor uns.

»Vielleicht stehen sie ja in einem Vorgarten und grasen«, japst Emi hinter mir. »Nicht so schnell, Flo, sonst verliere ich die blöden Clogs.«

Sie trägt noch die grünen Gummischuhe, die sie immer zum Putzen anzieht. In gedrosseltem Tempo rennen wir zu den Wohnhäusern an der Wiesenfeldstraße, die ein Stück entfernt vom Habichthof stehen.

5.

Wir klingeln Sturm am ersten Nachbarhaus. Niemand öffnet. Weiter. Das nächste Haus ist das rote mit dem spitzen Giebel, wo die obernette Frau Kern wohnt. Jedes Jahr Weihnachten bringt sie uns Möhrensäcke zur Pferdebescherung. Für eine Erwachsene ist sie absolut brauchbar.

Als Frau Kern öffnet, trägt sie Topflappen-Handschuhe bis zum Ellenbogen. Aus dem Flur weht uns der Duft von Kuchen entgegen.

»Unsere Pferde sind ausgebrochen«, sage ich ohne Umschweife. »Haben Sie etwas beobachtet? Bitte sagen Sie Ja.«

Frau Kern schlägt die Topflappen über dem Kopf zusammen. »Oh, wie schrecklich. Nein, hier waren sie nicht. Pferde hätte ich vom Fenster aus gesehen.«

»Rufen Sie bitte sofort im Stall an, falls Sie doch noch was entdecken?«

»Aber sicher. Mache ich.«

Wir rennen weiter.

Im Vorgarten des alten Doppelhauses nebenan sind zwei Männer dabei, einen Rasen neu anzulegen. Der Große walzt die dunkle Erde platt. An den Seiten der Beete sprießen feine grüne Grasspitzen. Zartes Lieblingsgras von Pepper. Wärst du doch hierhergelaufen, Pepper.

»Sind hier vorhin Pferde entlanggerannt?«, rufe ich über den Zaun.

Beide sehen sich an und schütteln den Kopf. Der Große mit der Stoffhose hört auf zu walzen.

»Zumindest nicht in der letzten halben Stunde. Sind beim Habichthof Pferde ausgebrochen?«

Emi nickt.

»Was sollen wir machen, wenn wir sie sehen?«

»Am besten in den Garten lassen und Tor schließen.«

»Was? Die zertrampeln uns die neue Rasenanlage, Mädchen. Weißt du nichts Besseres?«

Wie kann man in diesem Moment an Grashalme denken? »Das bezahlt die Versicherung«, sage ich schnell. »Ach bitte, lassen Sie die Pferde nicht wieder weg, falls sie auftauchen. Stellen Sie sich bloß vor, die laufen vor ein Auto. Was da alles passieren kann.«

»Wir passen auf«, verspricht der Kleinere in den Jeans. Ich traue ihm nicht. Nie im Leben lassen die Kerle Pepper in ihren vornehmen Vorgarten. Ich nehme mir vor, nachts ihren dämlichen Jungrasen zu zertrampeln, sobald Pepper wieder da ist. Für den fiesen Gedanken gebe ich mir einen Punkt auf meiner *Fiese-Flora-Skala,* die ich heimlich im Kopf für kleine Gemeinheiten führe.

»Komm, Flo.«

Emi drängt. Sie steht bereits vor dem nächsten Haus, einem viereckigen Backsteinkasten, umschlossen von einem hohen Zaun aus alten Eisenstangen. Hinter der Einzäunung tigert ein großer schwarzer Dobermann hin und her. Unvermittelt schießt er ans Gartentor, richtet sich zu voller Größe auf und bellt uns an.

Das Tor ist abgeschlossen. Ich klingele drei Mal neben dem Schild »Küfer«. Oben steht ein Fenster offen, da muss jemand zu Hause sein.

»Ja?«, schnarrt endlich eine Stimme aus der Gegensprechanlage.

Schnell sage ich meinen Text auf.

»Pferde, nein. Hätte ich bemerkt.«

»Danke.«

Aus dem Lautsprecher ruft es uns nach: »Wartet noch.

Bin früher selber geritten und hab noch ein paar Halfter und Stricke. Könnt ihr die gebrauchen? Für die Suche?«

Emi dreht sich sofort um. »Ja, klar.«

Kurz darauf erscheint in der Haustür ein sportlicher, mittelalter Mann im Tennisdress, der den Dobermann sofort zurückpfeift.

»Hierher, Digger.«

Er hält seinen Hund am Halsband fest, während er den Öffner hinter der Tür betätigt. Am Eisentor summt es und das Gartentor dreht sich nach innen auf. Aufmerksam mustert der Dobermann Emily und stößt einen kurzen Warnlaut aus, als sie todesmutig auf das Haus zumarschiert. Wenn es um ihren Schatz Alpino geht, wächst Emi über sich hinaus und scheut weder Tod noch Teufel. Wo sie solche Angst vor großen Hunden hat. Ich warte lieber draußen.

Mit drei dunkelbraunen, hart gewordenen Lederhalftern und vier grauen Führstricken kehrt Emi im Laufschritt zurück.

Wir hasten weiter. Frau Spieß. Frau Rasmuss. Herr Drebber. Frau Lindenberger. Herr Dillmann.

»Haben Sie die Pferde vom Habichthof gesehen?«

»Haben Sie Hufeklappern gehört?«

Jedes Mal ernten wir nur Kopfschütteln.

Nach einer halben Stunde sind wir durch. In der Wiesenfeldstraße gibt es keinen einzigen Hinweis auf unsere verschwundenen Pferde. Ich zwinge mich, immer an die gesamte Herde zu denken und nicht an Pepper. Irgendwie finde ich das weniger bedrohlich.

Jetzt aber nichts wie zurück.

»Hoffentlich ist Habi wieder da«, sage ich, als wir am Hof ankommen.

Von der Straße aus sehe ich die Fahrradständer leer in

der Sonne blinken. Die anderen Teams suchen also noch. Ein Stück vor uns rollt Habis schwarzer Geländewagen in die Einfahrt. Unten steigt Habi aus, räumt die Salzlecksteine heraus, geht in den Stall, ist sofort zurück und läuft über den Hof wie ein aufgescheuchtes Huhn. Auf den Armen balanciert er noch die Lecksteine.

»Was ist hier los, Flo?« ruft er mir zu, als er uns von der Straße herbeilaufen sieht. »Wo sind die Pferde? Ihr solltet sie doch zum Füttern von der Weide holen.«

»Ausgebrochen, Herr Habicht«, schreie ich ihm entgegen. »Alle ausgebrochen!«

»Was?« Er lässt die Lecksteine auf die Motorhaube sinken und starrt mich an, als Emi und ich atemlos vor ihm stehen bleiben.

»Sag, dass das nicht stimmt, Flora.«

Als wir ihn nur schulterzuckend ansehen, begreift er, dass es wirklich wahr ist.

»Seit wann?«

»Wir schätzen zwischen zehn und elf Uhr. Um zehn haben wir sie noch draußen gesehen. Elf Leute sind unterwegs und suchen. Schon eine halbe Stunde.«

Am Ende der Weide erkenne ich zwei Gestalten ohne Pferd. Von einem Mädchenkopf stehen schwarze Rastazöpfe ab. Lina.

»Da, Lina und Janne kommen.«

Hoffnungsvoll sehen wir den beiden entgegen, die ihre Räder über den Reitweg schieben, weil sie im Sand nicht fahren können. Als sie uns vor dem Geländewagen erspähen, schwenkt Janne mit trauriger Bewegung einen Arm und schüttelt den Kopf.

»Also nichts«, sagt Herr Habicht. Seine Kieferknochen malmen, als er sich auf die Motorhaube stützt.

»Katastrophe«, murmelt er. »Katastrophe.«

Er zieht sein Handy hervor. Deutlich kann ich sehen, dass Habi 110 tippt. Sein Blick macht mir Angst.

»Polizei? Ich möchte eine Alarmmeldung durchgeben. Wir haben einen Weideausbruch. Achtzehn Pferde sind von unserer Koppel durch einen Zaun gebrochen. Habichthof in Haverstedt. Seit mindestens einer halben Stunde. Wir suchen schon mit vielen Leuten. Nein, ohne Erfolg. Bitte? Ja, ich weiß, dass heute der Ferienverkehr an die See einsetzt. Furchtbar. Bundesstraße 75 und 404 sind nicht weit. Natürlich, wir melden uns, sobald wir Entwarnung geben können. Gut. Bis später.«

»Was können die denn überhaupt machen?«, fragt Emi ängstlich.

»Die Polizei sperrt die Straßen ab«, sagt Habi. »Mit Streifenwagen. Die Feuerwehr wird auch verständigt. Die sind über Funk verbunden. Wenn jemand die Pferde entdeckt, können sie die ganze Truppe gemeinsam einkreisen. Gleich kommt jemand, um die Sache aufzunehmen.«

Mein Handy vibriert, ich linse auf das Display. SMS von Vince.

Was??? Elend, Elend. Wir suchen mit! CU. Vinceferdi.

Lennart Habicht fasst sich an den Kopf und stöhnt: »Womit habe ich das verdient?«

6.

»Sie glauben gar nicht, was wir im Dienst schon alles gesehen haben.«

Auf unserer Weide versucht Polizeihauptmeister Schiffelmeier, an den Pflöcken zu ruckeln. »Viele Pferdekoppeln sind nicht mit solchen Eichenpfählen eingezäunt, sondern nur mit morschen Knüppeln. Die haut jedes Pony mit einem Tritt weg.«

Der junge Polizist wischt sich die Hände ab und schreibt etwas in sein kleines Notizbuch. Seit er vor zehn Minuten mit seiner Kollegin Christiansen angerückt ist, einer jungen blonden Polizistin, begutachtet er die Ausbruchsstelle an der Koppel. Die Fahndung nach unseren Pferden ist sofort angelaufen, hat er uns versichert.

Tapir, Herr Habicht und wir Zurückgekehrten begleiten die Polizei zur Ausbruchsstelle.

»Die Stangen sind nagelneu«, erkläre ich dem Polizisten vorsichtshalber.

Schiffelmeier sieht mich von der Seite an. »Ja, sieht alles einwandfrei aus. Was kann denn sonst der Grund für den Ausbruch sein, wenn die Zäune nicht morsch sind? Futtermangel?«

»Auf keinen Fall«, sagt Habi sofort. »Unsere Pferde werden reichlich zugefüttert. Insektenplagen haben wir hier auch nicht. Auch keine rossigen Stuten oder Hengste. Ich kann mir den Ausbruch einfach nicht erklären. Ein streunender Hund vielleicht, aber Bellen und Aufruhr auf der Weide hätten die Mädels im Stall gehört.«

»Konkurrenten? Feinde? Könnte sich jemand an Ihnen rächen wollen?«

Lennart Habicht schüttelt den Kopf.

»Die Stangen waren von innen angenagelt«, stellt Polizeimeisterin Christiansen fest, während sie die Lücke mit rot-weißem Absperrband verschließt. »Durch solche Zäune können Pferde eigentlich gar nicht rennen. Das scheint kein normaler Weideausbruch zu sein. Dieser Fall muss tiefer ermittelt werden.«

Schiffelmeier steckt sein Notizbuch in die Brusttasche und knöpft sie zu. »Völlig richtig. Die Spurensicherung habe ich benachrichtigt, sie ist schon unterwegs. Jetzt müssen aber als Erstes die Pferde gefunden werden.«

Er wendet sich direkt an uns.

»Hat eine von euch unterwegs etwas bemerkt? Spuren?«

»Nicht mal einen frischen Pferdeapfel haben wir gesehen«, klagt Maxie.

Janne hebt traurig die Schultern. »Auch keine Hufspuren, außer direkt hier an der Weide. Kein Wiehern, kein Schnauben.«

»Einfach nichts«, gibt Katta zu Protokoll. »Es ist zum Verrücktwerden.«

»Wir haben alle Nachbarn ausgefragt«, sage ich. »Die waren zum Teil im Vorgarten. Über die Straße hier sind die Pferde hundertprozentig nicht gelaufen.«

»Das habt ihr prima gemacht.« Polizeihauptmeister Schiffelmeier lobt uns und notiert etwas, bevor er eine Landkarte entfaltet und sich von Habi alle Strecken zeigen lässt, die wir regelmäßig reiten. Schiffelmeiers Handy geht, er antwortet kurz und beugt sich erneut über die Karte. »Die Spurensicherung ist im Anmarsch«, kündigt er an. »Herr Habicht, Sie sollten Ihre Versicherung anrufen. Meistens wollen die Leute ihre eigenen Forschungen am Tatort betreiben. Kann ja teuer werden, die Sache. Ein einziger Autounfall reicht oft schon …«

Entsetzt starre ich den Mann an. Autounfall! Muss er unbedingt den Teufel an die Wand malen?

»Daran wollen wir mal nicht denken«, fährt er schnell fort. »Acht Streifenwagen sind im Einsatz, dazu die Feuerwehr. Das wird schon.«

»So viele?«

»Natürlich, vielleicht werden es noch mehr. Hier muss schnell und groß angelegt gehandelt werden. Am Wochenende ist dichter Verkehr, Bettenwechsel in Dänemark. Wenn wir nicht zügig Erfolg haben, schicken wir noch einen Hubschrauber los.«

Während Herr Schiffelmeier Nachrichten an seine Zentrale durchgibt, kommt ein Mann im weißen Polizei-Overall mit einem Koffer in der Hand den Weg zu uns herunter.

»Siebert von der Spurensicherung«, stellt er sich vor. Von Habi und der Polizistin lässt er sich einige Punkte erklären. Danach packt er seinen Koffer aus, legt einen Pfad aus Platten übers Gras, platziert Nummerntafeln an verschiedenen Stellen der Ausbruchstelle, schießt Fotos und zieht danach mit Plastiktütchen und Pinzette von Pfosten zu Pfosten. Er lässt etwas, das wie Stofffasern aussieht, in eine Tüte gleiten und steckt sie ein.

Mir brennt es auf der Zunge zu fragen: »Haben Sie was gefunden?«, aber der weiße Polizist dreht mir leider den Rücken zu.

Herr Habicht murmelt andauernd: »Nie im Leben sind die Pferde durch den Zaun gebrochen.«

Tessy und Kriss stürmen den Weg zur Weide hinunter. Hoffnungsvoll richten sich unsere Blicke auf die Zwillinge. Doch schon von Weitem winken sie ab.

»Lasst die Spurensicherung in Ruhe arbeiten«, sagt die Polizistin und wedelt uns mit ausgestreckten Armen zum Stall zurück. »Bleibt am besten auf dem Hof. Falls wir eure Pferde finden, kommt ihr und helft uns. Wenn ihr auf eigene Faust losfahrt und sucht, müssten wir euch aus hundert Ecken zusammentrommeln. Kostet zu viel Zeit.«

Leider schnappe ich auch ihre leise Bemerkung an Herrn Habicht auf: »Je länger die Pferde weg sind, desto größer ist die Gefahr, dass ihnen etwas zustößt.«

Für diese Erkenntnis muss ich nicht Polizist lernen. Das weiß ich auch mit vierzehn, ohne je eine Polizeischule von innen gesehen zu haben.

Obwohl es mir entsetzlich schwerfällt, tatenlos auf dem Hof herumzulungern, bleibt mir nichts anderes übrig. Nebeneinander kauern wir auf dem langen Anbindebalken am Paddock. Ich glaube, die anderen fühlen sich genauso kribbelig und ohnmächtig wie ich.

Die meisten telefonieren. Emi fettet die alten Lederhalfter von Herrn Küfer ein. Melly sitzt in Reithose und Reitschuhen am Ende und verschickt eine SMS nach der anderen. Sie musste sich vorhin von ihren Modelklamotten verabschieden. Habi hat sie angemacht: »Willst du etwa in deinen Flipflops und mit Minirock Pferde fangen? Hoffentlich hast du bald deine Reitsachen an.«

Ich blicke hoch, als ein Fahrrad die Einfahrt herunterkommt, auf dem ich Frau Kern von der Wiesenfeldstraße erkenne. Sie stellt das Rad neben uns ab und hebt einen gigantischen Marmorkuchen aus dem Gepäckkorb. Wir unterbrechen unsere Telefonate. Jede kleine Abwechslung beruhigt irgendwie.

»Den hatte ich gerade im Backofen, als ihr geklingelt habt.« Etwas verlegen übergibt sie mir eine Backform.

»Lieber hätte ich euch die Pferde zurückgebracht. Greift zu. Zwanzig Stücke. Mein Besuch kommt erst morgen. Ich backe nachher einfach einen neuen Kuchen. Ihr könnt bestimmt Aufbaufutter vertragen.«

Janne springt vom Balken und drückt Frau Kern einen Kuss auf beide Wangen. »Super! Sie kommen in den Pferdehimmel.«

»Na, dafür backe ich euch hundert Kuchen zusätzlich«, lacht sie. »Gleich ziehe ich los und suche nach den Pferden.«

Als Frau Kern gegangen ist, rufe ich meine Mutter an, die in Haverstedt bei der Stadtsparkasse arbeitet.

Ich erkläre ihr ganz sachlich, was geschehen ist. Mama hat sowieso dauernd Angst, dass was mit Pepper passiert. Wenn ich sie mit meiner Aufregung anstecke, dreht sie vielleicht durch. »Quetsch jeden Kunden aus, Mama, ob einer etwas von unseren Pferden gesehen hat.«

»Mache ich, Ehrensache. Oh Flo, meinst du, das kann gefährlich werden?«

»Ach was, Mama, Pferde sind ja nicht blöd, die bleiben schön zusammen und laufen irgendwann gemeinsam zurück zum Stall.«

Aber bei den letzten Worten muss ich doch schluchzen und meine Mutter versteht sofort, dass alles viel dramatischer ist, als ich zugeben will.

»Ich sage allen Geschäften in der Nähe Bescheid«, bietet sie an. »Jeder soll seine Kunden alarmieren. Mein armes Flöhchen.«

»Danke Mama. Super. Oh Mama…« Ich beende das Gespräch schnell, weil meine Stimme auf einmal zittert.

Kaum habe ich aufgelegt, kommt über Glorias Smartphone die erste Radio-Warnmeldung.

»Aktuelles Verkehrsstudio, wir haben eine dringende Gefahrenmeldung. Von einer Koppel in Haverstedt sind achtzehn Pferde ausgebrochen. Besondere Vorsicht auf der A1 zwischen Lübeck und Hamburg, Anschlussstellen Stapelfeld und Ahrensburg. Außerdem auf den Bundesstraßen 75 und 404 sowie auf den Zufahrts- und Nebenstraßen.«

Jetzt ist es amtlich.

»Wenn wenigstens *ein* Pferd gefangen würde«, stöhnt Emi und starrt auf ihr angebissenes Kuchenstück. »Dann wüsste man, wo sie ungefähr hingelaufen sind. Und dass es grundsätzlich geht mit dem Einfangen.«

Ja, wenigstens Pepper. Nein, wenigstens Pepper und Alpino. Ach was, natürlich alle Pferde.

Die Radiomeldung hat mir schlagartig den Appetit auf Kuchen verdorben. Überall in mir schwimmt pure Angst herum. Im Kopf, in den Beinen, in den Armen, vor allem im Bauch. Ich kann die blöde Angst nicht fassen. Nicht verdrängen. Nicht löschen.

Verdammt, ich muss mich beruhigen. Die vielen Polizeiwagen, die Feuerwehren, die haben doch Erfahrung mit ausgerissenen Pferden. Daran klammere ich mich wie an einen Rettungsring. Mein Handy glüht. Wenn wir wenigstens wüssten, *warum* die Pferde ausgebrochen sind.

Da sagt Melly plötzlich laut und vernehmlich: »Die Privatpferde stehen sonst nicht auf der großen Weide.«

Erstaunt blicken die anderen auf. Melly traut sich nicht auszusprechen, was sie wirklich sagen will, aber ich ahne es auch so. Ihre Bemerkung soll heißen: »Eure Privatpferde haben so lange Stress gemacht, bis die ganze Herde in Aufruhr war und den Zaun niedergerannt hat.«

Jannes Blick wechselt schnell zwischen Melly und mir hin und her. Beschwichtigend hebt sie die Arme. »Fangt bloß nicht an, euch zu streiten.«

Ich bin froh, dass Janne eingreift. Das ist das Schöne an unserer Clique. Wir brauchen oft kaum ein Wort zu sagen und verstehen uns doch. Natürlich fetzen wir uns manchmal, aber wenn es drauf ankommt, halten wir zusammen. Und jetzt kommt es drauf an.

Melly murmelt noch ein wenig vor sich hin, hält aber den Mund.

Nach einer Ewigkeit von zwanzig Minuten rennt Herr Habicht auf den Hof und schwenkt sein Handy.

»Zwei Streifenwagen haben unsere Pferde gesichtet, konnten ihnen aber nicht folgen. Die sind gleich in Parks und Seitenstraßen geflüchtet.«

Ein Lichtblick! Unsere Pferde sind nicht mehr wie vom Erdboden verschluckt.

»Angeblich sind sie sogar im Zentrum von Haverstedt gesichtet worden«, sagt Habi. »Ist aber nicht sicher.«

»Bitte? In der Fußgängerzone?«, fragt Melly ungläubig. »Halte ich für ein Gerücht.«

Mein Handy wiehert. Mama. So aufgeregt hat sie noch nie aus ihrer Sparkasse angerufen.

»Flo! Gute Nachrichten! Die Pferde sind vorhin mitten in Haverstedt gesichtet worden. Haben mir gerade zwei Kunden erzählt.«

Aufgeregt mache ich den anderen Zeichen, dass ich spannende Neuigkeiten habe.

»Was? Wo denn?«

»In der Fußgängerzone beim Coffeeshop. Pass auf, heute Abend ist alles längst vergessen und du hast deinen Pepper zurück.«

»Sie sind *doch* in Haverstedt«, gebe ich an meine Clique und Habi weiter. »In der Fußgängerzone.«

»Mama? Waren Braune dabei?«

»Natürlich habe ich gleich nach Pepper gefragt. Ein paar braune Pferde waren dazwischen.«

»Pepper«, jubele ich.

Emi klemmt sich an mein Handy und drückt ihr heißes Gesicht ans Gehäuse.

»Auch ein Haflinger, Frau Rohde?«, ruft sie ins Telefon.

»Emi? Ach, Emi, weiß ich leider nicht. Die Leute kennen die Rassen doch gar nicht.«

»Und ein Rappe?«, will Gloria wissen. »Flemming?«

»Ein Rappe, Mama?«

»Weiß nicht, aber auf jeden Fall zwei Schimmel.«

»Sandro und Galvano. Oder Grazius«, gebe ich in die Runde weiter.

»Melde dich auf jeden Fall, wenn Pepper wieder im Stall ist, Flo.«

»Logisch, Mama. Sofort.«

Der Anruf hat mich verwandelt. Als ich vom Balken rutsche, schwebe ich fast über den Hof. Die Angst ist aus meinem Bauch heraus. Und aus meinem Kopf. Emi und ich klatschen die Hände zusammen. Jetzt wird alles gut.

Zu allem positiven Überfluss schwirrt eine SMS von Vince auf mein Handy.

> Hi Flo, Pferde vor Tareks Dönerladen. Kommt her!!! Mache Fotos 4U. Lasse sie nicht aus den Augen. Vince Xx

»Jetzt sind sie bei Tarek. Vince hat sie gerade eben gesehen. Also laufen sie Richtung Stall«, rufe ich über den Hof. »Auch möglich, dass sie zuerst bei Tarek waren und danach in die Fußgängerzone gelaufen sind. Vince schickt uns gleich ein Foto.«

»Na bitte«, sagte Herr Habicht. »Ich rufe sofort die Polizei an. Dann fahren wir los.«

Melly verzieht das Gesicht.

»Vince schickt gleich ein Bild«, äfft sie mich nach, sobald Habi im Stall verschwunden ist. »Deinen tollen Vince Allmächtig hast du also auch eingesetzt?«

Sie muss wieder zicken. Melly missgönnt mir, dass ich halb-halb mit Vince zusammen bin. Sie bildet sich ein, ältere Rechte zu haben, schließlich baggert sie Vince schon seit einem Jahr auf dem Schulhof an.

Pling. Das Foto.

Sofort bin ich umringt. Alle hängen über dem Bild, aber so eng, dass niemand etwas sieht.

»Zeig her, komm schon, Flo. Ist Flemming dabei?«, drängt Gloria.

»Piri? Siri? Vicky?« Das ist Maxie.

»Halvor und Oskar?« Die Zwillinge zerquetschen mich fast.

»Und Collin?«, will Melly wissen.

»Halt, lasst mich doch erst mal sortieren.«

Mit einem Ruck ziehe ich mein Handy aus dem Gewirr der Arme und halte es halb unter mein hochgezogenes Top, um trotz der Sonne deutlich zu sehen. Nur Emi darf gucken.

»Ganz schwer zu sagen«, meint sie. »Zu viel Licht und Schatten.«

Was ich auf einen Blick erkenne, ist dieses: Unmöglich ist das unsere gesamte Herde. Aber darüber will ich nicht nachdenken, sonst kehrt meine Furcht sofort zurück.

Hinter einem Schimmel steht vor Tareks Schaufenster ein

Brauner. Aber ich erkenne nicht, ob er eine Blesse oder einen Stern hat. Ob Wallach oder Stute. Kann Pepper sein, aber genauso gut Collin oder Vicky. Auf dem Handyfoto nicht zu entscheiden. So weit ich das nach der Körperhaltung beurteilen kann, sehen die Pferde nicht nervös aus. Eher neugierig interessiert. Vorsichtiger Optimismus macht sich in mir breit.

Herr Habicht ruft von der Stallgasse: »Nichts wie los, sie sind tatsächlich im Zentrum. Bei Tarek waren sie auch vorhin. Vier fahren mit mir, die anderen mit dem Rad. Nicht alle zusammen in einer Gruppe fahren. Immer in Zweier-Teams von verschiedenen Straßen. Schaltet die Handys ein. Und packt Halfter, Führstricke, Trensen und Leckerli ein.«

Unser Vorrat an Stallhalftern ist stark geschrumpft, weil die Polizei ein halbes Dutzend mitgenommen hat. Ich besitze drei schöne Halfter für Pepper und leihe Leonie und Maxie das grüne und das blaue. Während ich das rote Halfter auf meinen Gepäckträger klemme, schicke ich ein Stoßgebet zum Himmel.

»Mach, dass ich mein Halfter gleich brauche. Ich lade mir auch nie mehr Hausaufgaben aus dem Internet herunter.«

Das Versprechen scheint mir zu dürftig. Ich muss etwas schwören, das mich richtig Überwindung kostet.

»Außerdem darf Melly drei Mal Pepper reiten«, gelobe ich.

7.

Emi und ich nehmen die kurze Strecke zu Tareks Dönerladen, der jetzt in den Ferien geschlossen ist. Nur drei Straßen und wir biegen um die Kurve zu Tareks Laden.

Emi bedeutet mir abzubremsen, um die Pferde nicht zu erschrecken.

Doch unsere Vorsicht ist überflüssig. Der rechteckige Vorplatz, wo in Schulpausen das halbe Gymnasium zusammenhockt, ist leer.

»Die sind weg«, stellte Emi ernüchtert fest. Es ist zum Verrücktwerden. Nie hätte ich gedacht, dass ein Trupp entlaufener Pferde so schwer zu finden ist. Vier dampfende Haufen Pferdeäpfel beweisen, dass unsere Ausreißer hier gerade eine Pause gemacht haben.

Hastig tippe ich Vince' Handynummer.

»Vince! Bei Tarek sind die Pferde schon nicht mehr. Hast du eine Spur?«

Seine Stimme klingt verärgert.

»Ach, zu blöd, ein Müllwagen hat sie gerade verjagt. Kennst ja diese fauchende Hydraulik, da sind sie abgefetzt. Richtung Schule, so viel konnte ich sehen. Ich bin mit Ferdi hinterher, wir fahren gerade an der Sparkasse entlang. Fahrt ihr über den Kirchplatz, dann nehmen wir sie in die Zange.«

»Danke, Vince. Bis gleich. Mann, bin ich froh, wenn das alles vorbei ist.«

Vince lacht leise und aufmunternd.

Wir brettern weiter zu meiner Schule. Im Vorbeifahren sehe ich, dass unser Pausenhof geschlossen ist. In den Ferien wird das große Stahltor immer abgesperrt. In anderen Schulen darf man den Hof zum Spielen benutzen. Aber unsere Anstalt steht unter Denkmalschutz und die größte Sorge aller Lehrer ist, dass jemand einen Ball gegen die heilige Backstein-Fassade werfen könnte. Wenn ich nicht so aufgedreht wäre, könnte ich mich freuen, wie friedlich unser Schulhof in der Feriensonne liegt.

»Rechts«, sagt Emi und biegt scharf ab. »Durch den Hohlweg. Hörst du das auch?«

Aus dem Zentrum von Haverstedt gellen auf- und abschwellende Sirenen.

Wir verringern die Geschwindigkeit.

»Martinshorn«, sage ich. »Das heißt, sie sind ihnen auf den Fersen.«

»Hoffentlich stellen sie die blöden Sirenen ab, sonst rennen die Pferde nur noch schneller.«

Plötzlich schweigt der Alarmton, als hätten Polizei oder Feuerwehr unsere Beschwörung gehört.

Wir durchqueren den grün bewachsenen Hohlweg und lassen die alte Kirche mit dem Glockenturm rechts liegen. Schon von Weitem hören wir mächtige Unruhe aus dem Zentrum. Aufgeregte Rufe, Kommandos und da ... tatsächlich lautes Wiehern.

»Emi, wir haben sie«, sage ich feierlich und plötzlich verspüre ich den dringenden Wunsch, durch die ganze Fußgängerzone Rad zu schlagen.

»Achtung, Achtung, hier spricht die Polizei!« Eine Lautsprecherdurchsage hallt durch die Luft. »Bitte verhalten Sie sich ruhig und besonnen. Bleiben Sie in den Läden und Cafés. Suchen Sie Schutz in Hauseingängen. Die Pferde sind aufgeregt und unberechenbar. Bitte passen Sie besonders auf Ihre Kinder auf.«

»Oh Mann«, stöhnt Emi. »Unsere Pferde randalieren in der Fußgängerzone.«

Am Jeansshop rammen wir unser Räder in den Fahrradständer und rennen an ein paar Wohnhäusern vorbei zum Anfang der Fußgängerzone.

Die gesamte Straße ist abgesperrt. Vor uns blitzen zwei rote Feuerwehrwagen in der Sonne, sie riegeln die Zone komplett ab. Mit angehaltenem Atem zwängen wir uns durch die enge Lücke zwischen Stoßstangen und Hauswand. Am Ende der Einkaufsstraße stehen drei Polizeiwagen quer, einer mit Pferdehänger.

»Da drüben«, flüstert Emi und klopft sich mit der Hand auf die Brust, weil ihr der Atem stockt. »Vor dem Ökoladen.«

Nun sehe ich sie auch: Unter einer blauen Markise ragen die Hinterteile von Pferden mit wedelnden Schweifen auf den Fußweg. Eine aufgeregte Frau zerrt an hohen Obstständern.

»Sie da am Ökoladen. Treten Sie zurück. ZURÜCK!«

Erschreckt springt die Frau vor der Lautsprecherstimme zur Seite.

Wir drücken uns an den Schaufenstern entlang. Unsere Pferde drängen sich um Ständer mit Obstkisten, bestimmt leckere Bioäpfel und Biomöhren. Solche Köstlichkeiten lassen sich die Ausreißer nicht entgehen.

»Hoffentlich haben sie sich ordentlich satt gegessen«, sagt Emi. »Dann sind sie ruhiger.«

Die Ladenbesitzerin ist in ihrem Ökoladen verschwunden und scheppert von innen das schwere eiserne Einbruchsgitter herunter.

Zwei Schimmel springen nach hinten und reißen den Kopf hoch.

»Super, erst will sie unseren Pferden die Äpfel wegnehmen, dann terrorisiert sie sie mit ihrem blöden Gitter.«

Herr Habicht nähert sich mit Maxie und Leonie von der anderen Seite. Beruhigend redet er auf die Pferde ein. Bono hebt den Kopf, lauscht, gibt sogar ein leises Schnauben von sich. Seine Ohren spielen.

»Süß, er erkennt ihn«, flüstert Emi. »Wenn ich bloß sehen könnte, ob unsere beiden dabei sind.«

Ein Gemüsekarton bekommt Übergewicht und knallt aufs Pflaster, als Bono sich umdreht. Rote Möhren fliegen durch die Gegend. Nach kurzem Schreck machen sich die Pferde über die unverhoffte Mahlzeit her.

Bevor Habi sich weiter nähern kann, drehen die Pferde wie auf Kommando um und schlendern auf die andere Straßenseite. Das saftnasse Pflaster ist übersät mit abgebrochenen Möhrensplittern und Pferdeäpfel-Haufen.

Vor der Eisbar Italia stehen zehn verwaiste Tische mit halb vollen Eisbechern. Hinter den Schaufenstern drücken geflohene Gäste sich die Nase platt.

Dacapo entdeckt den süßen Nachtisch als Erster. Mit langem Hals beschnuppert er die silbernen Edelstahl-Cups, leckt dann vorsichtig das Eis auf und weckt damit die Neugier seiner Artgenossen.

»Bestimmt Schokoladeneis, das mögen sie am liebsten«, flüstert Emi. »Oder Wildkirschjoghurt.«

»Emi! Gibst du Alpino etwa Eis?«

»Quatsch. Er darf nur manchmal lecken«, sagt Emi und wird rot.

Die Pferde drängen sich um die Tische und schubsen sich gegenseitig mit ihren Hinterteilen weg. Ein paar Korbsessel fallen um.

Vorsichtig wird die Ladentür ein Stück geöffnet. Mit vereinten Kräften schieben zwei Männer einen schweren Bottich nach draußen. Im Kübel schwappt frisches Wasser, was die Pferde mit zufriedenem Schnauben quittieren.

»Mann, ist das Italia nett«, sagt Emi beeindruckt.

Endlich kann ich die Pferde checken. Acht sind es. Dacapo habe ich vorhin bereits erkannt und Bono, den Dunkelfuchs. Die Schimmel sind eindeutig Sandro und Galvano.

Auf den ersten Blick ist Pepper nicht dabei. Auf den zweiten auch nicht.

Emi tippt mich an. Sie sieht plötzlich todtraurig aus. »Alpino fehlt«, sagt sie. »Und Pepper auch. Oder siehst du ihn?«

Langsam schüttele ich den Kopf.

Aus dem Coffeeshop stecken einige Kunden ihre Köpfe durch die Tür, nippen an ihrem Latte, trauen sich aber nicht hinaus. Durch die Schaulustigen drängt sich von innen ein schlanker Mann im Büroanzug. Die anderen versuchen, ihn festzuhalten, aber er schüttelt sie ab, marschiert ohne zu zögern direkt von vorn auf die Pferde zu und raunzt sie an, wie man einen ungezogenen Hund anherrscht.

»Schluss jetzt! Bleibt sofort stehen.«

»Spinnt der?«, sagt Maxie, die gerade von der anderen Seite herbeikommt. »Der hält sich für den Obermacker. Geht von vorn auf die Pferde zu. Gleich sind sie weg. Oh je, oh je.«

»Keine Einzelaktionen«, ordnet der Polizist mit dem Megafon an. »Treten Sie unverzüglich zurück.«

Aber da ist es schon passiert. Bono stößt ein lautes Schreckschnauben aus. Logisch, jedes Pferd fühlt sich bedroht durch Herumfuchteln vor den Augen.

Bono macht einen Satz zur Seite, dreht sich auf dem Huf und entdeckt die Schwachstelle in der Absperrung – die niedrige Deichsel des Pferdehängers zwischen den Streifenwagen. Im weiten Sprung setzt er über das lächerliche

Hindernis hinweg und steht in Freiheit. Krachend tritt er gegen einen Streifenwagen und hinterlässt eine tiefe Delle. Mit beherzten Sprüngen folgen die anderen Pferde.

So schnell können die Beamten gar nicht gucken, wie die Pferde weg sind.

An der Straßenecke stöhnt Habi auf und läuft zu uns herüber.

»Oh nein, nicht das Ganze von vorn.«

»Wo könnten sie hin? Schnell, schnell«, drängt ein Polizist, und als er sich umdreht, erkenne ich Polizeihauptmeister Schiffelmeier, der vorhin bei uns auf dem Hof war.

Seine Kollegen springen bereits in die Einsatzwagen. Die beiden Feuerwehrwagen fahren ab, um die Verfolgung aufzunehmen.

Vince rast mit dem Fahrrad herbei und ruft: »Die Pferde müssen auf jeden Fall an der Sparkasse vorbei, dahinter ist ein schmaler Fußweg.«

Atemlos bleibt er vor uns stehen, sein Rad zwischen die Knie geklemmt, und zeigt, wo es langgeht. »Der Weg führt an den Gärten entlang bis zu Tareks Dönerladen. Wenn sie über die Straße laufen, müssen sie auch bei Tarek vorbei. Praktisch aus jeder Richtung.«

Mit laufendem Motor hält ein Streifenwagen neben uns. Von innen wird die Seitentür aufgestoßen. Polizist Schiffelmeier schwingt sich auf den Beifahrersitz.

»Optimal. Wir sperren die Straße und treiben die Pferde mit unseren Fahrzeugen vorsichtig auf den Schulhof. Dort sind sie erst mal sicher.«

»Sehr gut«, sagt Habi.

»Der Schulhof ist aber abgeschlossen«, brülle ich unserem Polizisten nach. Er steckt den Kopf aus dem Fenster.

»Können wir aufbrechen.«

Habi zeigt in unsere Runde. »Flora, Emi und die Zwillinge mit dem Rad über die Straße zum Gymnasium. Vince, Ferdi, Maxie, Leonie über den Fußweg zu Tarek. Die anderen an der Kirche vorbei über die Straße zu Tarek.«

Wir trennen uns. Zu viert trampeln wir, was die Pedale hergeben.

Hoffentlich bekommt die Polizei das Tor schnell auf. Nach dem letzten Einbruch wurden teure Sicherheitsschlösser in die Zauntore eingebaut. Wenn nur keine gaffenden Leute auf dem Weg stehen, die diese sensible Aktion noch komplizierter machen.

8.

Leider lehnen zwei Frauen am Zaungitter vor der Schule, als wir angerast kommen. Zigarettenqualm kringelt sich in der Luft.

»Die müssen da weg«, sagt Emi und springt gleichzeitig mit mir vom Fahrrad.

Gerade hole ich Luft, um die Frauen zu verscheuchen, da bleibt mir mein Ruf »Hallo, Sie am Zaun« im Halse stecken.

Bis vor einer Sekunde war ich überzeugt, diese beiden Köpfe sechs Wochen nicht mehr sehen zu müssen. Und nun das. Links erkenne ich das hennarot gefärbte Haar meiner Englischlehrerin Senta Fischer. Daneben die ausgemergelte Figur unserer Deutschlehrerin Koch-Lisan mit dem dunklen Pferdeschwanz und der ewigen Zigarette in der Hand. Wollten die nicht gemeinsam auf eine Studienreise nach Peru?

Koch-Lisan steht auf dem Raucherplatz vor der Eingangstür, wo sie und die anderen Raucher in jeder Pause stehen und sich Kippen anstecken.

»Hier spricht die Polizei.«

Eine Lautsprecherdurchsage gellt über die Straße. »Bitte begeben Sie sich in den nächsten eingezäunten Garten oder in ein Wohnhaus. Wir treiben eine Gruppe entlaufener Pferde die Straße entlang auf den Schulhof.«

Frau Koch-Lisan krallt sich mit der zigarettenlosen Hand im Arm von Englischlehrerin Fischer fest.

Polizei- und Feuerwehrwagen rollen im Schritttempo die Läuferstraße entlang und bauen sich vor dem Gymnasium auf.

Ich überlege blitzschnell, ob ich mich vor meinen Lehrerinnen verstecken soll. Aber vielleicht hat eine von ihnen den kostbaren Eingangsschlüssel? Ich werfe mein Rad an die Böschung und laufe auf sie zu.

»Flora! Was ist hier los?«, fragte Senta Fischer irritiert, als sie mich erkennt.

»Unsere Pferde sind ausgebrochen, Frau Fischer! Die Feuerwehr will sie auf den Pausenhof treiben. Wir brauchen den Schlüssel für das große Zauntor. Schnell.«

»Um Himmels willen, nein! Nicht auf den Hof«, protestiert Frau Koch-Lisan und tritt ihre Zigarette aus. »Die gesamte Schulanlage ist ein Kulturdenkmal. Nicht auszudenken, wenn die Pferde Schaden anrichten.«

Ein Feuerwehrmann läuft auf uns zu und tippt an den Helm.

»Sie haben einen Schlüssel, höre ich? Bitte schnell, ich muss darauf bestehen, dass Sie ihn herausgeben. Zur Abwendung von Gefahr.«

Fahrig zieht Senta Fischer ein schweres Schlüsselbund aus der Tasche.

Die Fenster in den Backsteinhäusern gegenüber fliegen auf und Leute lehnen sich heraus.

»Machen Sie schnell.«

Frau Fischers Finger beben, als sie den aussortierten Schlüssel überreicht.

»Danke sehr.«

»Die Pferde, die Pferde!«, ruft ein alter Mann aus dem Fenster. Und dann ein kleines Mädchen: »Lass mich auch gucken, Opa.«

Der Uniformierte läuft zum mannshohen Stahltor, schließt es auf und drückt die beiden Flügel zum Pausenhof auf.

»Dabei wollten wir nur ein paar Arbeitsunterlagen zurückbringen«, sagt meine Deutschlehrerin erschüttert. »Morgen fliegen wir in den Urlaub. Und nun so ein Schock am Vorabend.«

Ich verkneife mir die Bemerkung, dass der Schock ja wohl eher auf unserer Seite ist. Ohnehin fürchte ich, Olga Koch-Lisan nimmt mir den Frevel an ihrem Kulturdenkmal persönlich übel. Hoffentlich vergisst sie die Geschichte bei ihren Indios.

»Sie kommen«, ruft Emi. »Wir sollen nach hinten auf den Schulhof gehen.«

Wir laufen hinter den Zwillingen unter der Pergola hindurch, vorbei an den Tischtennisplatten bis zu der hohen Pappelgruppe ganz am Ende. Mein Herz schlägt mir bis zum Hals. Dieses Mal muss es klappen.

Wie ein Keil werden die Autos herangefahren, in einer Gasse davor und dazwischen traben unsere Pferde. Schnell überschlage ich die Zahl. Es bleibt bei acht. Weder Pepper noch Alpi sind dazugekommen. Jetzt nicht grämen, acht sind ein Anfang.

Mit sanfter Gewalt werden die Pferde auf den Schulhof getrieben und das Tor sofort hinter ihnen geschlossen. Ohne Reiter sehen unsere Pferde noch schöner aus als mit. Oder bin ich nur so froh, dass sie wieder da sind? Sommersonne spielt in den Mähnen. Dacapo und Bono schwenken die Köpfe. Und wie ihre Augen funkeln. *Was haben wir heute erlebt!*

Vielleicht versüßt mir die Erinnerung an unsere Pferde demnächst die Mathestunden bei Dr. Winkelmann? Vom Matheraum gucken wir genau in diesen Innenhof. Ja, wenn mein Pepper dabei wäre. Aber so ... Wahrscheinlich denke ich bei jeder Matheaufgabe an den Ausbruchs-Schock. Ich hätte da mal einen Vorschlag für eine sinnige Aufgabe,

Herr Dr. Winkelmann: Wenn von achtzehn Pferden nach zweieinhalb Stunden acht Pferde an einem anderthalb Kilometer entfernten Ort gefunden werden, wie lange sind dann die restlichen zehn Pferde noch unterwegs und wie weit entfernen sie sich?

Warum muss ich in den schlimmsten Stunden immer Schwachsinn denken?

Fünf Pferdelängen entfernt tänzelt Collin an mir vorüber. Collin ist der Braune, den ich auf dem Foto nicht richtig einordnen konnte. Ausgerechnet Collin. Der Holsteiner ist jetzt Mellys Lieblings-Schulpferd, seitdem ich Pepper gekauft habe. Klar gönne ich Collin, dass er gesund gefunden wurde. Jedem Pferd wünsche ich das. Aber Melly führt sich auf, als hätte sie selber eine persönliche Glanzleistung vollbracht, weil Collin zurück ist.

Doch als sie an mir vorbeigeht, erlebe ich eine Überraschung. »Tut mir echt leid, dass Pepper nicht dabei ist«, murmelt Melly und wiegt bedauernd den Kopf. Die unerwartete Bemerkung tut mir gut.

Inzwischen stehen die Pferde in einer dichten Gruppe zusammen. Polizisten in gelben Leuchtwesten und Feuerwehrmänner in Orange kreisen sie ein wie ein Zaun aus Uniformen.

»Halfter aufziehen«, ruft Herr Habicht halblaut. »Jeder greift sich das am besten erreichbare Pferd.«

Wir verständigen uns durch Augenkontakt, wer wohin geht.

Die Pferde recken die Köpfe, als wir langsam den Kreis betreten, sie tänzeln und trippeln und drehen sich, aber sie erkennen uns und Habis Stimme beruhigt sie.

»Bono führe ich selber«, gibt Herr Habicht weiter. »Bevor der Kerl wieder Extratouren macht.« Den eigenwilligen

Westfalen reitet Habi bei Ausritten an der Spitze. Bono ist unser Chefpferd im Gelände.

Ich übernehme die Hannoveraner Stute Vicky, weil ich am nächsten dranstehe. Sie wiehert und wirft den Kopf hoch, als ich mich heranpirsche, aber schließlich kann ich mit einer Hand in ihre Mähne greifen und Vicky das Halfter übers Genick ziehen.

Gloria steht strahlend bei ihrem Lieblingspferd Flemming. Melly bei Collin. Janne schmust mit Chico, Leonie mit Galvano. Das ist schwer zu ertragen. Ich leide noch mehr als vorher. Warum haben nur die anderen Glück?

Acht Pferde haben wir gefunden. Von zehn Pferden fehlt jede Spur. Während des gesamten Einsatzes auf unserem Schulhof kommt keine Meldung bei der Polizei herein.

»Sollen wir einige Pferde verladen?«, fragt der Einsatzleiter der Feuerwehr. »Wir haben zwei Hänger angekoppelt.«

Herr Habicht winkt ab. »Sind nur drei Straßen bis zum Reitstall. Beim Führen kann ich gleich beobachten, ob einer lahmt.«

Gerade hake ich den Führstrick in Vickys Halfter, da tippt mir jemand sachte auf den Rücken. Über die Schulter erkenne ich ein blaues Poloshirt und lange braune Haare. Maxie. Leise fragt sie: »Darf ich sie führen, Flo?«

Unschlüssig ruht meine Hand am Panikhaken. Ich würde Vicky so gern selber zum Stall bringen. Wenigstens hätte ich dann das Gefühl, ein Pferd gerettet zu haben. Andererseits: Maxie reitet die braune Hannoveraner Stute oft, ich dagegen nie. Maxie möchte eins ihrer Lieblingspferde gesund nach Hause bringen.

Schweren Herzens übergebe ich ihr den Strick.

»Danke, Flo, das vergesse ich dir nicht.«

»Vince und Ferdi, ihr geht vorn mit«, ordnet Habi an. »Ihr könnt notfalls ins Halfter greifen. Jetzt zügig los.«

Wir verlassen den Pausenhof und marschieren hintereinander an Tareks Laden vorbei Richtung Habichthof.

In den Vorgärten unterbrechen die Leute das Rasenmähen, sobald unser Tross näher kommt.

»Na, kleiner Ausflug?«, ruft ein Hobbygärtner mir über den Gartenzaun zu.

Kleiner Ausflug! Der Mann hat doch keine Ahnung. Der unheilvolle Satz der Polizistin schwirrt mir durch den Kopf: »Je länger die Pferde weg sind, desto größer ist die Gefahr, dass ihnen etwas zustößt.«

Meine Magennerven verknoten sich.

Wie geprügelte Hunde schleichen Emi und ich, Tessy und Kriss mit leeren Händen zum Stall. Wir schieben unsere Fahrräder hinterher.

Wir bringen kein Pferd zurück.

9.

Unser obersüßer Tapir schafft es mal wieder, mich aufzuheitern.

Als wir mit den acht Geretteten im Gänsemarsch auf dem Habichthof ankommen, erwartet unser genialer Pferdepfleger uns schon. Irgendwie wirkt Tapir beruhigend, wie er da am Paddock steht in seiner sandfarbenen Goldwäscherhose mit den breiten Hosenträgern. Ein Fels in der Brandung.

Strahlend läuft Tapir von Pferd zu Pferd, von Bono zu Dacapo bis zu Vicky und fällt jedem Tier um den Hals.

Als er mich ohne Pepper hinter dem Tross schleichen sieht, nur mit meinem Fahrrad in den Händen und hinter mir auch Emi und die Zwillinge, umarmt er uns alle gleich mit.

»Nun lasst mal nicht den Kopf hängen, Leute. Hab im Amtsgericht alles stehen und liegen lassen und bin sofort hierher, als ich dort fertig war. Wenn ihr acht Pferde aufgetrieben habt, finden wir auch den Rest.«

So wie Tapir strahlt, glaube ich ihm wirklich. Trotzdem kämpfe ich gegen den heftigen Drang an, über den Hof zu schreien: »Das Leben ist so ungerecht! Warum haben die anderen ihre Lieblingspferde gefunden? Und ich werde vor Angst um Pepper fast wahnsinnig?«

»Lasst die Pferde gleich draußen, der Tierarzt kommt jeden Moment zum Angucken«, ruft Herr Habicht über den Hof. »Und bitte tränken. Wer kein Pferd hält, macht mit dem Wassereimer die Runde.«

»Sollen wir auch die Beine kühlen?«, fragt Tessy. Sie und Kriss sehen so aus, als möchten sie sich dringend sinnvoll betätigen. Wo sie schon ihre Fjordies nicht heimgebracht haben.

Habi schüttelt den Kopf. »Gekühlt wird erst, wenn Dr. Müller-Maring die Pferde untersucht hat. Er muss die Beine auf Schwellungen angucken. Durch Kühlen wird das Ergebnis verfälscht.«

Ich gehe zu Janne hinüber und halte Chico den vollen Wassereimer hin. Erschreckt pfeife ich durch die Zähne, als ich den Oldenburger mustere.

»Blöd, nicht?«, sagt Janne sorgenvoll und folgt meinem Blick zu der Wunde ein Stück neben Chicos Schulter. Das Blut ist an den Rändern angetrocknet. Janne hält den Oldenburger Fuchs am Strick. »Hoffentlich muss das nicht in der Klinik genäht werden.«

Wir sind gerade fertig mit dem Tränken, als unser Tierarzt vorfährt und seine Sachen auslädt. Er stöhnt leise, als er bepackt mit Tasche und Alubox durch die pralle Sonne auf uns zustapft. Sein gutmütiges Gesicht glänzt. Er bläst sich die braunen Haare aus dem Gesicht, die wie lange Bernhardinerohren bei jedem Schritt flattern.

Habi wechselt ein paar Sätze mit ihm, bevor Müller-Maring zu uns herüberkommt.

»Moin zusammen«, begrüßt er uns. »Dann wollen wir uns die Ausbrecherkönige mal ansehen.«

Sein Blick wandert über die Pferde, die mit gesenkten Köpfen im Schatten des Stalls stehen. »So auf Anhieb wirken sie unauffällig. Ein Weideausbruch kann ja auch böse ins Auge gehen.«

Die Zwillinge heften sich an seine Fersen. Ich möchte den Doc auch so vieles fragen, aber ich traue mich nicht aus Angst vor der Antwort. So lange Pepper verschwunden ist, möchte ich am liebsten nichts mehr hören. Aber zwangsläufig muss ich, denn Kriss und Tessy löchern den Tierarzt mit Fragen.

»Was kann denn passieren?«, will Tessy wissen. »Ich meine, außer... außer einem Autounfall.«

»Wenn Pferde im Galopp durchs Gelände brettern, das ist schlecht für die Beine.«

Die Antwort genügt Tessy nicht.

»Wildpferde galoppieren doch auch durch die Gegend und verletzen sich nicht ständig.«

Dr. Müller-Maring bückt sich und fährt behutsam an Sandros rechtem Hinterbein entlang.

»Stimmt, aber wilde Pferde rennen über die Prärie. Oder über flache Steppe. Das sind feste Grasflächen, allerbester Pferdeboden. Dagegen Schottersteine und feiner Streusplit, was alles so auf unseren Wegen liegt... das passt nicht zu schnellen Gangarten.«

Konzentriert sieht der Schimmel sich um und verfolgt jede Bewegung des Tierarztes.

»Was ist denn so schlimm daran?«

»Im Schritt spüren Pferde scharfe Steine sofort und weichen aus. Flüchten sie aber in Panik, ist der Tastsinn erst mal ausgeschaltet. Sie merken den Schmerz auf den Schotterpisten nicht gleich und rennen mit angeschlagenen Hufen und Beinen weiter.«

Er schaut zu Herrn Habicht hinüber und deutet auf das Hinterbein.

»Bei eurem Sandro ist ein Stück Hufwand ausgebrochen. Nicht dramatisch, soll sich aber der Schmied auf jeden Fall ansehen.«

»Der Schmied ist sowieso für morgen bestellt. Galvano hat unterwegs ein Eisen verloren.« Natürlich hat Herr Habicht sich die Pferde schon selbst angesehen.

»Und was ist mit Asphaltstraßen?« Kriss lässt nicht nach. »Sind Bundesstraßen besser als Schotterpisten? Die sind doch schön eben und gleichmäßig.«

Der Tierarzt verzieht das Gesicht. »Das ist aber auch der einzige Vorteil. Das Böse an Teerstraßen: Sie sind steinhart. Die Erschütterungen im Galopp sind Gift für die Gelenke. Wir wollen mal hoffen, dass eure Pferde nicht zu viel Grund zum Galoppieren auf der Straße hatten.«

Er geht weiter zu Galvano, den Leonie hält.

»Na, alter Junge«, sagt Dr. Müller-Maring freundlich und fährt ihm über den Widerrist. »Du warst wohl so rasant unterwegs wie ein Formel-eins-Wagen?«

Galvano ist nicht zum Scherzen aufgelegt. Der Schimmel ist überhaupt kein Freund von Tierärzten. Abweisend guckt er unseren Doc von der Seite an. Schon zweimal hatte Galvano ein sehr schmerzhaftes Hufgeschwür. Man sieht ihm an der Stirn an, wie seine einfache Pferde-Gleichung lautet: Tierarzt = Schmerzen.

»Galvano, sei mal etwas freundlicher.« Leonie versucht ihn mit der Stimme aufzumuntern. »Der Tierarzt will dir helfen.«

»Schon gut. Kann er nicht wissen.« Dr. Müller-Maring lächelt. »Ich bin für viele Pferde der Böse. Anders können sie nun mal nicht denken. Das ist mein tägliches Brot. Aber das erschüttert meine Tierliebe nicht.«

Galvano ist gut erzogen und verharrt ruhig am Strick, als der Tierarzt sich den linken Vorderhuf ansieht und das Horn beklopft. Er wendet sich an Herrn Habicht.

»Der Wallach hat ziemlich weiche Hufe.«

»Ja, leider. Galvano war schon immer empfindlich und fühlig im Gelände.«

»Wenn der Tragrand ungeschützt ohne Hufeisen frei

liegt... da kann sich schnell ein Steinchen reinbohren und hochwandern. Falls die Pferde unterwegs über Split gelaufen sind, kann das mal wieder ein Hufgeschwür auslösen. Immer bist du der Dumme, Galvano.«

Müller-Maring tätschelt ihm erneut den Widerrist. »Wir behalten das im Blick. Aber ich könnte fast drauf wetten, dass der arme Kerl wieder dran ist.«

Trotz dieser Auskunft ist Herr Habicht zufrieden. »Hufgeschwüre lassen sich ja gut behandeln. Wenn es mehr nicht ist, will ich nicht meckern. Was ist mit Chicos Wunde? Muss er in die Klinik?«

Dr. Müller-Maring inspiziert die aufgerissene Stelle genau. »Zum Glück nur oberflächlich. Und nicht direkt am Schultergelenk«, sagt er. »Nein, er muss nicht in die Klinik. Das kriegen wir so hin.«

Er rasiert das Fell rundherum ab, säubert die Stelle und klebt eine große Wundauflage über den Riss. »Ich spritze ihm noch etwas gegen Infektionen.«

Während er die Spritze aufzieht, fragt er Habi über die Schulter: »Wie sieht es mit Tetanusschutz aus? Mit den Impfungen ist euer Stall doch auf dem neuesten Stand?«

»Aber sicher.«

Kurz darauf hat der Tierarzt alle Pferde angesehen und ist sehr zufrieden. Er packt seine Tasche und wischt sich mit dem Taschentuch die nasse Stirn ab.

»Wenn der Rest da ist, komme ich wieder und sehe mir die ganze Bande noch einmal an. Manche Lahmheiten zeigen sich erst Stunden später. Glückwunsch, dass kein Sehnenschaden dabei ist. Bis so etwas heilt... das wäre eine langwierige Geschichte.«

Er zeigt auf den Wasserschlauch an der Wand. »Jetzt könnt ihr die Beine kühlen. Bei den Hufen anfangen, dann die Beine rauf. Weicher Strahl. Jedes Pferd eine Viertelstunde. Bis später.«

Bis später. Wie leichthin er das sagt. Für unseren Tierarzt steht offenbar fest, dass alle Pferde bald wieder auf dem Habichthof stehen.

Wir stürzen uns auf den einzigen Schlauch, der an der Stallmauer hängt, und prügeln uns fast darum.

»Kinder, seid friedlich«, ruft Herr Habicht. »Kühlen geht auch mit Schwamm und Wassereimer.« Er kratzt sich am Kinn. »Andererseits, wenn die anderen Pferde später dazukommen… wer hat einen Gartenschlauch zu Hause, den er holen könnte?«

Alle reißen wir die Arme nach oben. Erschreckt werfen Vicky und Collin die Köpfe hoch.

Ich laufe zu meinem Rad und zische los. Mein Handy hab ich griffbereit in der Jackentasche. Der erlösende Anruf: »Wir haben ihn!«, könnte ja genau dann kommen, wenn ich unterwegs bin. Atemlos fege ich den Fichtenkamp entlang und werfe gerade das Rad an unsere Treppe, als meine Mutter vorfährt. Sie hat Feierabend.

»Und?«, fragt sie beim Aussteigen.

Ich zucke die Schultern und blicke schnell zu Boden, bevor sie sieht, dass meine Augen feucht werden.

Mama lässt ihren offenen Smart einfach stehen und nimmt mich in den Arm. »Pepper kommt bestimmt bald zurück. Wahrscheinlich grast er mit den anderen ganz gemütlich auf einer Waldlichtung und schlägt sich den Bauch voll.«

Das ist überhaupt *die* Idee! Eine neue Hoffnungsflamme flackert auf. »Meinst du wirklich?«

»Aber sicher doch, Flöhchen.«

Mama, die so wenig von Pferden versteht wie ich von

Geldanlagen und Zinsabschlagsteuer, Mama bringt es auf den Punkt. Daran hatte ich überhaupt nicht gedacht. Natürlich, Pferde interessieren sich vor allen anderen Sachen fürs Fressen. Entlaufene Pferde müssen nicht zwangsläufig über Autobahnen oder Bahngleise galoppieren. Naheliegender ist doch wohl, dass sie sich einen schönen, saftigen Futterplatz suchen. Woher sollen sie wissen, dass ihre Besitzer vor Sorge fast durchdrehen?

Mamas Überlegung bessert meine Laune. Irgendwie schwanke ich heute ständig zwischen Hoffnung und Verzweiflung.

Dani steckt seinen Kopf aus der Tür. »Na, Schwesterchen?«

»Nichts von Pepper. Immerhin sind acht Pferde wieder da. Die aus dem Zentrum. Kann ich unseren Gartenschlauch mitnehmen? Zum Kühlen der Beine. Wir haben nur einen auf dem Hof.«

»Klarer Fall«, sagt Dani sofort. »Ich fahre den Schlauchwagen zum Stall. Darf ich den Smart, Mama? Muss mich beeilen, Papa und ich wollen ja bald los zum Fußball.«

Die Trommel mit dem gelben Gartenschlauch wartet schon auf dem Hof, als ich zehn Minuten später mit dem Rad wieder eintreffe.

Die Fenster von Habis Wohnhaus an der Einfahrt stehen offen. Ferdi steckt seinen hellen Fransenkopf heraus und fragt Habi etwas, der draußen die Einsätze koordiniert.

»Was macht Ferdi in Habis Haus?«, frage ich Emi, die in einem Eimer Schwämme auswäscht.

»Am Stall gibt es nicht genug Wasserhähne. Ferdi schließt die Gartenschläuche in der Küche an und im Badezimmer.« Emi errrötet. »Weißt ja, wie geschickt Ferdi ist.«

Ein Blinder sieht, dass Ferdi und Emi ein tolles Paar sein könnten, wenn Emi nur nicht so schüchtern wäre.

Lennart Habicht und Tapir zerren und ruckeln an den langen Schläuchen. Es sieht aus wie auf einer Großbaustelle. Dazwischen stehen die Pferde und wundern sich.

»Johnny verzeiht mir nie, dass er diese aufregenden Stunden auf dem Hof verpasst«, seufzt Herr Habicht. »Macht doch bitte ein paar Fotos für meinen Kleinen, die zeigen wir ihm heute Abend.«

Wir zücken unsere Handys und fotografieren. Ich lache sogar, obwohl *ich* das gar nicht sein kann, die lacht, sondern irgendein abgespaltener Teil von mir. Denn die wahre Flo hat nichts zu lachen. Meine Gedanken kreisen nur um mein Pferd und ich frage mich die ganze Zeit: Pepper, wo bist du?

Auf einmal ertönt am Himmel ein entferntes Knattern, das sich in Sekunden zu ohrenbetäubendem Lärm aufbaut. Schlagartig gehen unsere Köpfe nach oben. Ein weißblauer Hubschrauber dröhnt heran. Als er so nah kommt, dass man die Aufschrift »Polizei« lesen kann, werfen wir uns Blicke zu. Laut ratternd kreist der Helikopter über uns, fliegt weiter zu den Weiden und dreht danach Richtung Bahnstrecke ab. Wir starren ihm nach und schweigen.

Ein Polizei-Hubschrauber bedeutet höchste Alarmstufe.

10.

Als endlich alle Pferde mit gekühlten Beinen in ihren Boxen stehen, überfällt mich eine wahnsinnige Unruhe. Meine Beine kribbeln. Ich kann einfach nicht an einer Stelle stehen bleiben. War der Hubschrauber wegen unserer Pferde unterwegs? Sicher. Aber warum meldet sich die Polizei nicht?

Noch immer fehlen zehn Pferde. Wieso sind ausgerechnet Pepper und Alpino dabei? Seit vier oder fünf Stunden sind sie nun spurlos verschwunden. Mamas Idee mit der Wiese kommt mir inzwischen unrealistisch vor.

Ziellos laufe ich auf dem Hof hin und her, während Emi am Paddock bleibt. Sie will mit keinem reden. Verloren hockt sie am Tor.

Andauernd gucke ich auf die Uhr. Jedes Mal, wenn ich denke, jetzt muss eine Stunde herum sein, sind es doch nur fünf Minuten. Ich traue meiner Uhr nicht mehr, ich kontrolliere auch mein Handy immer wieder. Und Emis Uhr. Hat jemand Klebstoff auf die Zeiger getropft?

Unsere Telefone bleiben bedrohlich stumm. Kein einziger Anruf, seit wir vom Schulhof zurück sind. Die Polizei hüllt sich in Schweigen.

Wenn ich nichts unternehme, drehe ich in den nächsten Minuten durch und heule hysterisch herum.

Da kommt mir ein großartiger Einfall. Ich werde Mash kochen für Pepper, wie ich es ohnehin heute geplant hatte. Mash, das beste Aufbaufutter bei Stress. Damit locke ich meinen Schatz zurück. Ich weiß doch, wie sehr Pepper seinen warmen Körnerbrei liebt. Schon von Weitem wittert er ihn und stürmt in seine Box, wenn er von der Weide kommt und auf der Stallgasse den Dampf über seinem Trog erspäht.

Sobald sein Mash fertig ist, kommt Pepper zurück. So wird es sein. Jeden dummen Einwand, den die skeptische Flora in mir flüstert, wische ich weg. *Kein Pferd kann über Kilometer hinweg Futter riechen.*

Doch. Und wenn nicht mit der Nase, dann mit dem Herzen.

Ich verbeiße mich in die Idee. Ich muss sofort Mash kochen. Aufgedreht renne ich durch den Stall zu meinem Vorratsschrank neben der Futterkammer. Verdammt, die graue Blechtür klemmt, ich trete dagegen, noch einmal und noch einmal. Laut hallen die Tritte von den Steinwänden zurück. Das Miststück kann doch jetzt nicht klemmen. Ich muss Mash kochen, sofort. Endlich fliegt die Tür quietschend auf. Ich weiß ganz sicher, dass nichts passieren wird, solange Peppers Lieblingsfutter auf ihn wartet.

Ich hebe die Papiertüte aus dem Schrank. Schnell in die Futterkammer um die Ecke. Eine leere Schüssel vom Stapel heben, auf den schmalen Tisch damit. Sonnenblumenkerne, Leinsamen, Hafer, Maisflocken, Weizenkleie rieseln in die Schale. Pepper, alles für dich! Dreißig Minuten muss Mash ziehen, hoffentlich findet man ihn nicht früher, dann ist es noch zu heiß. Wo ist mein Heißwasser-Bereiter? Oh nein, der steht zum Entkalken zu Hause.

Verwundert schaut Tapir um die Ecke und betrachtet mich vor dem Futterwagen. »Hast du deinen Schrank zerlegt, Flo?«

»Ich habe kein heißes Wasser«, höre ich mich schluchzen und Tapir zieht die Augenbrauen hoch, blickt auf die leere Futtertüte und die volle Schüssel, fragt nicht, versteht, läuft ins Büro, kommt Sekunden später mit Habis Wasserkocher für Kaffee zurück und zieht sich wortlos zurück. Ich setze Wasser auf, zähle bis dreihundertachtundfünfzig, dann kocht es, schnell den Brei aufgießen, umrühren und dabei fällt ein großer Teil Anspannung von mir ab. Pepper, du kannst kommen! Vorsichtig setze ich die Schüssel zum Abkühlen auf ein Regalbrett.

Fünf Mal in zwei Minuten hebe ich sie vom Bord und rühre um. Und wenn er nicht kommt? Der Wespenschwarm rumort schon wieder in meinem Magen. Meine Ablenkungsaktion hält nicht lange vor.

Die Futterkammer wird mir zu eng, der ganze Stall. Hier halte ich es nicht mehr aus. Ich laufe nach draußen zu Emi, die genau wie ich die Hände auf den Bauch presst.

»Ich suche noch mal auf eigene Faust«, sage ich. »Mein Handy ist an. Falls was ist. Hoffentlich ist was!«

»Klar«, sagt Emi und blinzelt nach oben. »Logisch bist du die Erste, die News erfährt.«

Mit meinem Rad heize ich die Wiesenfeldstraße herunter und nehme Kurs auf eine Siedlung am Rand von Haverstedt. Durch das Wäldchen hinter den Häusern sind wir oft geritten. Dort haben wir zwar bereits heute Mittag gesucht, aber warum sollen unsere Pferde nicht erst jetzt den Weg zu ihrer bekannten Reitstrecke einschlagen?

Die Bewegung tut gut. Während meine Beine wieder normal funktionieren, bleibt mein Kopf vernebelt, die Gedanken ungeordnet wie ein auseinandergefallenes Puzzle.

Vor jeden geraden Gedanken schieben sich schreckliche Bilder. Pepper, wie er vor ein Auto läuft. Pepper, der blutend auf der Straße liegt. Pepper zwischen Leuten, die hektisch hin und her rennen und Warndreiecke aufstellen. Pepper mit einem Infusionsgestell neben sich, aus dem Nährstofflösung in seine Vene tropft.

Ich trete heftiger in die Pedale. Eine Mückenwolke sirrt um meine Ohren. Krähen schreien aus hohen Kiefern. Eine Kreissäge kreischt.

Moment, was war das? Ich bremse ab und horche angestrengt. Höre ich von rechts Hufklappern? Pferde? Pferde auf Asphalt? Nein, da hämmert bloß jemand auf Metall.

Weiter, weiter. Schneller. Schneller.

Plötzlich liege ich in voller Länge auf dem Seitenweg. Was ist passiert? Weshalb bin ich gestürzt? Mein Kopf tut weh. Verwirrt sortiere ich meine Gedanken. Meine Schulter schmerzt. Und wie. Ich stöhne auf und versuche mich zu bewegen. Au, mein linkes Bein. Mein nackter linker Arm brennt wie Hölle.

Ich starre auf schmutzige Gehwegplatten unter mir, aus denen ein grauer Schildermast wächst. Oh nein, ich bin voll gegen die Eisenstange gerast.

Am liebsten möchte ich losheulen wie ein kleines Kind. Doch nicht einmal das kann ich. Meine ganze linke Seite tut weh. Wahnsinnig weh. Obwohl ich nichts sehen kann, kann ich mir genau vorstellen, wie meine Haut aussieht. Abgeschürft, blutig, dreckig. Je genauer ich mir das vorstelle, desto jämmerlicher fühle ich mich. Im Straßenschmutz kann ich mir leicht eine Blutvergiftung holen. Vielleicht sterbe ich sogar daran.

Liegt Pepper irgendwo genauso hilflos und ich kann ihm nicht helfen?

Mit schmerzverzerrtem Gesicht blinzele ich an der Stange hoch. Über mir leuchtet ein Halteverbotsschild mit einer Schrifttafel darunter.

Unberechtigt parkende Fahrzeuge werden kostenpflichtig abgeschleppt.

Wahrscheinlich sind das die letzten Worte, die ich in meinem Leben lesen werde.

Ich starre auf den Abschleppwagen, der das Schild ziert. Ob sie mich als Leiche auch abschleppen lassen? Mich und Pepper zusammen auf der Ladefläche desselben Lastwagens? Zumindest wäre das ein winziger Trost. Aber bestimmt gibt es ein Gesetz, das den Transport von Pferden und Menschen auf ein- und demselben Lastwagen verbietet. Tapir sagt, es gibt für jeden Dreck Gesetze.

Außer dem Tod drohen mir möglicherweise noch andere Schrecken. Was ist, wenn Pepper und ich überleben, wenn Pepper aber einen Autounfall verursacht hat? Wenn der Wagen nur noch Müll ist? Muss ich dann einen neuen bezahlen? Was kostet ein Auto? Zwanzigtausend Euro? Dreißigtausend? Und wenn es so ein teurer Jeep ist wie der von Mellys Mutter? Den könnte ich nie bezahlen. Die Lanz wird sich die Chance nicht entgehen lassen, mich zu erpressen: *»Gib mir Pepper als Anzahlung, den Rest kannst du bis zu deinem 450. Geburtstag in Raten abbezahlen.«*

Tapirs Worte schießen mir durch den Kopf. »Als Pferdebesitzer haftest du für alle Schäden, die dein Pferd anrichtet.«

Natürlich ist Pepper versichert, falls er einen Unfall verursacht. Dafür hat Papa schon gesorgt. Allerdings weiß ich auch von ihm, dass Versicherungen alles tun, um nicht zahlen zu müssen. Wer weiß, was die sich einfallen lassen

Stöhnend drehe ich mich auf den Bauch. Jeder Knochen tut weh. Zwischen meinen Zähnen knirscht Sand. Ich schmecke den dumpfen Geschmack von Erde und lecke mir Krümel vom Mund.

Mit einer vorsichtigen Kopfbewegung peile ich nach meinem Bein, das ziemlich mitgenommen unter den roten

Bermudas hervorlugt. Vielleicht ist mein Schienbein gebrochen? So kompliziert, dass ich nie wieder reiten kann? Ich werde nur noch mit Krücken gehen können, genauso wird es enden. Vince will aber ein heiles Mädchen und verlässt mich. Und Pepper gehört vielleicht schon bald Melly. Als Anzahlung für den geschrotteten Jeep.

Ziemlich viel für einen einzigen Tag. Nun kommen mir doch die Tränen.

Das Schild von den unberechtigt parkenden Fahrzeugen sieht mir beim Heulen zu. Tränen brennen auf meinem Gesicht. Hitze brennt in meinem Nacken. Angst brennt in meiner Seele.

Ich will nie mehr aufstehen.

Durch mein dünnes Top spüre ich jedes kleine Steinchen auf dem Weg. Plötzlich berührt etwas Halbweiches meine Hüfte.

»Bist du tot?«

Ich blinzele unter meinem Ellenbogen hindurch zu der leisen Stimme. Eine Kindersandale kickt vorsichtig an mir herum. Ein kleiner nackter Oberkörper unter braunen Haaren beugt sich über mich. Erschreckt springt der Kleine zurück, als ich mich umdrehe und ihn grimmig mustere. Ein brutaler Zwerg fehlt mir gerade noch. Sechs oder sieben mag er sein, so alt wie Habis Sohn Johnny.

»Du bist ja gar nicht tot.« Beleidigt guckt er mich an, weil aus seinem Leichenfund nichts geworden ist.

»Gut erkannt, Klugscheißer.« Ich richte mich auf und reibe mein schmerzendes Bein.

»Aber wenn du weiter mit mir Fußball spielst, bin ich wirklich bald tot.«

Er schweigt und verschränkt die Arme. »Du bist voll gegen die Stange geknallt«, sagt er schließlich und mustert das Verkehrszeichen. »Habe ich aus meinem Zimmer gesehen.«

Mit einem unglaublich sommersprossigen Arm zeigt er auf ein Dachfenster des vorderen Siedlungshauses.

Ich reiße mich zusammen und ziehe mich an der Schilderstange hoch. Vor dem Zwerg im Straßenschmutz zu liegen, verträgt meine Ehre nicht. Probehalber setze ich mein linkes Bein auf. Klappt. Es steht normal neben dem rechten. Also doch nichts gebrochen. Wahrscheinlich nur Prellung, Zerrung, Verstauchung, das ganze Programm. Interessiert sieht der Kleine mir zu.

»Wie heißt du?«

»Ben.«

»Ich Flo.«

»Iiih, wie fies.«

»Danke, Mann. Flo ist nur die Abkürzung von Flora.«

»Ach so.«

Ächzend hebe ich mein unversehrtes Rad auf.

»Du brauchst Pflaster.« Stirnrunzelnd mustert der Junge mich. Hier spricht ein Fachmannn, wie ich sehe. Über seinen Knien kleben breite Heftpflaster. »Wir haben was.«

Ich nicke und schiebe mein Rad humpelnd neben Ben her zum ersten Haus in der Reihe. Vom Treppenabsatz sieht uns eine junge Frau in Shorts und trägerlosem Top entgegen. Sie hat uns kommen sehen, macht gleich die Tür frei und lässt mich ohne Umstände herein.

»Die habe ich gefunden«, erklärt Ben mit einem Blick auf mich. »Die ist hingeflogen. Mit dem Fahrrad.«

»Darf ich bitte kurz in Ihren PC gucken?«, frage ich. Mit zwei Tempos tupfe ich vorsichtig meinen blutenden Ellenbogen ab. »Ich will nur nachsehen, ob jemand was ins Netz gestellt hat. Vielleicht ein Video.«

»Was? Du hast aber Humor. Ich dachte, du brauchst Pflaster und Salbe.« Die Frau betrachtet besorgt mein Bein.

»Später.« Dann erzähle ich in Kurzform vom Weideausbruch und von meinem Pepper.

Bereitwillig zieht die junge Frau ein Laptop aus dem Regal und fährt ihn hoch. Ich googele: »Pferde ausgebrochen Haverstedt«, »18 Pferde von Weide ausgebrochen« und »aktuelle Videos«.

Unsere drei Köpfe hängen über dem Rechner.

Und dann finden wir bei aktuellen Videos die Schlagzeile »Pferde blockieren Zug mit Fußball-Fans«. Vor elf Minuten veröffentlicht.

Mein Hals wird trocken.

»Guck doch rein«, drängt Ben.

Seine Mutter schiebt mir ein Glas Wasser hin. Ich setze es an, ohne den Blick vom Bildschirm zu nehmen. Ben drängt sich neben mich und klickt den Film an.

Ich halte mir die Augen zu und peile angstvoll zwischen den Fingern hervor. Was muss ich gleich sehen?

Eine Gruppe von Pferden steht mitten auf der Bahnstrecke. Einige gehen vorsichtig zwischen den Schienen hin und her, balancieren auf den Bahnschwellen, drei Pferde stehen auf dem aufgehäuften Schottersteinen neben den Gleisen. In weiter Entfernung kreist oben der Polizeihubschrauber. Eine rote Lok ist zu sehen. Regionalexpress Hamburg-Lübeck.

Das Video hat jemand durchs geschlossene Zugfenster gemacht, schätze ich. Die Pferde rotten sich dicht zusammen und bewegen sich äußerst sparsam.

»Da, die beiden hellen Fjordpferde«, quetsche ich hervor. »Das können nur Oskar und Halvor sein. Und dahinter steht Skagen.«

Skagen erkenne ich zwischen tausend anderen Pferden, ein auffällig gemusterter Fuchstigerschecke, wie man ihn selten sieht. Einige Braune sind durch ihn verdeckt, stehen hinter den Schienen auf dem schräg abfallenden Schotterbett. Mein Herz rast. Ist Pepper dabei?

Ich krieche fast in den Bildschirm, bis mir die Augen tränen. Nein, keine Chance, ich kann es einfach nicht erkennen. Ebenso gut können es die Trakehner Stuten sein oder Mounty. Ganz hinten leuchtet ein Schimmelkopf.

»Das ist Grazius«, sage ich aufgeregt. Er muss es sein, denn die anderen beiden Schimmel sind ja schon zu Hause. Für einen Moment meine ich, Alpinos blonde Mähne zu erkennen. Ich schicke Stoßgebete zum Himmel. Wo Alpi ist, kann Pepper nicht weit sein.

»Werden sie jetzt totgefahren?«, fragt Ben gespannt. Wenn er nicht so klein wäre, würde ich ihm eine kleben.

»Unsinn, Ben«, sagt seine Mutter. »Der Tag ist so hell, wahrscheinlich hat der Lokführer die Pferde schon von Weitem gesehen und konnte rechtzeitig bremsen.«

Ich klicke das Video noch einmal an.

Langsam und stakelig bewegen die Pferde sich auf dem Schotterbett. Offenbar haben sie keinen Plan, was sie als Nächstes tun sollen. Sind alle zehn Pferde zusammengeblieben? Fast scheint es so, aber zählen kann ich sie nicht. Nicht mal, ob eins verletzt ist, kann ich ausmachen.

Aber diese Schottersteine auf dem Bahndamm! Die sind gefährlich, hat Dr. Müller-Maring gesagt, wegen der scharfen Kanten. Sie schneiden in den Huf. Die Hornwand kann so weit brechen, dass es blutet. Hätte unser Tierarzt das bloß nicht erwähnt.

»Die Strecke Hamburg-Lübeck ist bis auf Weiteres gesperrt«, steht unter dem Video. »Der Nahverkehrszug ist mit Hunderten Fans besetzt, die zum großen Fußballturnier nach Hamburg wollen. Einige randalieren im Zug, weil sie fürchten, wegen der Pferde das Event zu verpassen. Bisher werden die Ausschreitungen aber durch besonnene Mitreisende im Zaum gehalten.«

Auf dem Bildschirm bietet man mir rechts und links vom Video die schlimmsten Tier-Unfälle der letzten Jahre an. Kühe, Schafe, Rehe auf Bahngleisen. Blut auf Waggons. Blut auf Gleisen. Blut auf Schottersteinen.

Ich drehe mich rasch zur Seite. Danke, Internet. Sehr freundlich, dass du mir ungefragt allen Horror dieser Welt anbietest.

Der NDR unterbricht seine Sendung für eine Verkehrsdurchsage.

»Achtung Autofahrer. Bitte achten Sie an den Bahnübergängen der Strecke Hamburg-Lübeck auf eine Gruppe entlaufener Pferde. Der Zugverkehr wurde vorübergehend eingestellt. Wer die Pferde sieht, sollte umgehend Polizei oder Feuerwehr benachrichtigen. Wir informieren Sie, sobald die Gefahr vorüber ist.«

Spontan legt Bens Mutter mir den Arm um meine schmutzigen Schultern.

»Gefahr erkannt, Gefahr gebannt«, sagt sie zuversichtlich.

Ich nicke dankbar und putze mir mit meinem blutverschmierten Taschentuch die Nase. Wenigstens werden nun immer mehr Leute alarmiert, die auf entlaufene Pferde achten und die uns anrufen können.

Ich ziehe mein Handy hervor und drücke die Stallnummer.

»Die Pferde stehen auf der Bahnstrecke nach Lübeck«, schreie ich, als Lennart Habicht sich meldet. Das muss ich einfach herausbrüllen. »Im Internet gibt es ein Video. Die

Fjordpferde habe ich erkannt. Skagen ist eindeutig auch dabei.«

»Danke Flo, danke. Hat uns die Polizei gerade mitgeteilt. Der Hubschrauber hat die Gruppe entdeckt. Inzwischen hat jemand die Pferde von der Strecke vertrieben.«

Ich weiß nicht, ob ich lachen oder weinen soll. Gut, dass die Pferde von den Gleisen sind, aber wo stecken sie jetzt?

»Gibt es eine neue Spur?«

»Leider nicht. Halt weiter die Augen offen, Flo.«

»Logisch. Melde mich wieder.«

Frustriert schiebe ich das Handy zurück in die Hosentasche. Plötzlich sind meine Schmerzen wieder da. Ich glaube, ich sehe ziemlich jämmerlich aus.

Bens Mutter setzt einen Karton mit Medikamenten vor mich auf den Tisch.

»Dann wollen wir mal.«

Sie untersucht die geschundenen Stellen, tröpfelt Desinfektionslösung darauf und verpflastert mich nach allen Regeln der Kunst. Zum Schluss reicht sie mir eine Tube mit Salbe gegen Prellungen.

»Darf ich mal?« Mit sanfter Gewalt nimmt sie mir die Tube aus der Hand. »Du bist ja viel zu aufgeregt.«

Stimmt, ich reibe ständig auf einer Stelle an meiner Hüfte herum. Noch zwei Minuten länger und meine Finger kommen auf der anderen Seite wieder zum Vorschein. Bens Mutter zieht das Top seitlich hoch, trägt das Gel dick auf und reibt es sachte ein.

»Danke für alles. Ich muss los.« Beim Aufstehen ächze ich wieder. Auf keinen Fall darf Vince mich so entstellt sehen.

»Willst du nicht lieber zum Arzt?«

»Jetzt? Nein, erst muss ich Pepper finden.«

Ich hangele mich die Treppe herunter, als Ben mir nachruft: »Ich will wissen, ob du dein Pferd findest.«

»Okay, gib mir deine Nummer.«

Ben rast die Stufen herunter, macht kurz kehrt und kommt mit einem Kugelschreiber zurück. Ohne zu fragen, schreibt er mir ungelenk eine blaue Telefonnummer auf den heilen Handrücken.

»Danke, Retter«, sage ich und schwinge mich aufs Rad. Was heißt schwingen. Ich eiere auf den Sattel wie ein Zitteraal.

11.

Natürlich ist es dann doch ausgerechnet Vince, den ich auf dem Habichthof von Weitem entdecke, als ich nach meiner missglückten Radtour in den Stall humpele. Verpflastert wie ein Zombie.

Auf der Stallgasse erkenne ich sofort, dass Peppers Box noch immer leer steht. Insgeheim hatte ich auf ein Wunder gehofft. Dass Pepper munter in seiner Box stehen und mir sein Sonntagswiehern entgegenschmettern würde. Dass Tapir ihm das dampfende Mash in den Trog geschüttet hat und Pepper sein Lieblingsfutter begeistert aufleckt.

Frustriert betrete ich die Box und lehne mich gegen die Trennwand zu Flemming. Das muss ich erst verdauen.

In meinem Rücken flüstert Gloria mit dem Brandenburger Wallach herum. Warum muss ausgerechnet ihr Lieblingspferd zurück sein und mein Schatz nicht?

Da kommt Vince auf mich zu. »Hilfe, was ist denn mit dir passiert?«, fragt er erschrocken und zeigt auf meine Pflaster. »Bist du gegen eine Wand gelaufen? Oder mit dem Rad gestürzt?«

»Ja, Fahrrad. Aber halb so schlimm.«

Ich hebe die Schultern und er folgt meinem Blick durch Peppers leere Box.

»Keine Spur, was?«, fragt Vince leise. Er lehnt sich in die offene Tür und drückt mir einen Becher mit Schoko-Mousse in die Hand. »Du hast bestimmt heute noch nichts gegessen. Habe ich für dich besorgt. Du bist doch ein Fan davon.«

Ich verziehe dankbar mein Gesicht und reiße gehorsam

den Pudding auf. Aber schon beim zweiten Löffel streiken meine Magennerven.

»Ich kann einfach nicht, Vince. Solange Pepper verschwunden ist, kriege ich keinen Bissen herunter.«

Ich gebe ihm den Becher zurück. »Wenn sich die Raserei mit dem Rad wenigstens gelohnt hätte... nur das Video vom Bahndamm habe ich inzwischen gesehen. Verdammt, welcher Idiot verscheucht die Pferde von den Gleisen und merkt sich nicht, wohin sie laufen?«

»Sind eben alles keine Pferdemenschen wie wir.«

Pferdemenschen wie wir, sagt er. Trotz meines Grams möchte ich ihn abküssen. Vince rechnet sich ganz normal zum Stall. Dabei konnte er vor vier Monaten noch kein Pferd von einer Lokomotive unterscheiden.

Im Stall herrscht aufgeregte Unruhe. Ständig laufen Reiter zwischen Hof und Habichts Büro hin und her. Die Tür zu seinem Büro steht offen. Eine Seltenheit. Ein Beweis, wie alarmierend die Lage ist.

Emi kommt mit den Zwillingen und Ferdi die Stallgasse hoch. Auch ihre Pferde fehlen noch. Alpino und die Fjordies Halvor und Oskar. Ferdi hat sein Miniradio angeschaltet und dreht lauter, weil nach den Sechzehn-Uhr-Nachrichten eine Verkehrsdurchsage angekündigt wird.

Nach endlosen Warnungen vor verstopften Straßen kommt endlich der Hinweis auf unsere Pferde.

»Der Zugverkehr Lübeck-Hamburg ist weiterhin stark eingeschränkt, an einigen Stellen unterbrochen. Die Züge müssen langsam auf Sicht fahren, weil nach wie vor zehn Pferde vermisst werden, die vor einer Stunde in der Nähe der Bahnstrecke gesehen wurden. Wir bitten die Autofahrer in diesem Bereich um erhöhte Vorsicht.«

Mitten in der Durchsage geht Glorias Handy. Mal wieder

ihre Mutter, das hören wir an den Antworten. Gloria soll endlich nach Hause kommen und ihren Koffer packen, weil sie nachts nach Südafrika fliegen wollen.

»Deine Mutter nervt. Kannst du nicht draußen telefonieren?«, stöhnt Kriss.

»Genau. Wir wollen Nachrichten hören«, nölt Tessy. »Die halbe Herde wird schließlich noch gesucht.«

Überraschenderweise läuft Gloria rot an und verschwindet nach draußen.

Kaum ist sie aus der Tür, hören wir vom Hof ihren schrillen Aufschrei. Emily verdreht die Augen. »Die macht sich wieder wichtig«, flüstert sie.

Im nächsten Moment schreit Gloria durch die Stallgasse: »Kommt raus! Auf unserer Weide stehen Pferde. Sie sind zurück.«

Pepper, denke ich voller Hoffnung, Pepper ist dabei. Im nächsten Moment rennen wir los und stürmen auf den Hof.

Sofort erkenne ich, dass nur zwei Pferde unten auf der Weide grasen, dort wo der Zaun eingerissen ist. Ein großer Schimmel und ein niedriger, kräftiger Fuchs.

Kein Brauner.

Kein Pepper.

Die beiden Heimkehrer können nur Grazius und Odin sein. Aber eine Hoffnung bleibt mir: Vielleicht ist der Rest der Herde nicht weit?

Wir schnappen uns Halfter und gehen langsam auf die Pferde zu. Ich tauche mit Emi unter dem Zaun hindurch nach innen, der Rest unserer Gruppe geht im großen Bogen von außen an die Weide heran. Wir müssen sinnig vorgehen, um nicht zu riskieren, dass die beiden Pferde erneut die Flucht ergreifen.

»Was für ein Glück, dass Habi die Polizisten überredet

hat, das Flatterband wegzunehmen«, sagt Emi leise. »Vielleicht wären die beiden umgekehrt, wenn sie keine Öffnung in der Koppel gefunden hätten.«

»Emi, weißt du, was das heißt, dass die beiden zurück sind? Unsere können auch nicht mehr weit sein.«

»Oh Mann. Hoffentlich.«

Wir sind früher bei den Ausreißern als die anderen Mädels. Odin sieht völlig normal aus, Grazius dagegen nicht. Der große Schimmel wirkt mitgenommen. Sein weißes Fell ist in großen Wellen auf der Haut angetrocknet.

»Er muss geschwitzt haben«, sage ich halblaut. »Bestimmt hat er sich wahnsinnig aufgeregt.«

Behutsam lege ich Grazius das Halfter auf. Sein Gesicht gefällt mir ganz und gar nicht. Sein Blick ist starr und abwesend, die Wangenmuskeln treten hervor, als würde er die Zähne fest aufeinanderpressen.

»Grazius sieht nach Schmerzen aus«, bestätigt Emi besorgt, während sie sich um den ruhigen Odin kümmert. »Der Arme ist so sensibel. Er ist ja normalerweise schon aufgedreht. Der Ausbruch heute macht Grazius noch irrer.«

Wir führen die Pferde von der Weide und ich merke sofort, dass Grazius vorne lahmt. Als wir den Sandweg Richtung Stall einschlagen, sehe ich, dass sein rechtes Bein blutverschmiert ist. Grazius mag nicht auftreten. Langsam sickert etwas Blut aus einer schmalen Wunde und färbt den gelben Sand rot. Ich muss schlucken.

Vorsichtig dirigiere ich Grazius auf den festen Trampelpfad, der den Reitweg begleitet.

Tapir eilt uns entgegen und bedeutet mir, stehen zu bleiben. Ich halte sofort an und warte ab.

Tapir hockt sich neben Grazius' Vorderbein, betastet und fühlt, wiegt den Kopf und ordnet an: »Führ ihn noch die paar Meter bis zum ersten Anbindepfosten, aber nicht weiter. Bleib auf dem festen Seitenstreifen, nicht durch den Sand. Ich fürchte, die Sehnen haben etwas abbekommen. Ich telefoniere gleich nach Dr. Müller-Maring.«

Behutsam führe ich Grazius weiter und binde ihn am ersten Pfosten an. Emi stellt Odin in die Nähe, damit Grazius nicht allein ist und sich aufregen muss.

Tessy und Kriss schleppen zwei Eimer Wasser herbei, die die Pferde sofort leeren. Gloria und Melly bringen einen Arm Heu und legen die Portion vor die Hufe, damit die Pferde abgelenkt sind.

Im Laufschritt kommt Herr Habicht zu uns herunter, während Tapir mit dem Tierarzt telefoniert.

»Habe schon die Besitzer angerufen«, sagt Habi. »Lars schwirrt dummerweise irgendwo in Norddeutschland auf Dienstreise herum, aber Dörte Rehbein ist unterwegs hierher.«

Dörte Rehbein ist nicht gerade der Liebling des Stalls. Eine junge Zahnärztin, sie hat letztes Jahr eine Praxis eröffnet und überhaupt keine Zeit für Grazius. Das regt uns alle auf. Wenn sie im Stall erscheint, muss immer alles schnell, schnell gehen. Dörte ist extrem ehrgeizig mit ihrem Grazius. Ständig muss der Holsteiner Schimmel auf Springturniere. Und sie immer unter Dampf, verbreitet Stress und Hektik. Damit macht sie Grazius ganz fummelig. Dabei ist der Wallach von sich aus schon nervös genug.

»Wenn Dörte fragt, wann sie Grazius wieder springen kann, knalle ich ihr eine«, flüstert Emi mir zu.

Nicht umsonst hat Grazius sich den behäbigen Odin und seinen gemütlichen Besitzer Lars als Freunde ausgesucht. Der Kaltblüter strahlt Ruhe aus, genau wie Lars

Döbber. Ein extrem freundlicher Mensch, IT-Berater, der Odin nur zur Entspannung hält. Lars hat seine Freude daran, stundenlang mit Odin durch den Wald zu spazieren.

Tapir kommt mit einer Handvoll Verbandszeug zurück, kniet sich neben Grazius, legt eine große Wundauflage auf die blutende Stelle, polstert das Bein mit Verbandsmull und wickelt eine grüne Bandage darüber.

»Was kann Grazius bloß passiert sein?«, fragt Emi. »Wird wohl ewig ein Geheimnis bleiben.«

Habi sieht uns an. »Ich weiß es genauer, als mir lieb ist. Habe gerade eine Mitteilung von der Polizei bekommen. Ein panischer Schimmel ist einem Autofahrer mitten in die Windschutzscheibe gesprungen.«

»Was?«, schreien wir alle gleichzeitig.

Habi nickt. »Ein Wunder, dass er sich nicht noch schlimmer verletzt hat. Aber ein Sprung ins Auto, dabei können die Sehnen natürlich etwas abbekommen.« Er wendet sich an Gloria. »Du hast doch dieses Superhandy, sieh mal nach, ob der Unfall schon im Internet steht. Wäre gut, wenn der Tierarzt den genauen Hergang kennt. Dann kann er sich ein besseres Bild machen, welche Verletzungen entstanden sein können.«

Das lässt Gloria sich nicht zweimal sagen. Ihr Zeigefinger fegt über den Touchscreen. Das erste Mal kann sich Gloria heute mit ihrem Medienwahn nützlich machen. Fast bedauere ich, dass sie morgen für drei Wochen verreist.

»Guck unter Norddeutsche Tageszeitung«, schlägt Melly vor. »Die hat eine Online-Ausgabe. Immer topaktuell. Sämtliche News stellt die Redaktion sofort online. Die Pferde auf der Bahnstecke standen auch blitzartig drin.«

Gloria grunzt zustimmend, sucht weiter und plötzlich stoppt ihr rasender Finger.

»Das glaubt uns keiner«, murmelt sie und hält uns die aktuelle Nachrichtenseite mit einem glasklaren Foto hin.

Das Bild zeigt ein silbernes Auto am Straßenrand. Die Motorhaube ist völlig verbeult, die Windschutzscheibe zerborsten. Rund um ein hufgroßes Loch im Frontfenster ziehen sich tausend Risse wie ein riesiges Spinnennetz.

Beim Anblick des Bildes zucke ich zusammen.

»Verdammt«, sagt Tapir. »Der muss aber voll zugetreten haben. Steht Text dabei?«

Gloria nickt und liest vor.

»Freitag, 15.12 Uhr. Riesenglück hatte ein 35 Jahre alter Pkw-Fahrer am Freitagnachmittag. Auf einem schmalen Verbindungsweg zur Bundesstraße 75, wo er seinen Wagen gerade gestoppt hatte, sprang ihm gegen 15 Uhr plötzlich ein Pferd auf die Motorhaube. Bei dem Versuch, den Wagen zu überwinden, durchtrat das Tier die Windschutzscheibe. Offenbar wollte es auf kürzestem Weg Anschluss an ein anderes Pferd halten. Ein Vorderbein blieb zunächst im Sicherheitsglas stecken. Das Pferd befreite sich jedoch allein und lief in ein nahes Waldstück. Die Polizei vermutet, dass der Schimmel zu der heute in Haverstedt ausgebrochenen Herde gehört.«

Furchtbar. Was, wenn das Pepper passiert wäre?

»Pepper hat sich bestimmt nicht verletzt. Dein Pferd ist doch total gelassen«, tröstet Vince mich leise. Dankbar lächele ich ihn an. Er ahnt, was mir gerade durch den Kopf geht.

Ich fotografiere Odin beim Heufressen und schicke das Bild Lars Döbber aufs Handy. Postwendend simst er zurück.

DANKE für euren tollen Einsatz ☺. Weiß nicht, wann ich eintreffe, stehe im Stau bei Bremen. Morgen eine Runde Eis für alle. Lars

Sehr anständig von Lars. Dörte käme nie auf so eine Idee, obwohl sie garantiert viel mehr verdient als Lars.

Dr. Müller-Maring fährt vor und schleppt seine schwere Arzttasche zu uns an den Weg. Wegen der Wärme hat der Tierarzt inzwischen sein Haar zu einem winzigen Knoten am Hinterkopf gebunden. Wie ein japanischer Sumo-Ringer.

»Ich habe ein Bild von Grazius' Unfall«, sagt Gloria und hält Dr. Müller-Maring die Online-Seite hin, die er kurz begutachtet. »Oha. Nur gut, dass unsere Autos Sicherheitsglas haben«, sagt er seufzend. »Sonst wäre Grazius wohl schon im Pferdehimmel.«

»Und der Fahrer auch«, bemerkt Tapir.

»Hört auf, Leute.« Lennart Habicht schlägt die Hände überm Kopf zusammen. »Malt nicht den Teufel an die Wand.«

Er bedeutet uns, Abstand zu halten, damit der Tierarzt Grazius ungestört untersuchen kann.

Tapir flüstert: »Nach meiner Meinung sind die Sehnen betroffen. Fesselträger, fürchte ich. Das wäre schlimm. Dauert ewig, bis das heilt.«

Nach einer Weile richtet Dr. Müller-Maring sich auf und wischt seine Hände an der Hose ab. »Ist euer Hänger hier?«, fragt er Habi. »Grazius sollte für weitere Untersuchungen in die Klinik. Die Besitzerin muss ja jeden Moment kommen und kann das entscheiden.«

Das klingt nicht gut. Wir wechseln Blicke. Melly spricht aus, was wir alle denken: »Mit dem Springen ist es dann wohl vorbei?«

Unser Tierarzt zuckt die Schultern. »Ärztliche Schweigepflicht. Dazu darf ich keine Auskunft geben.«

Tessy bohrt weiter. »Aber Sie können doch sagen, wie es bei einem wildfremden Pferd wäre? Also grundsätzlich. Kann ein Pferd mit angerissenen Sehnen springen?«

»Natürlich nicht«, sagt Müller-Maring.

Bedrückt schleichen wir zurück zum Stall. Keiner mag die Antwort kommentieren. Wenn ein Pferd im Stall richtig krank oder verletzt ist, dann drückt das bei allen mächtig auf die Stimmung. Dabei wissen wir noch gar nicht, was aus den acht Pferden geworden ist, die noch fehlen.

Melly trödelt hinter mir her. Auf einmal bleibt sie stehen und packt meinen Arm.

»Unsere Pferde, unsere Pferde! Dort drüben.«

Wir schießen herum. Etwas Blondes leuchtet durch die Büsche am Ende des Reitwegs.

»Alpino«, schreit Emi und rennt los.

»Hört auf zu rennen. Macht die Pferde nicht verrückt«, ruft Tapir. Aus dem Augenwinkel sehe ich Dörte Rehbein über die Einfahrt zu Grazius eilen.

Tessy und Kriss stürmen den Weg Richtung Gelände entlang. Ich komme kaum hinterher, mein Bein schmerzt zu sehr. Verdammtes Lahmen. Gerade jetzt, wo mein Pepper zurück ist. Bestimmt ist er dabei. Er und Alpino sind doch dicke Freunde.

Hinter Alpino erscheint ein heller Fuchstigerschecke. Skagen. Jetzt kommen alle Pferde nach Hause.

Mein Herz überschlägt sich, als ich den Reitweg hinunterhaste, denn weit hinten zeichnet sich im Schatten der Bäume ein brauner Kopf mit schwarzer Mähne ab.

Er ist es, er ist es, frohlockt alles in mir. Wo Alpino auftaucht, ist Pepper nicht weit. Die beiden guten Freunde trennen sich nicht.

Zwei Rotbraune drängen sich neben Alpino am Zaun vorbei. Siri und Piri, die Trakehner Stuten. Die Zwillinge sind schon zur Stelle und schlingen ihnen Führstricke um den Hals. Ohne Widerstand lassen sich die Trakehner von Tessy und Kriss mitnehmen.

Hinter einer Baumgruppe erkenne ich die blonden Mähnen von Alpino und Emi. Sie hat ihn und macht gerade kehrt. Bringt sie Pepper gleich mit?

Wo ist der Braune überhaupt geblieben? Emi biegt um die Kurve, sie hat aber nur Alpino am Strick. Da sehe ich den Braunen erneut, am Zaun unter dem großen Ahorn. Mein Herz hat plötzliche Aussetzer, dann rast es wieder wie verrückt. Himmel, wie lange kann man das ertragen, ohne auf der Intensivstation zu landen?

Pepper, es ist Pepper.

Aber wo ist sein dynamischer Schritt? Hat mein Schatz sich verletzt und kann nicht richtig auftreten? Im diffusen Licht wirkt er eher kastanienbraun als schokoladenbraun. Und massiger als sonst. Ach was, das macht nur das Spiel von Licht und Schatten unterm Ahornbaum.

Er ist es, er ist es. Er *muss* es sein.

12.

Dabei weiß ich schon lange, bevor ich es vor mir zugeben will: Der Braune ist nicht Pepper. Es ist Mounty.

Ernüchtert bleibe ich stehen, als ich das nicht länger leugnen kann.

Ohne Hast geht Melly an mir vorbei. Geschickt fängt sie Mounty ein, zieht ihm ein Halfter über und führt ihn schweigend an mir vorüber. Als sie schon ein Stück weg ist, stoppt Melly und dreht sich zu mir um.

»Von Weitem habe ich auch erst gedacht, es ist Pepper«, ruft sie mir zu. Dabei sieht Melly mich mit einem Blick an, den ich noch nie an ihr gesehen habe: Mitleid. Offenbar steht mir der Schock deutlich ins Gesicht geschrieben.

Ich schaue ihr nach, ohne etwas zu sagen. Und sehe mit blutendem Herzen mit an, wie Gloria Skagen zu fassen bekommt und zurückbringt. Wieder ein Pferd gerettet. Aber wieder nicht Pepper.

Skagen, Mounty, Piri, Siri und Alpino – alle fünf Pferde habe ich auf dem Video vom Bahndamm gesehen. Auf den Gleisen waren auch Pepper und die Fjordies dabei. Sie müssen also in der Nähe sein. Eine Herde trennt sich nicht ohne Not.

Ich humpele ein Stück weiter ins Gelände. Vince und Ferdi überholen mich.

»Warte hier, Flo«, sagt Vince über die Schulter, während er mit Ferdi an mir vorbeiläuft. »Mit deinem Bein kommst du nicht weit. Wir suchen in der Umgebung nach Pepper. Lass dein Handy an.«

Grenzenlos enttäuscht schaue ich Emi entgegen, die ein Stück entfernt mit Alpino aus dem Unterholz hervorkommt. So ist das also mit der dicken Freundschaft zwischen Alpino und Pepper, denke ich bitter. Wenn Pepper ihn braucht, haut der Haflinger einfach ab. Ist er etwa nur ein Freund in guten Zeiten?

»Freundschaft ist eine Seele in zwei Körpern.« Automatisch muss ich an meinen Lieblingsspruch von Mamas Teebeutel-Etiketten denken. Genauso hatte ich mir das mit Pepper und Alpi vorgestellt. Zwei Pferde, eine Seele. Aber kaum wird es eng, da packt Alpino seinen Anteil der Seele und ist ganz schnell weg.

Für den Gedanken hasse ich mich selber. Jeder weiß doch, wie schnell eine Pferdegruppe auf der Flucht auseinandergerissen wird. Ein Auto genügt und sie muss sich trennen. Bestimmt wäre Alpi lieber bei Pepper gewesen. Oder nicht? War es Alpino völlig schnuppe, was aus seinem Kumpel wurde?

Emis Gesicht leuchtet wie eine Laterne. Im Gehen drängt Alpino sich an sie, als wollte er mit Emi zu einem siamesischen Zwilling verwachsen. Sein Gesicht leuchtet auch. Freude eines Fluchttiers, das wieder im vertrauten Gelände ist.

Alle freuen sich, nur ich nicht.

Ich bringe es nicht einmal fertig, Alpino zu kraulen, als er vor mir stehen bleibt. Wie mies bin ich eigentlich? Aber ich kann mich nicht überwinden. Eisklumpen hängen statt der Arme an meinem Körper.

Da macht Alpino einen Schritt auf mich zu und drückt mir seine Nase auf den Arm. Will er mir sagen: »Pepper und ich wurden getrennt. Ich kann nichts dafür, das musst du glauben?«

Seine süße Geste treibt mir erneut Tränen in die Augen. Heute könnte ich wegen jeder Kleinigkeit heulen.

»Tut mir so leid, dass Alpi zurück ist und Pepper nicht«, sagt Emi leise. »Sei uns bloß deswegen nicht böse.«

»Quatsch.«

»Wir warten hier mit dir«, sagt Emi. »Pepper findet schneller den Weg, wenn er Alpino wittert.«

»Danke, Emi. Stark von dir.«

»Hättest du doch auch getan.«

»Stimmt.«

Muss ich mir für meine bitteren Gedanken über Alpino Minuspunkte auf meiner Fiese-Flora-Skala geben? Nein, dafür ist die ganze Sache zu ernst. Wie kann man überhaupt darauf neidisch sein, dass ein Pferd den Heimweg gefunden hat? Bin ich nicht. Ich will nur endlich wissen, wo Pepper steckt.

Die Jungs bleiben lange weg. Kein Geräusch, kein Trappeln, kein Wiehern. Der Wald schweigt. Mein Handy schweigt. Emi schweigt. Mir ist schlecht.

Ich starre hinauf zum Hof. Lennart Habichts Hänger steht mit heruntergelassener Rampe in der Einfahrt. Der verletzte Schimmel wird verladen. Viel Glück, Grazius.

Emi zeigt auf zwei breite Kratzer an Alpis Brust. Sieht aus, als habe er sich durch dichtes Buschwerk gezwängt.

»Guck mal, die Ratscher. Deswegen würde Regisseur Sautenberg doch glatt durchdrehen«, sagt Emi. »Gut, dass der Werbespot im Kasten ist. Sein schönes goldenes Pferd sollte doch immer perfekt und makellos aussehen.«

Zwei Kratzer. Was sind zwei Kratzer?

Vince und Ferdi kommen allein zurück. Sie brauchen gar nichts zu sagen. Mit gesenkten Köpfen gehen wir den Weg zurück auf den Hof. Ferdi drückt Emi einen flüchtigen Kuss auf die Backe, als er sich unbeobachtet fühlt, aber ich habe es trotzdem gesehen. Vince greift nach meiner Hand und drückt sie stumm.

Als wir ankommen, ist Grazius bereits Richtung Tierklinik unterwegs. Die wiedergefundenen Pferde sind sorgfältig von Tapir und Herrn Habicht untersucht worden. Alle sind unverletzt.

»Ihr könnt den Pferden die Beine kühlen«, sagt Herr Habicht zu uns. »Darin habt ihr ja inzwischen Übung. Hoffentlich finden wir die letzten drei Ausreißer, bevor es dunkel wird. Ich bin kurz im Büro, höre den Anrufbeantworter ab und gucke in meine Mails.«

Wir sind mitten in der Arbeit, da erscheint Lennart Habicht bei uns. Noch blasser als vorhin. Wie gebeugt er geht. Ich glaube, die Last der Verantwortung drückt ihn herunter. Habi scheint zu überlegen, ob er uns etwas anvertrauen soll, dreht sich wieder um, kehrt schließlich zu uns zurück und gibt sich einen Ruck, bevor er zu sprechen beginnt.

»Die Leute schreien mir die Mailbox voll mit wüsten Beschimpfungen. Als ich gerade in meine Homepage guckte, traf mich fast der Schlag. Voll mit Hass-Mails. Und das Gästebuch – lauter Hass-Kommentare. So etwas habe ich noch nie erlebt.«

Er stützt sich an der Wand ab.

»Eure verdammten Gäule sind schuld, wenn ein Unfall passiert, schreiben sie. Oder: *Muss denn heute jede Tussi einen eigenen Zossen haben? Hoffentlich wird das richtig teuer für euch.* Oder vorhin: *Wenn ich den Anpfiff verpasse, fackle ich euch die Bude ab.* Das kam garantiert aus dem Zug mit den Fußball-Fans.«

Herr Habicht ist erschüttert.

Wir mustern ihn mitleidig, wie er so schockiert an der Mauer lehnt. Unser Stallbesitzer ahnt gar nicht, was es an üblen Beschimpfungen, Schmähungen, Demütigungen im Internet gibt. Mobbing auf allen Kanälen. Habi hat keine

Ahnung vom wahren Leben. Er ist echt aus der Zeit gefallen.

Das ist jetzt ein Fall für Gloria.

»Normal, Herr Habicht«, sagt sie gelassen. »Solche Idioten gibt es überall. Die lassen anonym die Sau raus. Das biegen wir schnell wieder hin.«

»Wie denn?«, fragt Herr Habicht verzweifelt. »Was einmal auf meiner Seite steht, kriege ich nie mehr runter. Das auch noch zu der ganzen Katastrophe. Jeder Kunde kann die Beschimpfungen künftig lesen. Grauenvoll.«

Gloria macht eine wegwerfende Handbewegung.

»Pah, das wäre ja noch schöner. Soll ich Ihr Gästebuch vorübergehend aus dem Verkehr ziehen?«

»Kannst du das?«, fragt Habi hoffnungsvoll.

»Logisch, mit Zugang. Also mit Ihren Administrationsrechten. Müssten Sie mir allerdings geben.«

»Na klar, kein Problem!« Habi sieht erleichtert aus.

»Okay. Ich lösche den ganzen Mist und hinterlege eine neue Seite für die nächsten Tage. Beim Klick auf Ihr Gästebuch erscheint ab sofort: Das Gästebuch ist im Moment nicht verfügbar.«

Und dann erleben wir alle eine Premiere: Zum ersten Mal seit ich hier reite, legt Herr Habicht den Arm um Gloria Tanner, auf die er bis heute nie gut zu sprechen war. Er wirkt regelrecht gerührt: »Dafür bin ich dir unglaublich dankbar. Um dein Computer-Talent beneide ich dich wirklich.«

13.

Während Gloria im Büro die Sache mit dem Gästebuch regelt, halte ich draußen den Wasserstrahl auf Mountys Beine.

Wie oft habe ich das schon bei meinem Pepper gemacht. Nach jedem Ausritt lasse ich kaltes Wasser über seine Beine laufen. Aber heute ist alles anders. Keiner sieht mir an, welche Anstrengung es mich kostet, Mountys Beine zu kühlen. Mein Arm tut weh vom Heben des Schlauchs. Dabei hat er gar kein Gewicht, aber mir kommt es vor, als müsste ich die drei vermissten Pferde mit anheben. Pepper, Halvor, Oskar.

Die ganze Zeit behalte ich Reitweg und Gelände im Auge. Warum soll mein Pepper nicht auf einmal mit Halvor und Oskar aus dem Schatten der Bäume hervortreten? Einfach so, als sei nichts. Doch das geschieht nicht.

Ich schnappe Jannes Frage an Maxie auf: »Was macht Dörte Rehbein, wenn sie Grazius ein Jahr nicht reiten kann? Oder wenn er für alle Zeiten unreitbar ist?«

Was würde *ich* tun, wenn Pepper unreitbar wäre? Und was würden meine Eltern entscheiden? Würden sie für ein unreitbares Pferd jahrelang die Boxenmiete zahlen? Oder würde Papa mit seinem Drang zum Rechnen und Sparen sagen: »Ein Leben lang für ein lahmes Pferd zahlen? Kommt nicht in die Tüte.«

Von oben fällt ein Schatten über mich. Ich blicke auf. Tapir schiebt seine Daumen unter die Hosenträger und mustert mich nachdenklich.

»Flo, dein Futterbrei kann bei der Wärme nicht länger stehen bleiben. Mash gärt schnell. Willst du es nicht an die anderen Pferde verfüttern?«

Bitte? Ich soll Peppers Rettungsfutter weggeben? Undenkbar. Das wäre ein böses Zeichen. Langsam schüttelte ich den Kopf.

Tapir liest meine Gedanken. »Ist kein böses Zeichen, Flo. Herr Habicht hat noch einen halben Sack Mash, wir kochen nachher neues für Pepper.«

»Ich weiß nicht.«

»Doch, das ist richtig so. Soll ich die Schüssel gleich verfüttern? Dann musst du es nicht tun.«

»In Ordnung.«

Nichts ist in Ordnung. Als ich den Schlauch weghänge, sehen mich alle so komisch an. Katharina. Maxie. Leonie. Melly weicht meinem Blick aus. Janne auch. Ich weiß genau, warum. Wegen Peppers Mash, das Tapir jetzt in fremde Tröge füllt. Und wegen des Spruchs der Polizistin von heute Mittag: »Je länger die Pferde weg sind, desto größer die Gefahr, dass ihnen etwas zustößt.«

Nur nicht daran denken. Denken bringt mich nicht weiter. Was habe ich heute schon alles überlegt.

Zuerst wollte ich Pepper nur schnell finden, um morgen wieder ins Gelände reiten zu können.

Dann dachte ich: Hoffentlich läuft er nicht auf die Straße und verursacht einen Unfall.

Dann: Wenn er doch nur von den Bahngleisen verschwindet, bin ich glücklich.

Dann: Wenn er sich bloß nicht schrecklich verletzt hat, will ich zufrieden sein.

Dann: Wenn Pepper aber doch schlimm verletzt ist, hole ich mein ganzes Geld für die beste Tierklinik vom Sparbuch. Auch, wenn ich Pepper mein ganzes Leben lang nicht mehr reiten kann. Ich könnte ihn immerhin noch putzen und verwöhnen.

Meine Wünsche sind immer kleiner geworden.

Jetzt will ich nur noch, dass er lebt.

Ich führe Mounty in seine Box und bleibe gleich im Stall. Sandro, Dacapo und Collin liegen mit lang ausgestreckten Beinen in der Einstreu und schlafen. Ohne einen Blick in Peppers leere Box zu werfen, schleiche ich in die Sattelkammer. Hinter einem Mauervorsprung hängt dort das Stalltelefon an der Wand.

Ich hocke mich auf einen leeren Sattelholm und starre das weiße Teil an, das von vielen Fingerabdrücken Schmutzflecken bekommen hat. Falls es klingelt, bin ich als Erste am Hörer.

Ich verlasse die Sattelkammer nicht eher, bevor der Anruf kommt, dass jemand Pepper gefunden hat. Und wenn ich hier drei Tage und drei Nächte verbringen muss. Davon bringt mich niemand ab.

Vince kommt herein, sagt nichts und gibt mir einen zärtlichen Kuss auf die Stirn. Sein Schweigen ist lauter als jedes Wort und sagt: »Er kommt wieder.«

Ich bin Vince dankbar, dass er nicht redet und einfach wieder geht.

Die Wände der Sattelkammer bedrohen mich, schnüren mir die Luft ab.

Dabei habe ich diesen Raum vor sechs Stunden noch geliebt wie mein eigenes Zimmer. Den Duft von kernigem Leder, der mich immer etwas schwindelig und benommen macht. Ich mochte es, wie die Metallteile, die Schnallen und Ringe, bei jedem Luftzug leise klirren. Unter wie viel Gelächter haben wir gestern unser Zaumzeug aufgehängt. Vergangenheit. Mir kommt es vor, als baumelten die Trensen schlaff und kraftlos an der Wand, als gehörten sie nicht zu lebendigen Pferden.

Das schrille Klingeln wirft mich beinahe vom Sattelholm. Ich stürze mich auf den Apparat und reiße dabei den Hörer halb ab.

»Habichthof.«

»Haben Sie noch Plätze im Ferienkurs?«

Ich sacke in mich zusammen. Wie kann jemand jetzt diese Frage stellen? Aber automatisch fixiert mein Blick die Liste am Telefon und ich gebe Auskunft, als hätte ich einen Sprechchip in der Kehle.

»Der erste Kurs ist voll. Für den zweiten gibt es noch drei Plätze.« Ich lege auf.

In der Sattelkammer steht die Luft. Mir ist heiß. Schon wieder gellt die alte Telefonklingel. Bevor ich mich melden kann, ruft jemand ins Telefon: »Seid ihr der Stall mit den entlaufenen Pferden?«

Endlich, endlich eine Spur von Pepper.

»Ja«, flüstere ich.

Da schreit der andere auch schon los. »Wie asozial seid ihr eigentlich? Menschenleben sind euch wohl egal, wie? Wehe, wenn durch eure Gäule etwas passiert. Reicht es nicht, dass ihr die Waldwege mit Pferdeäpfeln überhäuft? Müsst ihr jetzt auch noch die ganze Bevölkerung in Gefahr bringen?«

Bevor ich etwas antworten kann, wird aufgelegt.

Wie konnte ich glauben, dass die Hass-Anrufe für Herrn Habicht nun plötzlich aufhören?

Allmählich schlägt mein Puls wieder ruhiger. Ich darf einfach nicht mit so großen Erwartungen ans Telefon gehen. Ich zucke zusammen, als die Glocke erneut schrillt.

»Hier Habichthof.«

Gloria Tanners Mutter ist dran. Immer noch besser als ein Pferdehasser.

»Gloria geht nicht an ihr Handy. Sie soll nach Hause kommen, wir fahren doch heute Nacht um vier zum Flughafen. Sie hat noch nichts gepackt.«

Ihre Sorgen möchte ich haben.

»Ich sag's ihr gleich.«

Dann schiebt Frau Tanner noch eine heitere Frage nach.

»Sind denn eure kleinen Ausreißer zurück?«

»Nein«, brülle ich in den Hörer, bevor ich ihn aufwerfe. »Die kleinen Ausreißer sind *nicht* zurück.«

Natürlich richte ich Gloria nichts aus. Soll doch nach Südafrika fliegen, wer will. Wir können Gloria momentan nicht entbehren. Jetzt säubert sie gerade Habis Forum und danach will sie wieder nach neuen Videos und Nachrichten checken.

Diese Hitze. Mit beiden Händen wische ich mir durchs Gesicht. Gleich zerfließe ich, aber in der nächsten Minute kribbelt wieder eisige Angstkälte durch meinen Magen. Drei Pferde können doch nicht spurlos verschwinden.

Wie lange sitze ich schon in der Sattelkammer? Zehn Minuten? Eine halbe Stunde? Noch länger? Ich habe das Gefühl für Zeit verloren.

Die helle Klingel reißt mich aus meinen Gedanken. Ich werfe mich auf den Apparat.

»Reitschule Habichthof.«

Am anderen Ende meldet sich eine aufgebrachte Männerstimme.

»Joop Odental. Ist dort der Reitstall, dem die Pferde weggelaufen sind? Vor denen sie im Radio warnen?«

Meine feuchten Finger umklammern den Hörer. Ist das wieder ein mieser Meckerer? Oder hat er eine Spur? Immerhin meldet er sich mit Namen.

»Haben Sie ein Pferd gesehen? Einen Braunen?«

Am anderen Ende schnauft die Stimme auf. Klingt nicht lustig, eher grimmig.

»Vermisst ihr auch halbe Pferde?«

Mein hoffnungsvolles Herzpochen verwandelt sich in hektisches Rasen. Halbe Pferde? Was meint er damit? Ein Unfall?

»Machen Sie keine Witze.«

Meine Stimme flattert. Obwohl ich mir alle Mühe gebe, ruhig zu reden, klinge ich verkrampft.

»Haben Sie Pepper gesehen? Er ist braun, schwarze Mähne und Schweif. Nichts Weißes auf der Stirn.«

»Vielleicht. Ich sehe allerdings nur ein halbes Pferd. Fehlen euch auch zwei Ponys? Hellbraun mit gestutzter Mähne?«

»Ja«, flüstere ich in den Hörer. Wenn ich noch fester zudrücke, halte ich gleich zwei Teile in der Hand. Der Anrufer muss echt sein, sonst wüsste er nichts von den Fjordpferden. »Ja, zwei Fjordpferde sind weg. Wieso halbes Pferd?«

Ein kurzes empörtes Lachen ist die Antwort. Im Hintergrund zwitschern Vögel. Und dann schnauzt Herr Odental ins Telefon.

»Ich habe ja schon einiges erlebt in meinem Garten. Letzten Winter Wildschweine. Jedes Beet haben die Schwarzkittel umgepflügt. Und dann dieser Waschbär, der ständig in meinem Garten auftaucht und alle Mülltonnen umstößt. Dass Karnickel meine Blumen abfressen... geschenkt. Von den Rehen rede ich gar nicht groß, die stehen jeden Morgen auf der Terrasse und reißen meine Ranken und Kletterpflanzen ab. Aber das hier, das hier...«

Der Mann am anderen Ende holt hörbar Luft, weil er offenbar nicht glauben kann, was er vor sich sieht.

»Können wir die Pferde abholen?«, stoße ich schnell hervor, bevor er noch weiter ausholt. Mich erfüllt auf einmal so eine selige Ahnung, dass Pepper im Garten dieses Herrn Odental steht. Trotzdem wage ich noch nicht, mich zu freuen. Zu viel ist heute schon schiefgegangen.

»Sicher! Sicher könnt ihr die Pferde abholen. Allerdings nur, wenn du Pippi Langstrumpf heißt.«

Erneut bricht mir der Schweiß aus. Herr Odental spricht in Rätseln.

»Hä?«

»Wenn du stark genug bist, ein Pferd aus einem Swimmingpool zu heben.«

»Wollen Sie damit sagen …«

»Richtig. Der große Braune ist nur halb zu sehen, weil er in meinem Pool steht.«

Viel fehlt nicht mehr und ich fange an zu heulen. Der Anruf ist ein Fake. Das bringt das Fass zum Überlaufen. Meine Nerven liegen blank.

»Schwacher Versuch«, sage ich mit mühsamer Beherrschung. »Sie müssen schon früher aufstehen, um eine Flora Rohde für dumm zu verkaufen.«

Stille am anderen Ende. Nach einem Moment folgt ein ärgerliches Schnaufen.

»Mäßige dich, Mädchen. Ich habe extra zuerst bei deinem Stall angerufen, um euch Auseinandersetzungen mit der Polizei zu ersparen. Aber das kann ich eins, zwei, drei ändern.«

Verdammt, ist der Mann doch kein Lügner? Sondern ein echter Swimmingpool-Besitzer mit Pepper in seinem Badewasser? Hoffentlich habe ich durch meinen Spruch nicht alles vergurkt und Herr Habicht bekommt nun mehr Ärger als nötig. Mamas aktueller Teebeutel-Spruch stimmt heute hundertprozentig: »Erst hat man kein Glück und dann kommt auch noch Pech dazu.«

»Oh nein, bitte nicht auflegen«, haspele ich hervor. »Ich dachte, Sie wollten mich hereinlegen. Tut mir echt leid. Stimmt das wirklich mit dem Pool?«

»Und ob.« Joop Odentals Stimme wird wieder etwas zugänglicher.

Und dann berichtet er, was er von seiner Terrasse aus sieht. Ein braunes Pferd steht bis zum Bauch im Wasser seines Pools.

»Ich bin vorhin nach Hause gekommen, da stand das Pferd bereits drin. Keine Ahnung wie lange schon. Tagsüber war hier niemand zu Hause. Wir wohnen am Akazienkamp, zehn Autominuten von euch. Die schmale Straße, die ins Naturschutzgebiet weiterführt.«

»Ja, kenne ich.«

»Das Pferd hat sicher versucht«, fährt Herr Odental fort, »aus dem Becken zu kommen. Aber der Pool hat nur vier steile Wände und keine Treppe am Rand, nur eine senkrechte Leiter.«

Eigentlich müsste ich platzen vor Glück. Auseinanderfliegen wie ein Feuerwerkskörper. Explodieren wie eine Supernova. Aber seltsamerweise antworte ich sachlich: »Ist Pepper verletzt?«

»Glaube nicht. Im Gesicht erkennt man nichts und bei allen Teilen, die aus dem Wasser ragen, ist auch nichts zu sehen. Höchstens ein paar Katzer, aber genau weiß ich das nicht. Er ist ja überall nass.«

Allmählich lässt der stechende Schmerz in meinem Kopf nach. Ist es möglich, dass dieser gruselige Tag doch noch ein glückliches Ende findet?

»Und die Ponys? Wo sind die?«

Offenbar berührt die Frage wieder eine wunde Seite bei Herrn Odental, denn erneut grunzt er.

»Diese gelben Monster? Die zertrampeln gerade meinen gepflegten Rasen. Ich meine, sie zerstören den Rest, den ihre Zähne noch übrig gelassen haben.«

»Laufen die beiden frei herum?«

»Das kannst du wohl glauben.«

Schon wieder funktioniere ich. Man könnte mich nachts um vier wecken und fragen: »Worauf muss der Pferdebesitzer achten, wenn sein Pferd in einen fremden Garten gerät?«

»Giftpflanzen«, würde ich traumhaft sicher murmeln.

»Haben Sie Giftpflanzen im Garten?«, frage ich.

»Wie bitte?«

»Also Eiben, Buchsbaum, immergrüne Hecken und solche Sachen.«

»Ja, alles.«

»Um Himmels willen. Das ist wahnsinnig giftig für Pferde. Bitte passen Sie auf, dass die Fjordies nicht an die Pflanzen gelangen. Sie dürfen nur Gras fressen.«

Durchs Telefon habe ich das Gefühl, Herr Odental fühlt sich allmählich überfordert. Ich höre, wie er Luft durch die Lippen presst.

»Du forderst mich auf, meinen schönen Garten weiter von euren Huftieren zerstören zu lassen?«

»Nein, natürlich nicht. Also, genau genommen: Doch. Ja.«

»Schon gut.«

Ein Seufzer folgt. »Ich versuche, sie auf dem Rasen zu halten. Sag deinem Stallbesitzer, er soll die Feuerwehr schicken, damit sie das große braune Pferd aus dem Pool fischen. Die haben dort entsprechende Hebegeräte für versackte Tiere, soviel ich weiß. Und holt unbedingt die gelben Ponys ab. Schreib auf: Joop Odental, Akazienkamp 14, Haverstedt. Hast du?«

Als er auflegt, zittern mir die Knie. Ich greife nach dem nächstbesten Sattel und halte mich fest. Erst jetzt sackt die Nachricht: Pepper lebt. Halvor und Oskar leben.

Jubeln kann ich nicht. Noch fühle ich mich von oben bis unten wie ein einziger großer Wadenkrampf. Aber wie einer, der sich allmählich löst.

Lennart Habicht schießt um die Ecke. Besorgt mustert er mich und nimmt mir den Hörer aus der Hand, den ich immer noch umklammere.

»Was ist los, Flo? Du bist kreidebleich. Gibt es Neuigkeiten?«

Schwach nicke ich.

»Pepper steht am Akazienkamp. In einem Swimmingpool. Und die Fjordies sind auch da.«

14.

Habi ist wie ausgewechselt, als wir nebeneinander im Laufschritt zu seinem Geländewagen stürmen. Das heißt, er läuft. Ich humpele, weil mein linkes Bein jetzt wieder schmerzt.

»Pepper steht im Swimmingpool«, ruft er ausgelassen über den Hof. »Unser Nilpferd Pepper. Und die Fjordies fressen gerade einen Garten kahl. Jetzt haben wir sie alle.«

»Hurra«, brüllt Leonie. Wie auf Kommando reißen alle auf dem Hof die Arme hoch und jubeln mit.

»Das stelle ich gleich online«, ruft Gloria und bearbeitet ihr Smartphone.

Melly schlägt mir auf die Schulter, als ich an ihr vorüberrenne. »Glückwunsch, Alte. Wenn Pepper etwas passiert wäre, wäre ich verrückt geworden.«

Lennart Habicht ruft noch ein paar Anordnungen über den Hof: »Tapir, du sagst nachher bei der Polizei Bescheid, dass wahrscheinlich alle Pferde wieder da sind. Aber erst abwarten, bis wir sie tatsächlich eingesackt haben. Dieser Bande traue ich alles zu.«

Im Vorbeigehen greift Lennart Habicht die aufgeregt umhertanzenden Zwillinge am Kragen und zieht sie mit.

»Kommt mit. Ihr kümmert euch um die Fjordpferde, Halfter und Stricke liegen noch im Wagen.«

Vince läuft auf mich zu. Sein Mund reicht gerade von einem Ohr zum anderen, so freut er sich mit mir.

»Du bist auch dabei«, ordnet Herr Habicht an und schickt Vince mit einer Kopfbewegung zum Auto. »Wir brauchen bestimmt ein paar starke Arme vor Ort. Halt, nimm die Wassereimer mit.«

Vince schnappt sich zwei leere schwarze Eimer, die neben dem Wasserschlauch stehen, und wirft sie in den Kofferraum.

Die Zwillinge drängen sich schon auf der Rückbank und ziehen mich ungeduldig ins Auto.

Der Akazienkamp liegt tatsächlich ganz nah zum Stall, nicht einmal zehn Minuten mit dem Auto.

»Und wir haben sonst wo gesucht«, stöhnt Tessy neben mir, als Herr Habicht am Ende einer schmalen Straße anhält. Ein nobles Viertel hat Pepper sich ausgesucht. Hinter hohen Hecken liegen teure Häuser auf großen Grundstücken. Habi sieht uns im Rückspiegel an und schmunzelt.

»Die drei *waren* auch sonst wo«, sagt er und schnallt sich ab. »Vielleicht sind sie gerade erst hier am Akazienkamp gelandet. Wer weiß.«

»Guten Geschmack hat dein Pepper ja.« Vince deutet auf den Nobelkasten vor uns, einen modernen Würfel aus hellgrauen Mauern und hohen Glaselementen. Er hebt die Hand. »Psst, hört mal.«

Aus dem Garten dringt eine energische männliche Stimme, die laut und voll klingt, als sei sie geübt im Redenhalten. Aber bestimmt ist sie nicht erfahren in solchen Ansprachen, die wir bis nach draußen hören.

»Nein, du kannst nicht über die Stühle steigen, du Monster. Auch nicht über den Grill. Hörst du nicht? Nun geh schon zurück, du frecher Kerl.«

Wir lachen befreit.

»Klarer Fall«, kichert Tessy, »der Mann kämpft mit unserem Halvor.«

Weil das Grundstück nur durch niedrige Beete von der Straße getrennt ist, gelangen wir mühelos an der Seitenmauer entlang zum Garten.

»Wer es Pferden so leicht macht, sein Grundstück zu entern, ist selber schuld«, bemerkt Vince neben mir.

Noch ein paar Sekunden und ich habe meinen Pepper wieder. Jetzt *muss* ich einfach laufen.

Hinter der nächsten Ecke erstreckt sich eine Rasenfläche mit langen Rispengräsern, rechts und links begrenzt von immergrünen Büschen, die mit einer Barriere aus Stühlen, Gartenbänken, einem Tisch, zwei Sonnenschirmen und einem fahrbaren Gartengrill abgetrennt sind. Gute Arbeit, die Giftpflanzen sind bestens abgeschirmt. Alle Achtung, Herr Odental! Zwischen Halvor und Oskar turnt ein schlanker Mann im dunkelblauen Anzug auf halsbrecherisch gestapelten Stühlen und hält Halvor mit ausgestreckten Armen auf Abstand.

»Herr Odental?«, ruft Habi zu ihm hinüber.

Halvor wiehert, als er Habis Stimme hört. Wir biegen um einen weiteren Mauervorsprung und stehen plötzlich vor einer Poolanlage. Den Anblick werde ich mein ganzes Leben nicht vergessen

»Alter Finne«, sagt Vince.

In einem pingelig gepflegten Garten mit noblem weißem Sonnenschirm, silbernen Laternen und hohen Blumenkübeln glitzert ein taubenblauer Pool. Und in der hintersten Ecke steht – mein Pepper. Nass und schwer hängt seine Mähne am Hals herunter. Kein Härchen an ihm ist trocken. Mein Pulsschlag macht einen Doppelsalto. Mein Herz zittert. Rosa Wärme füllt mich aus, rieselt durch jeden Quadratzentimeter Flora Rohde.

»Pepper! Pepper!«

Während er in meine Richtung guckt und mir ein überraschtes Wiehern entgegenschickt, denke ich gar nicht groß nach, was als Erstes zu tun ist. Ich kann fliegen. Die rosa Wärme verleiht mir Flügel. Ich renne einfach los und springe mit einem Satz in den Pool.

»Flora! Nicht«, höre ich Habi noch rufen. Zu spät.

Pepper weicht irritiert aus, als ich auftauche. Klar, ich sehe ja von einer Sekunde zur anderen völlig anders aus mit meinem angeklatschten Shirt und dem triefenden Haar.

»Pepper, ich bin es doch. Nun komm schon her, alter Ausreißer.«

Als ich ihn mit der Stimme beruhige, versucht er, sich vorsichtig zu nähern. Im Wasser kommt Pepper genauso langsam wie ich voran.

Neben mir treiben aufgeweichte Leckerli wie aufgedunsene Brötchen zwischen einer Portion Pferdeäpfel. Mit beiden Armen teile ich das Wasser. Trotzdem dauert es eine Ewigkeit, bis ich endlich bei meinem Pferd bin. Ich hänge mich an Peppers nassen Hals wie an einen Rettungsring. Er dreht den Kopf und reibt ihn an meinen Armen.

Pepper, wo bist du gewesen?

Keine Ahnung. Die Weide war plötzlich offen.

Ich habe solche Angst gehabt, dass du vor ein Auto läufst, Pepper.

Ich weiß nicht, wo ich bin. Ich will nach Hause.

Am liebsten würde ich ewig und immer hier stehen bleiben, im taubenblauen Pool von Joop Odental mit meinem nassen Gesicht an Peppers nasser Mähne.

Erst nach einiger Zeit merke ich, dass meine linke Seite wie Feuer brennt. Ellenbogen, Hand, Hüfte, Wade, alles. Schürfwunden und Chlorwasser sind keine gute Kombination. Zwei von Bens breiten Heftpflastern lösen sich und schwimmen auf dem Wasser. Ich heule wie ein Schlosshund. Natürlich nicht wegen der dämlichen Verletzungen, sondern vor grenzenloser Erleichterung. Gut, dass die da oben es nicht bemerken, weil ich ohnehin klitschnass bin.

»Sprichst du noch mit mir?«

Ich sehe hoch. Vince kniet zwischen zwei eingemauerten Pflanztrögen am Beckenrand und reicht mir einen frischen Eimer Wasser nach unten: »Das ist Folter, Pepper steht mitten im Wasser und kann nicht trinken.«

Natürlich, daran habe noch nicht einmal ich gedacht. Kein Pferd rührt Chlorwasser an. »Oh Mann! Klar. Danke.«

»Du siehst so schön aus im Wasser«, sagt Vince leise und streichelt mich mit den Augen. »Wie eine Nixe.« Er wirft mir einen verstohlenen Kuss durch die Luft zu.

Ich glaube, ich laufe gerade rot an und drehe mich schnell zu Pepper herum. Er konzentriert sich auf meinen Eimer, ohne Zögern schlabbert er los, zügig und schnell. Den Rest schnaubt er mir ins Gesicht.

Herr Habicht wirft mir mit vorsichtigem Schwung ein Halfter zu. »Leg Pepper das an, damit wir ihn besser zu fassen kriegen.«

Auf dem Akazienkamp röhren schwere Lastwagen heran. Die Feuerwehr? Pepper hebt den Kopf und spitzt die Ohren. Wir halten wieder unsere stumme Zwiesprache.

Gleich wirst du gerettet, Pepper.

Liebevoll reibe ich ihm die Backen und er schlenkert seinen Kopf.

Geh nicht wieder weg.

Nur bis zum Beckenrand, Pepper. Ich bleibe immer in deiner Nähe.

Als ich der Aluleiter zustrebe, nähert sich oben der Halvor-Bändiger. Ein Mann mit sorgfältig gezogenem Scheitel, ein Typ, der einem Manager-Magazin entsprungen sein könnte. Jetzt sieht er allerdings reichlich beschmutzt aus. Das muss Joop Odental sein.

Über den Rand sehe ich die Zwillinge mit unseren Fjordpferden auf seinem Rasen stehen.

Der Hausbesitzer wirkt leicht genervt, als er sich über die Kante beugt. Seine Jacke hat er abgelegt. Er streckt mir seinen Arm in dem besudelten weißen Oberhemd entgegen und hilft mir aus dem Wasser.

»Willkommen in der öffentlichen Badeanstalt am Akazienkamp. Schön, dass ihr so viel Spaß in meinem Pool habt.«

Seine Worte triefen von Ironie. Ich starre ihn nur stumm an.

»Haben wir telefoniert?«, fragt er.

»Ja. Flora Rohde.«

Wir gehen ein paar Schritte bis zu einer schattigen Terrasse vor dem Wohnzimmer. Ich tropfe hinter dem Hausbesitzer her und traue mich so nass nicht auf die feinen Sitzkissen.

»Setz dich doch, das ist jetzt auch egal.«

Herr Odental macht eine einladende Handbewegung, schiebt Vince und mir Colaflaschen hin, gießt sich selber einen großen Campari ein und hält dann Herrn Habicht die Flasche hin.

»Sie auch?«

Habi schüttelt den Kopf und schiebt seine schwarze Kappe auf der Glatze hin und her. »Muss noch fahren. Wenn ich heute etwas nicht brauche, dann zusätzlichen Ärger mit der Polizei.« Er seufzt schwer.

Joop Odental seufzt auch. »Mehr Aufregung brauche ich definitiv auch nicht. Die Kosten für den Garten müssen Sie aber übernehmen, Herr Habicht. Wenn die Feuerwehr gleich mit schwerem Gerät darin herumtobt, sind die Beete hinüber.«

Er erhebt sich und stopft sein verflecktes Hemd ordentlich in die Hose, als die ersten Feuerwehr-Uniformen um die Ecke kommen.

»Sie sind doch hoffentlich versichert?«, fragt er.

Habi nickt. »Natürlich. Aber dieses Ausmaß.«

Nervös steht unser Stallbesitzer auf. »Wenn die Versicherung nicht zahlt oder nicht alles, dann muss ich den Habichthof dichtmachen.«

Vince und ich wechseln entsetzte Blicke. Daran hat keiner von uns gedacht. Ich will diesen Gedanken jetzt auf keinen Fall vertiefen.

Der Feuerwehrmann, auf dessen schwarzer Uniform »Einsatzleiter« steht, macht mit zwei Kollegen eine Runde um den Pool, kommt dann zu uns und tippt grüßend an den Helm.

»Hendriksen, ich bin der Einsatzleiter. Mit unserem Rettungsgurt für Pferde wird das hier nichts. Wir kommen ja nur von einer Seite richtig an das Becken heran.« Er zeigt auf die kniehohe Mauer am Pool, auf zwei hohe Laternen, eingemauerte Pflanztröge und kleine Sichtschutz-Inseln aus Schilf.

»Aber Pepper kann nicht noch länger drinbleiben«, sage ich kläglich.

»Wir machen das Ding leer«, beruhigt Einsatzleiter Hendriksen mich. »Ist ja nur ein kleiner Pool. Drei Tauchpumpen rein, fertig. Dann Rampe aus Sandsäcken in das leere Becken. Ich bestelle gleich mal eine Fuhre.«

Seine warme Stimme flößt Vertrauen ein. Er greift zum Funkgerät, und als er fertig ist, frage ich todesmutig: »Was kostet das alles? Das Pferd gehört nämlich mir.«

Da lächelt der Einsatzleiter unter seinem gelben Helm und legt mir seinen Handschuh auf die Schulter. Wahrscheinlich steht mir die Angst vor der Antwort (»Mit zehntausend Euro musst du rechnen, das kannst du bis zu deiner Rente abbezahlen«) ins Gesicht geschrieben.

»Kostet nichts. Dafür ist die Feuerwehr da. Tier in Notlage, das gehört zu unseren Aufgaben.«

»Echt?« Der hellgelbe Feuerwehrhelm kommt mir plötzlich vor wie ein Heiligenschein.

»Echt.« Er mustert mich. »Du siehst auch aus wie ein Notfall mit deinen Blessuren.«

»Nö, kein Problem. Erst Pepper.«

Er grummelt etwas von einem Rettungswagen, der ohnehin noch käme, und fragt dann laut: »Wer ist euer Tierarzt? Das Pferd braucht sicher was zur Beruhigung.«

Herr Habicht meldet sich. »Tierarzt ist schon verständigt. Muss jeden Moment eintreffen.«

Kurz darauf biegt Dr. Müller-Maring um die Ecke und packt gleich seine Tasche aus.

»Dann haben wir ja die letzten Ausreißer gefunden. Mein erstes Pferd im Swimmingpool.«

Er betrachtet Pepper im Wasser und kratzt sich am Kopf.

»Pepper braucht ein bisschen was zur Beruhigung, wenn die Feuerwehr gleich loslegt, aber nicht so viel, dass ihm die Beine wegknicken. Das fehlte noch, dass er uns im Wasser umkippt. Solche Einsätze sind immer eine heikle Sache. Gut, dass Pepper dich und Herrn Habicht um sich hat. Ihr gebt ihm Vertrauen.«

Er ruft zu Joop Odental hinüber: »Ist der Boden in Ihrem Schwimmbecken einigermaßen rutschsicher?«

»Natürlich«, gibt Herr Odental zurück. »Das ist spezielles Antirutsch-Material.«

Dr. Müller-Maring nickt zufrieden und wendet sich an den Einsatzleiter. »Ungefähr in zehn Minuten können Sie anfangen, dann wirkt die Spritze. Legen Sie sicherheitshalber Schläuche parat, mit denen Sie das Pferd stabilisieren können, falls es doch zu schläfrig wird.«

»Hatten wir sowieso geplant.«

Hendriksen winkt seinen Männern zu und auf sein Zeichen werden zwei breite, flache Schläuche am Beckenrand bereitgelegt.

Wir bringen lange, dicke Taue rechts und links am Halfter an, die Vince und Habi zu beiden Seiten des Pools festhalten. Ich kauere mich an den Beckenrand und kraule Pepper unaufhörlich die Nase, während der Tierarzt rasch und geübt die Spritze setzt.

Als Pepper deutlich ruhiger wird, tragen drei Feuerwehrmänner graue Pumpen herbei, die mit Saugschläuchen versehen und auf den Beckengrund herabgelassen werden. Pepper verfolgt jeden Handgriff mit halber Aufmerksamkeit und ohne Anzeichen von Aufregung. Als die Pumpen gestartet werden, dröhnt Motorenlärm durch den Garten.

Joop Odental steht neben mir und hält sich die Ohren zu.

»Wo ich so lärmempfindlich bin! Und das an einem Freitag. Leute, ich brauche Ruhe.« Er verzieht sich in seine Nobel-Behausung.

Ich brauche Ruhe! Dieser überflüssige Satz von Odental hätte auch von Papa stammen können. Verdammt, meine Familie. Ich wollte mich längst melden und greife schnell in meine Hosentasche.

Mir schießt das Blut in den Kopf, weil mir in dem Moment einfällt: Mein Handy war mit mir im Pool. Ich ziehe das tropfende Gerät hervor, aber es gibt keinen Mucks mehr von sich. Totalausfall.

»Hier, nimm meins.« Vince nimmt eine Hand von Peppers Strick und reicht sein Gerät herüber.

Ich fotografiere meinen nassen Pepper mit Habi im Hintergrund, dazu die Feuerwehrleute und schicke das Bild mit einer kurzen Mitteilung an Mama, Papa und Dani.

Wir haben ihn! Pepper ist in einen Pool am Akazienkamp gesprungen. Die Feuerwehr holt ihn raus. Kann noch dauern. Bin okay. Bitte Antwort auf diese Nummer, mein Handy ist ersoffen. Flo.

Postwendend kommt Mamas Antwort.

Habe vorhin schon im Stall angerufen und die Neuigkeit erfahren. Wunderbar ☺. Papa und Dani sind beim Fußball. Komm nicht zu spät nach Hause, Mama.

Sofort danach kommt noch eine SMS herein. Dani.

Mann, Flo, dachte schon, die ganzen Ferien wären wegen eurer Stall-Katastrophe versaut. Toll mit Pepper!!! Hier im Stadion tobt die Hölle. Dani und Papa.

15.

Joop Odental kommt aus seinem Prachtbau und bringt mir ein schneeweißes, gebügeltes T-Shirt, das er in pferdelosen Zeiten sicher unter seinem Officehemd trägt. Dazu reicht er mir galaktisch peinliche Golf-Bermudas mit Karos.

»Damit du aus deinen nassen Sachen herauskommst. Du holst dir noch eine Erkältung.«

So etwas Hässliches wie diese Golfhose habe ich noch nie getragen. Ich nehme sie mit spitzen Fingern entgegen und verschwinde hinter einer Mauer zum Umziehen. Die Bermudas sind mir viel zu lang und die schrecklichen Karos schlackern mir um die Waden. Aber immerhin passt die Hose, wenn ich den Gürtel festzurre.

Meine nassen Sachen breite ich zum Trocknen auf der warmen Mauer aus.

Odentals Hemd ist viel zu groß, aber überraschend weich und es fühlt sich freundlich auf meiner abgeschürften Haut an. Hoffentlich kriegt sein hochwertiges Managerteil keinen Blutfleck ab, mit dem er sich bei der nächsten Sitzung blamiert. Vielleicht lässt Odental aber auch die Flecke bewusst drin und macht auf lässig, wenn ihn jemand bei der nächsten Vorstandssitzung darauf anspricht.

»Das Blut? Stammt von letzter Woche, als wir ein Pferd aus meinem Pool retten mussten.« Und die Chefs flüstern beeindruckt: »Wie cool ist das denn?«

Während das Wasser durch dicke Schläuche nach draußen in den Straßengraben läuft und der Wasserstand allmählich sinkt, werden die Sandsäcke gebracht und am Becken gelagert. Ich muss ein Stück zurückgehen und nutze die Gelegenheit, mich beim kleinen Ben zu melden. Die

Telefonnummer aus Kugelschreibertinte auf meiner Hand sieht aus wie neu. Ich gebe die Nummer in Vince' Handy ein. Er macht einen langen Hals und versucht, die Nummer zu erspähen.

»Hier ist Ben.«

»Ich bin es, die mit dem Pferd.«

»Hast du es?«

»Stell dir vor, Pepper ist in einen Swimmingpool gefallen.«

Ein furchtbares Aufheulen ist die Antwort. »Ist er ertrunken?«

»Quatsch. Pferde können doch schwimmen.«

»Und ich durfte nicht mit. Echt fies.«

»Ich schicke dir ein Foto.«

»Ehrenwort?«

»Logisch, habe Pepper gerade fotografiert. Du kriegst das Bild gleich. Melde mich morgen noch mal. Bis dann, Kleiner.«

Ich sende das Foto an Ben und gebe Vince das Handy zurück. Mit umwölkter Stirn steckt er es ein und fragt: »Wer war das?«

»Ben.«

»Ben wer?«

Ich kann wieder lachen und gebe Vince einen Knuff. »Ein echter Konkurrent. Ach was. Komm runter. Ben ist sieben! Hat mir nach dem Sturz Pflaster besorgt.«

Pepper steht immer noch ganz ruhig, trotzdem halten Vince und Herr Habicht ihn weiter mit ihren Tauen fest. Sicher ist sicher. Ich hibbele im Garten hin und her, als hätte ich glühende Kohlen unter den Füßen. Dabei tut jeder Schritt im linken Bein weh. Am liebsten wäre ich die ganze Zeit bei Pepper, aber Herr Habicht pfeift mich zurück.

»Lass mal die Feuerwehr in Ruhe arbeiten. Umso schneller ist Pepper draußen.«

Joop Odental sitzt unter seinem Sonnenschirm, obwohl die Sonne jetzt um sieben Uhr abends nicht mehr auf die Terrasse fällt, und macht sich ganz klein unter dem Lärm der Motoren. Er sieht ziemlich geplättet aus. So wie Papa, wenn er freitagnachmittags nach Hause kommt und sich für den Rest des Wochenendes nur noch in den Liegestuhl werfen will.

Man muss sich das mal vorstellen: In dem Moment, wenn Papa sich gerade auf die Liege wirft, klingelt ein Nachbar und schreit: »Schnell, Sie müssen mir helfen. Mein Dackel steckt in einem Abwasserrohr fest und die Rettung dauert jetzt ungefähr zwei Stunden und wird sehr schmutzig.« So etwas in der Art, wovon man sofort weiß, dass es einem den ganzen Abend versemmelt. So ähnlich geht es jetzt sicher Herrn Odental.

Ab und zu fragt er eine vorbeieilende Uniform: »Dauert es noch lange?« Jedes Mal antwortet der Feuerwehrmann: »Es dauert so lange, wie es dauert, Mann. Ein Pool ist keine Kaffeetasse.«

Dann gießt Joop Odental sich einen neuen Drink ein.

Nach mehr als einer Stunde ist der Pool schließlich leer und die Pumpen werden weggetragen. Kaum ist die letzte aus dem Becken raus, klettere ich zu Pepper hinab. Das Beruhigungsmittel scheint nicht mehr zu wirken, denn er bewegt sich aus eigenem Antrieb wieder. Ich entferne die Stricke von seinem Halfter und führe Pepper vorsichtig ein paar Schritte. Er geht ziemlich steif und vorsichtig auf dem nassen Boden, bleibt dann lieber stehen und sieht mich an.

Warum kann ich nicht endlich nach Hause?

Gleich Pepper, die Feuerwehr muss nur noch eine Rampe bauen.

Pepper wirkt plötzlich sehr fertig. Nicht mal auf mein Backenrubbeln reagiert er.

Herr Habicht reicht mir einen Eimer Wasser nach unten, den Pepper sofort leer trinkt.

»Dr. Müller-Maring soll ihm eine Infusion legen«, sagt Habi. »So klapprig möchte ich Pepper nicht auf den Hänger stellen. Sonst fällt er mir beim Transport noch um.«

Ich nicke nur, weil mir gerade eine Badewanne voll Tränen die Kehle verschließt. Das Wort klapprig im Zusammenhang mit meinem starken Pepper hat Habi noch nie gebraucht. Unser Tierarzt begutachtet gerade die Fjordpferde, ob sie Zeichen einer Vergiftung zeigen. Man weiß ja nicht, ob sie die Hecken beknabbert haben.

Die Feuerwehrmänner bilden eine Schlange und reichen Sandsäcke zum Beckenrand weiter. Vince reiht sich ohne große Diskussionen in die Helferschar ein.

Aus fast hundert Sandsäcken baut die Feuerwehr ruck, zuck eine sensationelle Rampe vom Grund des Swimmingpools bis nach oben. Pepper nimmt die Arbeit ziemlich gefasst hin, wahrscheinlich schaltet er einfach ab und beschließt für sich, dass die Aktion kein Grund zum Fliehen ist.

Als der letzte Sandsack aufgeschichtet wird, erscheint Dr. Müller-Maring wieder am Beckenrand.

»Da bin ich aber froh, dass alles so glimpflich ausgegangen ist. Dein Pferd kriegen wir auch wieder hin, Flo. Eine Infusion wirkt Wunder.«

Einsatzleiter Hendriksen kommt zu mir ans Becken.

»Wir treten hier oben jetzt zurück und du führst dein Pferd die Rampe hinauf. Dich kennt er am besten.«

Unschlüssig sieht Pepper mich an, als ich ins Halfter fasse und ihm einen aufmunternden Klaps hinters Vorderbein gebe.

»Komm, Pepper, es geht nach Hause.«

Er scheint nicht wild auf die Rampe zu sein, folgt mir aber schließlich mit hölzernen Beinen. Seine Hufeisen klappern auf den Fliesen. Misstrauisch setzt er einen Vorderhuf auf die erste Reihe mit Sandsäcken, sie geben ein wenig nach und sind ihm nicht geheuer.

»Alles gut Pepper. Wo ich gehe, kannst du auch gehen.«

Vorsichtig folgt er mir.

»Gut, Pepper. Noch zwei Schritte. Jetzt nur noch einen Schritt.«

Und dann stehen wir am Beckenrand. Auf festem Boden. Wir haben es geschafft. Die Feuerwehrmänner lachen erleichtert und ich finde, ich muss ihnen ein fettes Kompliment machen.

»So etwas Tolles wie die Feuerwehr gibt es nur einmal.«

Der Einsatzleiter lacht zufrieden. »Danke sehr. Wir freuen uns natürlich auch, wenn wir Leben retten können. Alles Gute für euch.«

Die Schläuche werden eingerollt, die Sandsäcke gesammelt und durch den Garten zu den Einsatzwagen getragen. Von der Straße hört man Rufe und Kommandos.

Pepper steht nass und erschöpft neben mir. Er hat gerade noch genug Energie, um den Fjordpferden ein schwaches Wiehern zuzuschicken. Sofort kommt die kräftige Antwort. Oskar und Halvor sind offenbar voll fit.

»Die Fjordpferde benehmen sich völlig normal«, bestätigt Dr. Müller-Maring, während er einige Utensilien aus seiner Tasche hervorholt. »Glück gehabt, dass sie das Giftzeug hier im Garten gemieden haben.« Er wendet sich zur Terrasse. »Haben Sie mal eine Harke?«, ruft er Herrn Odental zu.

»Was bitte?«

»Eine Harke. Die brauchen wir für den Infusionsbeutel.«

Irritiert verschwindet Joop Odental in einem Nebengebäude, rumort darin herum und bringt uns eine Harke, aber mit so spitzen Fingern, dass niemand daran zweifelt, dass er auf keinen Fall etwas mit der ganzen Tierarztsache zu tun haben will.

Dr. Müller-Maring legt Pepper eine Infusion in die Halsvene. Ich stelle die Harke hochkant und der Tierarzt hängt den Beutel mit Nährstofflösung an die Zinken.

»Stärkt den Kreislauf«, sagt Müller-Maring. »Die letzten Stunden haben ihn ganz schön gestresst.«

Das stimmt. Als ich Pepper vor zwei Stunden im Pool fand, war er noch viel lebhafter als jetzt. Nun spricht er nicht einmal stumm mit mir, steht nur da, pitschnass, mit gesenktem Kopf, weil der ihm zu schwer zum Tragen ist. Pepper fiepst ganz leise, wie ein Hundewelpe, mehr schafft er nicht. Aber diesen kleinen, leisen Ton kenne ich. Den gibt Pepper auch von sich, wenn er dösend in der Box steht, und er meint damit: »Warte einen Moment, bin gerade so müde, aber gleich bin ich wieder der Alte.«

Ich warte zehntausend Jahre auf dich, Pepper.

Spurlos sind die letzten Stunden auch an mir nicht vorübergegangen. Die ganze Zeit ist mir schwindelig und es wird immer schlimmer. Ich fühle mich kraftlos wie ein angeknickter Strohhalm.

Vince steht neben mir und mustert mich. »Alles in Ordnung?«, fragt er besorgt. »Du siehst plötzlich so blass aus.«

»Quatsch«, sage ich und im nächsten Moment höre ich Müller-Maring rufen: »Achtung Junge, sie fällt um«, und dann falle ich auch schon und merke gerade noch, wie jemand mir die Harke aus der Hand nimmt.

Dann weiß ich einige Zeit nichts mehr, und als ich wieder aufwache, liege ich auf einer Pritsche im Rettungswagen und habe genauso eine astreine Infusionsnadel im Körper wie Pepper. Nur nicht in der Halsvene, sondern im Arm. Ein Stück von mir entfernt sehe ich Pepper mit Dr. Müller-Maring und Herrn Habicht, der die Harke mit dem Infusionsbeutel hochhält.

»Da ist sie ja wieder«, sagt jemand in Knallorange zu mir und tätschelt mir die Wangen.

»Was war denn?«, frage ich verwirrt.

»Du bist umgekippt. Dein Blutdruck war total im Keller«, sagt der Orangerote. »Du hast bestimmt zu wenig gegessen und getrunken.«

»Darauf können Sie aber Ihren Rettungswagen verwetten«, sage ich.

»Hoho. Die junge Dame wird schon wieder kess«, grinst der Uniformierte über mir, packt meinen Oberarm in eine Manschette und fummelt mit dem Stethoskop an meinem Arm herum. »Der Blutdruck klettert ja schon höher. Sieht gut aus. Irgendwelche Vorerkrankungen?«

»Ich? Quatsch.«

Er entfernt die schwarze Manschette. »Wo wir gerade dabei sind, können wir auch deine Wunden verarzten. Bist du gestürzt?«

»Und ob. Mit dem Fahrrad.«

»Hast du Tetanusschutz?«

»Logisch, Mann. Reiter!«

Verlegen lächelnd reicht mir Joop Odental eine geöffnete Flasche Wasser und ein zusammengeklapptes Käsebrötchen in den Wagen.

»Sie sind ja wie eine Mutter zu mir«, sage ich und beiße herzhaft in das Brötchen. Ich glaube, das mit der Mutter findet er peinlich, jedenfalls verzieht er sich sofort wieder.

Der Sanitäter holt einen Stapel Wundauflagen und Binden hervor und verklebt mich nach allen Regeln der Kunst. Ich schließe die Augen und denke an etwas völlig anderes. Nämlich daran, dass Pepper wieder da ist. Und dass Vince mich vorhin aufgefangen hat. Wie lange hat er mich wohl in seinen Armen gehalten? Garantiert hat wieder niemand daran gedacht, diesen großen Moment mit der Kamera festzuhalten. Wenn man sich nicht um alles selber kümmert.

»So, jetzt bist du wieder fast wie neu.« Der Orangerote packt seine Sachen zusammen.

Ich sehe an mir herab. Ehrlich gesagt, mit den Verbänden sehe ich toll aus. Richtig nach Nahkampf. Irgendwie befriedigt mich das. Dieser Tag war so schrecklich, da tut es gut, wenn mir jeder sofort ansieht, dass ich durch die Hölle gegangen bin.

Von draußen winkt Vince mir zu und hebt fragend sein Fotohandy. Ich nicke. Dieser Anblick muss für die Nachwelt dokumentiert werden.

Vince drückt ab und kommt dann zögernd näher, als hätte er Respekt vor dem Rettungswagen. »Geht's besser?«, fragt er und streichelt mit einem Finger meinen Arm.

»Und ob«, beruhige ich ihn und richte mich halb auf. »Zeig das Foto.«

Gemeinsam beugen wir uns über das Display. 19.55 zeigt die Uhr. Vorne auf dem Bild steht der nasse Pepper mit Dr. Müller-Maring und Herrn Habicht mit Harke, im Hintergrund liege ich im roten Rettungswagen.

»Genial«, stelle ich fest.
»Soll ich es online stellen?«
»Auf jeden Fall.«

16.

Eine Stunde später wirkt der Habichthof wieder so normal wie an jedem Abend. Sämtliche Pferde – bis auf Grazius – stehen in ihren Boxen und schlagen sich den Bauch mit gutem Heu voll. In einer Tour grummelt und schnaubt es aus jeder Stallecke.

Pepper schlabbert sein heiß geliebtes Mash, das Tapir ihm angerührt hat. Die Pferde sehen aus, als seien sie heilfroh, wieder zu Hause zu sein. Ich bin heilfroh, dass ich aus Joop Odentals peinlichem Golfkaro heraus bin und wieder in meinen eigenen Klamotten stecke.

Wir tragen kleine Strohballen als Sitze nach draußen und verteilen sie im Kreis auf den Pflastersteinen. Der Tag muss dringend besprochen werden. Schon jetzt reden wir alle durcheinander.

»Mir geht es richtig super«, betone ich alle zwei Minuten, damit Herr Habicht mich nicht nach Hause schickt. Er meint, ich sollte zum Arzt gehen, aber ich sehe dafür absolut keinen Anlass.

Tapirs Handy rasselt und er hebt die Hand, um unsere Lautstärke zu dimmen.

»Nachricht von Grazius«, sagt Tapir in die Runde, als er fertig ist. »Sehnenverletzung, wie wir schon befürchtet hatten. Grazius muss in der Klinik bleiben. Danach soll er auf eine Reha-Anlage, wo er langsam antrainiert wird.«

Tapir steckt das Handy zurück in die Goldwäscherhose. »Tja, mit dem Springen ist es für Grazius vorbei. Hoffentlich begreift Dörte das. Ich schätze, sie wird Grazius' Box auf dem Habichthof kündigen.«

Mit einer Kopfbewegung fordert Tapir unsere Jungs auf, ihm zur Weide zu folgen.

»Jedenfalls hat Grazius jetzt erst mal Ruhe«, flüstert Emi mir zu. »Aber dafür hätte er ja nicht unbedingt in eine Autoscheibe springen müssen.«

Uns bleibt kaum Zeit, Grazius ausgiebig zu bedauern, denn der kleine Johnny ist mit uns zurückgekommen und total aufgedreht, weil er das Ausbruch-Abenteuer verpasst hat. Jede Einzelheit will er von uns wissen, und statt ins Bett zu gehen, tobt er auf dem Hof herum.

Keiner von uns will nach Hause, obwohl Janne, Leonie, Maxie, Katta, Gloria, Melly und einige andere morgen in aller Herrgottsfrühe mit ihren Eltern in die Ferien fahren. Überall klingeln und summen die Handys. Das sind besorgte Mütter, die Angst haben, dass sie ohne ihre Töchter verreisen müssen.

Herr Habicht stellt eine Kiste Apfelsaft in die Mitte und wir greifen zu.

Von der Koppel dröhnen schwere Hammerschläge zu uns hoch. Tapir setzt zusammen mit Vince und Ferdi einen Ersatzzaun ein Stück weiter innen, damit die Pferde morgen wieder nach draußen können.

»Bis Montag darf ich den Weidezaun nicht richtig schließen«, sagt Herr Habicht. »Die Polizei will noch weitere Spuren sichern.«

Vince' Handy steckt in meiner Tasche, für alle Fälle, falls meine Eltern sich melden. Es vibriert auf meiner lädierten Hüfte. Hoffentlich keine Nachricht für Vince. Nein. SMS von meinem Bruder.

Hi Flo, ihr seid berühmt!!! Im Stadion haben sie auf der Anzeigetafel eure Pferde auf dem Bahndamm gezeigt. Und von der Zugverspätung des Fan-Zugs berichtet. Rundgruß Dani.

Sicher steht das morgen haarklein in der Zeitung. Ich sage jetzt kein Wort davon. Unsere Pferde im Fußballstadion – das soll morgen die große Überraschung für alle sein.

Tiefrot steht die Sonne über der Weide und das Licht versickert in den Kronen den Sträucher. Lautes Gezwitscher erfüllt die Büsche am Paddock. Schwalben zischen über mich hinweg in die Stallgasse, wo sie im Gebälk ihre Jungen füttern. Hell und aufgeregt zwischert es drinnen und draußen.

Wahrscheinlich haben die Vögel den ganzen Tag über so laut geflötet, getschilpt und gegurrt, aber meine Ohren waren dicht, weil alle Sinne auf Pepper konzentriert waren. Jetzt höre ich die Vögel wieder.

Was für ein friedlicher Sommerabend. Nichts deutet darauf hin, dass hier heute eine Katastrophe stattgefunden hat.

Nur Habis sorgenvolle Miene lässt keinen Zweifel daran. Mit beiden Händen stützt er seinen Kopf. »Nie im Leben haben unsere Pferde den Zaun selber zerstört«, sagt er niedergeschlagen. »Das ist praktisch unmöglich. Die Stangen sind stabil und neu und von innen angenagelt. Und dann diese Dellen im Holz, rund um die Nägel. Alles deutet darauf hin, dass jemand beim Lockern nachgeholfen hat. Meint Tapir auch. Selbst die Polizei hat so etwas durchblicken lassen.«

Gloria verzieht das Gesicht. »Sie glauben, jemand hat die Pferde bewusst freigelassen?«

»Das kann ich mir nicht vorstellen«, sagt Melly sofort.

Ich auch nicht: »Wer ist denn so hundsgemein und strunzdumm? Doch wohl kein Reiter.«

Ich grübele darüber nach, ob ich einen Fiesling kenne, der infrage kommt. Nein. In Haverstedt gibt es nicht einmal einen Konkurrenz-Stall. Niemanden, der Herrn Habicht und seiner Reitschule schaden wollte. Ein unglaublich schlechter Scherz von durchgeknallten Jugendlichen? Immerhin, auf unserer Schule laufen einige Jungs herum, die schon öfter erwähnt haben, dass sie die blöden Zossen hassen, weil die Mädchen nichts anders im Kopf haben. Trotzdem: Solche dämlichen Sprüche abzusondern und Pferde ins Unglück laufen zu lassen – das sind zwei Paar Schuhe.

Zum zehnten Mal rast Johnny mit ausgebreiteten Armen an uns vorüber. Habi fängt ihn ab und schwenkt ihn wie ein Flugzeug im Kreis, bis Johnny sich atemlos aufs Stroh plumpsen lässt.

»Hast du wirklich nichts gesehen oder gehört?«, fragt Habi seinen Sohn noch einmal. »Du musst dich genau erinnern, Johnnyboy. Du hast doch heute Vormittag draußen gespielt, bevor wir losgefahren sind.«

»Hab nichts gesehen, Papa, nur Fotos gemacht.«

Wie elektrisiert richtet die ganze Gruppe sich auf.

»Fotos?«, fragt Lennart Habicht und umfasst Johnnys Schultern. »Von den Pferden?«

Johnny entzieht sich seinem Griff.

»Nö. Vom Sandweg.«

»Nur Sand kann man nicht fotografieren, Johnny.«

»Doch. Ging bloß nicht richtig, weil hinten Tapir drauf war. Das sah doof aus. Ich wollte alles gelb. Nur gelb. Und nicht so einen schwarzen Fleck hinten.«

Habi wird immer hellhöriger. Wie wir. Mit angehaltenem Atem lauschen wir dem Gespräch.

»Tapir ist also auf dem Foto mit drauf? Wo war er denn genau?«

Allmählich verliert Johnny die Geduld. »Na, hinten. Bei

den Zäunen. Er hat doch jeden Tag neue Holzstangen an die Pfosten genagelt.«

»Erstens«, sagt Herr Habicht langsam und sieht plötzlich hellhörig aus. »Erstens war Tapir heute Morgen gar nicht auf dem Hof, sondern im Gericht. Zweitens ist er seit Wochen mit den Zaunarbeiten fertig. Und drittens trägt er doch nie Schwarz, sondern immer diese sandfarbenen Goldwäscher-Hosen.«

Wir wechseln Blicke. Ich glaube, jedem von uns dämmert, dass sich gerade irgendetwas tut. Etwas, das die ganze Ausbruchs-Katastrophe für den Habichthof in ein günstigeres Licht drehen könnte.

»Hol deine Kamera, Johnny«, sagt Habi.

Johnny verdreht die Augen und zerrt den hellblauen Fotoapparat aus seiner engen Hosentasche. »Immer am Mann, Papa«, sagt er altklug. Den Schnack kennt er von seinem Vater. Wir auch.

Gespannt beugen wir uns vor. »Akku leer«, blinkt auf dem Display.

»Gibst du mal her, Johnny?« Gloria streckt die Hand aus und begutachtet den Apparat. Wenn jemand Ahnung von solchen Teilen hat, dann Gloria. Sie zieht den Speicherchip heraus und wedelt damit vor Habis Nase.

»Haben Sie ein Lesegerät? Dann können wir uns die Bilder auf Ihrem Rechner ansehen.«

»Was habe ich?«, fragt Habi.

Gloria seufzt. »Was dagegen, wenn ich schnell nach Hause fahre und das Teil bei mir angucke? Mal sehen, ob ich ein paar Stellen herausvergrößern kann. Ich bringe dann gleich Abzüge mit.«

Habi nickt sofort. »Klasse. Ich muss unbedingt wissen, wen Johnny am Zaun gesehen hat. Tapir war es jedenfalls nicht.«

Gloria schnappt sich Johnnys Chip und rennt über die Einfahrt zu ihrem Fahrrad.

»Lass dich nicht von deinen Eltern festhalten«, brülle ich ihr nach. »Sie haben schon ein paar Mal im Stall angerufen, wo du bleibst.«

Im Laufen winkt Gloria ab und dann sitzt sie auch schon auf ihrem Rad und düst um die Ecke. Jeder weiß, dass sie den neuesten Apple besitzt mit dem neuesten Fotoprogramm, so neu, dass es praktisch noch gar nicht auf dem Markt ist. Wenn jemand aus Johnnys Speicherchip etwas herauskitzeln kann, dann Gloria.

Als sie verschwunden ist, sagt Emi plötzlich. »Sollen wir an die Online-Tageszeitung schreiben und uns bei allen Helfern bedanken? Die haben eine Rubrik für Lesermeldungen und Kommentare.«

Melly öffnet den Mund, doch bevor sie eine Bemerkung absondern kann, nehmen ihr Janne und Katta den Wind aus den Segeln: »Super Idee, Emi.«

Melly wird zum Schreiben eingespannt, weil sie inzwischen das Smartphone ihrer Mutter hat. Frau Lanz hat es ihr eigenhändig gebracht, als Mellys Handy leer genudelt war. Wir waren alle heilfroh, dass Frau Lanz abends zu einem Lehrgang musste und uns nicht mit ihren hysterischen Ausfällen wahnsinnig machen konnte.

»Jeder darf ein paar Sätze«, schlägt Janne vor. »Soll ich anfangen?« Wir nicken.

»Eilmeldung vom Habichthof: Alle ausgebrochenen Pferde sind wieder da!!! Die meisten haben das Abenteuer unverletzt überstanden. Wir danken allen, die uns bei der Suche nach den Pferden geholfen haben.«

Ich überlege kurz, wer genannt werden muss, und fahre fort.

»Besonders danken wir der Polizei und Feuerwehr von Haverstedt für die Sperrung der Straßen und für die Rettung unserer Pferde vom Schulhof.«

Kriss wirft ein: »Und Senta Fischer für den Schlüssel.«

»Nicht so viel auf einmal«, stöhnt Melly. »Auf der Tastatur geht das nicht so schnell.«

Ungeduldig warte ich eine halbe Minute auf Melly und diktiere dann langsam weiter.

»Wir danken der Hamburger Feuerwehr für die Rettung eines Pferdes aus einem Swimmingpool, dem Eigentümer des Pools, Joop Odental, für seine Geduld, und Ben für seine Hilfe nach dem Fahrradsturz. Und ...«

Herr Habicht wendet ein. »Herr Odental will seinen Namen vielleicht nicht im Internet lesen.«

Ein einstimmiges Seufzen ist die Antwort. Habi mit seinen ewigen Bedenken gegen das Internet und mit seinem Persönlichkeitsrechte-Wahn. In der Beziehung könnte er ein Zwilling von Papa sein.

Tessy hat die Visitenkarte von Joop Odental eingesteckt, gibt die Telefonnummer in ihr Handy ein und reicht es mir herüber. Er ist sofort dran.

»Herr Odental? Hier ist Flora Rohde. Die mit dem Pferd im Pool.«

»Alles in Ordnung?«

»Ja, es geht ihm gut. Pepper steht jetzt in seiner Box und knabbert Heu. Die Fjordpferde auch. Wir wollen eine Dankesmeldung online stellen. Dürfen wir Ihren Namen nennen?«

»Meinen? Ich habe doch bei der ganzen Sache gar nichts getan.«

»Und ob. Sie mussten zwei Stunden den Feuerwehr-Einsatz ertragen. Und Ihr Garten ist zertrampelt.«

»Na ja. Höhere Gewalt. Anständig, dass ihr euch bedankt. Schreibt nur Joop O., das ist mir lieber.«

»Machen wir. Übrigens kann es sein, dass jemand unseren Weidezaun bewusst zerstört hat. Wir werten gerade Fotos aus.«

Herr Odental atmet hörbar ein. »Das wäre ja ... das ist ja eine Straftat. Wer macht denn so etwas?«

»Es gibt mehr Bekloppte, als man denkt.«

»Da sagst du ein wahres Wort. Na, wir hören ja auf jeden Fall später noch voneinander. Erholt euch alle gut. Tschüss zusammen.«

Ich wende mich an Melly: »Schreib nur Joop O.«

Katta diktiert weiter:

»... wir bedanken uns bei allen Fußball-Fans, weil sie nicht die Nerven verloren haben, als sie wegen unserer Pferde auf der Bahnstrecke Lübeck-Hamburg festsaßen. Natürlich geht ein Riesendank an den Superlokführer, der rechtzeitig gebremst hat. Und an den Autofahrer, weil er cool geblieben ist, als ihm unser Schimmel in die Windschutzscheibe gesprungen ist ...«

Jetzt kommt Leonie dran:

»Der Eisbar Italia sagen wir heißen Dank für Schokoladeneis und Wasserkübel. Dem Bioladen für die gefressenen Äpfel und Möhren.«

Aufmunternd nickt Leonie Emi zu, die nach kurzer Pause fortfährt: »Frau Kern für den Marmorkuchen. Herrn Küfer für die Halfter.«

Jetzt mischt sich Herr Habicht ein: »Überhaupt danken wir allen Leuten, die unterwegs vernünftig reagiert haben, wenn sie auf unsere Pferde trafen. Danke, danke, danke!«

Dazu lädt Melly das Foto von Pepper im Schwimmbecken hoch und ein Bild von unseren Pferden auf dem Pausenhof des Gymnasiums. Als der Text schließlich gesendet wird, ist es fast neun Uhr abends.

Von der Weide stiefeln Tapir, Vince und Ferdi auf den Hof und setzen sich in unsere Runde. Vince rückt auf den Strohballen direkt neben mich. Heimlich drückt er sein Bein an meins. Gänsehaut!

Dann holt Vince seine hinterm Rücken versteckte Hand hervor und ruft: »Alle mal hersehen!«

Mit spitzen Fingern hält er einen hellblauen Griff aus Neopren hoch. Sieht aus wie von einem Fahrradlenker, nur ein Stück länger.

»Das Ding lag eingetreten im Sandweg. Aber wohl nicht lange, weil es noch ziemlich sauber aussieht. Stammt vielleicht vom Täter?«

Ich nehme Vince das blaue Neopren-Teil aus der Hand und drehe es hin und her. »Meinst du, da ist jemand mit dem Fahrrad zur Weide gefahren und hat unsere Pferde rausgelassen?«

Melly nutzt die Gelegenheit, näher an Vince heranzurücken. »Auf dem tiefen Sandweg kann doch kein Mensch mit dem Rad fahren«, gibt sie zu bedenken.

Von hinten langt Emi über unsere Schultern und greift nach dem Fundstück. Sie kaut auf der Unterlippe und scheint zu überlegen, ob sie ihren Verdacht laut äußern soll. Sie sieht ziemlich verstört aus. Schließlich gibt sie sich einen Ruck: »Wisst ihr, wo ich solche blauen Neopren-Griffe kürzlich gesehen habe?«

Melly verdreht die Augen. »Na, sag schon.«

Emi holt tief Luft. »Am Kamera-Stativ beim Supernova-Filmteam.«

Sofort fliegen alle Köpfe zu Emi herum und meine arme Freundin läuft feuerrot an.

»Ich will kein Wort über Emis Werbefilm hören«, sagt Herr Habicht sofort. »Sonst knallt es hier. Emi hat mit der Sache absolut nichts zu tun.«

Er setzt Johnny von seinen Knien auf den Boden.

»Johnny, lauf los und hol mir eine saubere Gefriertüte für den Griff. Den kriegt die Polizei.«

Das Wort Polizei macht Johnny Beine. Im Nu ist er mit einem leeren Kunststoffbeutel zurück und platzt fast vor Stolz, als Vince den blauen Griff vorsichtig hineingleiten lässt.

»Den übergeben wir heute Abend noch der Polizei«, sagt er feierlich und zieht den Verschluss zu.

Ein schwerer dunkler Wagen rollt über die Einfahrt und stoppt kurz vor unserem Strohlager.

»Glorias Vater«, sagt Melly sofort. »Der will Gloria sicher gleich wieder einsacken, weil die Tanners sonst allein nach Südafrika müssen.«

Die Beifahrertür fliegt auf und Gloria stürmt mit ein paar großen Fotoabzügen in der Hand auf uns zu. Herr Tanner macht sich in seinem Kofferraum zu schaffen.

»Ich fresse meinen Apple, wenn das nicht Leute von der Film-Gesellschaft sind«, ruft Gloria von Weitem. »Man erkennt sogar Logos.«

Schon wieder das Kamera-Team!

Pustend hält Gloria vor uns an. Wir springen auf und krachen mit den Köpfen zusammen, als wir uns um ihre Fotos drängen.

Auch wenn die Vergrößerung ziemlich unscharf und körnig ist, sieht man doch gut, wie sich hinten im Bild zwei dunkel gekleidete Menschen am Zaun zu schaffen machen.

»Das sind sie, das sind sie«, stößt Emi hervor. »Guckt mal, die hellen Kreise auf den schwarzen Kapuzenshirts, das sind die Logos. Die habe ich zwei Tage von morgens bis abends gesehen, die erkenne ich im Schlaf.« Emily dreht die Fotos, um besser sehen zu können. »Und diese schwarzen Basecaps. Alles Klamotten von Supernova.«

Ein Mann trägt etwas Langes in der Hand.

»Garantiert ein Kuhfuß.« Habi nickt grimmig. »Ein schweres Werkzeug, mit dem man Nägel herauszieht. Das erklärt auch die Dellen im Holz. Mit brachialer Gewalt hat jemand die Nägel aus den Stangen gerissen.«

Er starrt über seine Weiden. »Die Polizei hat gleich vermutet, dass Absicht hinter dem Weideausbruch steckt. Wenn das stimmt …«

Tapir reckt die Faust hoch. »Endlich lohnt sich mein Jura-Studium. Wenn wir dem Filmteam diese Sabotage nachweisen können, dann sehen die alt aus. Die Supernova muss alles zahlen, Tierarztkosten, die geschrotteten Autos, Ausfall von Reitunterricht, einfach alles. Auf den Filmaufnahmen müssten Datum und Uhrzeit stehen, damit könnten wir sie ziemlich leicht überführen.«

Herr Habicht sieht aus, als könne er es immer noch nicht fassen.

»Regisseur Sautenberg wollte unbedingt an dieser Stelle drehen. Der dachte wohl, dass wir auf dem Hof nichts merken, wenn seine Leute klammheimlich unten am Zaun hantieren. Zaun öffnen, Pferde im Gegenlicht filmen und die Stangen wieder annageln.« Beim Gedanken daran schüttelt Habi den Kopf. »Ich nehme zu ihren Gunsten an, die haben nicht damit gerechnet, dass die Pferde sofort neugierig nach draußen drängen.«

»Mag sein«, sagt Tapir. »Ist aber keine Entschuldigung. Sie hätten uns sofort benachrichtigen müssen, als die Pferde ausbüxten. Unterlassene Hilfeleistung. Schließlich haben die Filmleute Unfälle, Verletzte und Tote in Kauf genommen, um ihr Vergehen zu vertuschen. Die Abzüge bringe ich gleich zusammen mit dem Stativ-Griff zur Polizei. Den Speicherchip natürlich auch. Schätze, die Experten können die Gesichter noch deutlicher herausholen.«

Habis Regenwolkengesicht lockert auf. *»Stellenweise Aufheiterungen«,* würde der Wetterbericht melden.

Die Sonne zieht auch bei mir wieder ein. Bei allen anderen genauso, wenn ich mich in der Runde umsehe. Die ganze Clique sieht definitiv entspannter aus als noch vor drei Stunden.

Glorias Vater balanciert bepackt bis zur Nase flache Kartons über den Hof.

»Pizza für die Helfer«, sagt er durch die Pappe. Das Ganze ist ihm deutlich unangenehm. Zählt wohl nicht zu seinen Lebenswünschen, den Boten für Laredos Pizzaservice zu machen.

Tapir nimmt die Schachteln entgegen. »Das ist mal eine gute Idee.«

Es überrascht mich, dass Glorias Vater sich so spendabel zeigt. Ich glaube, er ist heute das allererste Mal im Stall.

Wir reißen die Deckel ab und greifen zu. Jetzt erst merke ich, was für einen Mordshunger ich habe. Im Nu stapeln sich leer gegessene Kartons auf dem Hof. Vince lässt mich von seiner Salami-Pizza abbeißen. Vorher legt er den Arm als Sichtschutz um die Schachtel und drückt verstohlen einen Kuss auf die Tomaten.

Ich lächele ihn an und schlage vor: »Lass uns zu Pepper gehen. Er muss mit uns feiern.«

Wir schlendern vom Hof über die Stallgasse bis zur letzten Box. Chico, Vicky, Mounty und ein paar andere Pferde liegen dösend in den Boxen. Flemming grunzt im Traum.

Ob er vom Ausbruch träumt? Seine Hufe zucken im Galopp.

Auf den Brettern über den Boxen zwitschern unsere Schwalben. Schwalben bringen Glück, sagt Herr Habicht immer. Diesen Sommer hat er vierundfünfzig gezählt, mit Jungen. Für jedes Pferd drei Mal Glück.

Pepper hängt seinen Kopf über die Tür und sieht mir entgegen. Obwohl er noch erschöpft wirkt, blitzt in einer Ecke seiner Augen bereits Unternehmungslust auf.

»Darf er Pizza?«, fragt Vince und guckt Pepper an. »Magst du Salami-Pizza, Pepper?«

»Pferde sind V-e-g-e-t-a-r-i-e-r«, buchstabiere ich mit halb vollem Mund. »Müsstest du inzwischen wissen.«

»Nicht mal den harten Rand?«

Vince bricht ein kleines Stück von der Kruste ab und legt es auf die Handfläche. »Ist doch nur Mehl und Wasser drin.«

Vorsichtig senkt Pepper den Kopf über das ungewohnte Futter und nimmt es sanft auf. Vince löst ein neues Stück vom Knusperrand der Pizza und hält es mir mit breitem Grinsen genauso hin.

Ich muss lachen und angele ihm das Leckerli mit den Lippen von der Hand. Vince beugt sich über mich und drückt mir einen langen Kuss aufs Haar. Wahnsinn hoch zehn. Mir läuft es warm den Rücken herunter. Glücklich drehe ich mich um und blinzele zu Vince hoch. Wenn ich in seine grüne Augen mit den tanzenden braunen Sprinkeln schaue, spüre ich meine Schürfwunden kaum noch.

Wie viel Glück hat in einem einzigen Menschen Platz? Meins reicht im Moment für mindestens zehn Millionen Menschen.

Pepper ist zurück.

Vince flirtet mit mir.

Wir haben Sommerferien.

Das Leben ist schön.

Und zum Arzt gehe ich auch nicht.

Einen Doktor brauche ich nicht, solange ich Pepper und Vince habe. Der Schmerz ist so weit weg wie Neuseeland. Mein Holsteiner und Vince wirken wie Medizin. Wie Wundermedizin. Sie heilen besser als jeder Hausarzt.

Ich werde Herrn Habicht bitten, sein Schild »Reitstall Habichthof« erneuern zu lassen. Er soll ein paar zusätzliche Wörter eingravieren lassen.

Gemeinschafts-Praxis Dr. Vince und Dr. Pepper.

Quick-Check Weideausbruch und Verletzungen

1. Warum brechen Pferde aus?

- **Schlechte Zäune**
  Morsche Pfähle und altersschwache Stangen werden einfach zur Seite gedrückt. Dünne Elektrodrähte und wackelige Plastikstäbe gebieten keinen Respekt. Niedrige Zäune sind kein Hindernis für große Pferde.
- **Sturmschaden**
  Dicke Äste brechen ab, drücken den Zaun zu Boden.

- **Hunger**
  Sind die Weiden im Herbst abgegrast, treibt die Suche nach Futter Pferde von der Koppel.

- **Einsamkeit**
  Ein Pferd bleibt allein auf der Weide zurück, während sein Kumpel zum Reiten abgeholt wird. Brenzlig. Das verlassene Pferd regt sich auf, folgt dem Artgenossen notfalls durch einen Sprung über den Zaun.

- **Herdentrieb**
  Am Zaun entlanggaloppierende Pferde mit Reitern lösen Ausbruchsgelüste aus.

- **Hunde-Panik**
  Ein Hund jagt über die Weide, verursacht helle Aufregung.

- **Liebe**
  Hengste reagieren impulsiv, wenn sie rossige Stuten wittern.

- **Insekten-Angriffe**
  Pferde flüchten, wenn sie sich vor den stechenden Plagegeistern nicht anders wehren können.

- **Gefahr von oben**
  Heißluftballons oder Gleitschirme bedeuten für Fluchttiere: höchste Gefahr, denn in der Wildnis springen Raubkatzen Pferden von oben ins Genick.

- **Leichtsinn**
  Wer kurz weggeht, lehnt manchmal das Gattertor zur Weide nur an, statt es richtig zu verriegeln. Für neugierige Vierbeiner gilt das als Einladung zum Ausbruch.

- Bösartigkeit
  Aus purer Gemeinheit öffnen Fremde die Zäune ganz bewusst, um ein Chaos zu verursachen.

2. Pikante Sonderfälle

Shettys sind Ausbruchsgenies, zwängen sich durch jede Lücke. Sie kriechen sogar unter Zäunen hindurch. Bei kleinen Ponys dürfen die untersten Zaunstangen oder Elektrobänder höchstens dreißig Zentimeter hoch über dem Boden sein.

Entfesselungskünstler lösen Knoten, die Gattertore sichern sollen. Mit Zähnen und Hufen zerren und zupfen sie so lange am Strick, bis der Knoten offen ist. Und dann nichts wie weg...

3. Welche Einzäunung ist riskant?

- Stacheldraht. Die Metallspitzen und Haken reißen böse Fleischwunden. Stacheldraht gilt in vielen Ländern als tierschutzwidrig und ist ohne zusätzlichen Zaun nicht erlaubt. Trotzdem findet man ihn immer noch.

- Dünne Elektrolitze als alleiniger Außenzaun. Pferde erkennen solche feinen Drähte kaum, und wenn, nehmen sie derartige Zäune nicht ernst.
- Gerissene Elektrozäune, die durch Knoten geflickt sind. In solchen Bändern oder Kordeln fließt kein Strom.
- Leichte Kunststoff-Steckpfähle als Außenzaun tritt jedes Pony um. Dünne Steckpfähle sind zum Abteilen von Portionsweiden innerhalb der eingezäunten Weide gedacht.
- Glatter Draht und Knotengitter (sogenannter Schafszaun) sind für Pferde ebenfalls gefährlich. Beim Wäl-

zen am Zaun verheddern Pferde sich mit den Beinen im Draht.

- Wenn man Stangen *von außen* an Pfähle nagelt, ist das brandgefährlich. Rennen Pferde in Panik gegen den Zaun, werden die Nägel mitsamt Stangen aus dem Holz gedrückt. Querstangen müssen *innen* angebracht werden.

4. Welche Zäune sind sicher?

Pferdefreundliche Zäune sind für die Tiere von Weitem sichtbar und flößen ihnen Respekt ein. Auch dann noch, wenn die Herde in Aufregung gerät. Feste Zäune baut man aus robusten Pfosten, an die dicke Holzplanken, feste Kunststoffstangen, breites Fördergummiband oder stabile Zaunbänder aus Kunststoff angebracht werden. Je größer die Pferde, desto höher muss der Zaun sein. Faustregel für die Zaunhöhe: Widerristhöhe des größten Pferdes mal 0,75 m. Mindestens. Für Warmblüter wie Holsteiner, Hannoveraner, Westfalen, Trakehner, Knabstrupper, Lipizzaner, Friesen usw. rechnet man etwa 1,40 bis 1,60 m Zaunhöhe. Bei Springtalenten, Hengsten und an Autobahnen mehr.

5. Mit oder ohne Halfter auf die Koppel?

Die meisten Pferdekenner sagen: »Bloß kein Halfter auf der Weide!« Pferde können daran hängen bleiben und sich die Riemen durchs Auge ziehen. Oder sie hängen sich mit lockeren Halftern an Toren und Ästen auf. Oder sie geraten beim Kratzen am Kopf mit den Hinterhufen ins Halfter und verletzen sich beim Befreiungsversuch. Dagegen wenden Feuerwehrmänner ein: »Wir können ausgebrochene Pferde leichter retten, wenn sie Halfter tragen.«

Ein ewiges Streitthema. Wenn schon Halfter, dann sollte es ein eng anliegendes Sicherheits-Weidehalfter sein, das sich im Notfall öffnet. Diese Spezialhalfter gibt es z. B. aus elastischem Material oder mit Klettverschlüssen.

6. Hilfe, unsere Pferde sind weg!

Was tun, wenn's passiert ist?

Falls ihr eure Pferde nach dem Ausbruch noch erspäht, wenn sie zum Beispiel ruhig in der Nähe grasen, könnt ihr versuchen, die Ausreißer einzufangen. Misslingt das, ruft ihr die Polizei an – 110. Gibt es in der Nähe Straßen mit viel Verkehr, Autobahnen oder Bahnstrecken, müsst ihr die Polizei *sofort* alarmieren.

Angenommen, ihr habt keine Ahnung, wohin die Pferde verschwunden sind. Dann gilt: Zuerst die Polizei anrufen, danach auf eigene Faust suchen. Ohne Zeit zu verlieren. Mehrere Gruppen schwärmen in verschiedene Richtungen aus, ausgestattet mit Halftern, Stricken, Zaumzeug, Leckerlis, Handys. Verständigt Nachbarn, Weidebesitzer und Bauernhöfe in der Nähe. Einer von euch bleibt als Stallwache auf dem Hof, um Anrufe anzunehmen und heimgekehrte Pferde unterzubringen.

7. Wohin flüchten Pferde?

Ausgebrochene Pferde verschaffen sich, sobald es geht, einen Überblick über ihre Lage. Dazu laufen sie auf den höchsten Punkt im Gelände, auf einen kleinen Hügel, eine Mülldeponie, leider auch auf Kuppen im Straßenverkehr. Gibt es keine Erhöhungen in der Landschaft, suchen sie sich im Flachland Stellen, wo sie weit über Land sehen können. Das sind häufig Straßen oder Bahnstrecken. Wälder dagegen meiden Pferde, weil sie zwischen eng wachsenden Bäumen keine Weitsicht haben.

8. Wie fängt man frei laufende Pferde ein?

- Nicht hinter den Pferden herlaufen, dann flüchten sie nur noch schneller. Lieber im Gelände Abkürzungen suchen, damit man sich ruhig von der Seite nähern kann.
- Kein Halfter dabei? Wenn man die ausgebüxten Pferde kennt und sich an sie herantraut, kann man als Halfterersatz Strick, Schal, Jacke, Pulli oder Gürtel um den Hals schlingen. Nie ein Risiko mit fremden Pferden eingehen! Sie können nervös reagieren, sich plötzlich herumwerfen und austreten.

- Futterschüssel mit Hafer oder Pellets füllen und damit klappern. Das Geräusch erkennt fast jedes Pferd und stuft es als angenehm ein – und kommt hoffentlich vertrauensvoll näher.

- Pferde in einen Hausgarten leiten, Gartentor schließen. Giftpflanzen in Beeten abgrenzen, z.B. durch Gartenmöbel oder übergeworfene Decken.
- Autofahrer bitten, mit ihren Wagen eine dichte Barriere zu bilden, um die Flucht der Pferde auf stark befahrene Straßen zu verhindern.

9. Welche Verletzungen drohen beim Ausbruch?

Pferde in Panik nehmen Schmerzen nicht wahr und rennen trotz Verletzung weiter. Beim Galopp über Schottersteine brechen Hufe aus, die Pferde rutschen auf den Steinen ab und verletzen Sehnen und Gelenke. Schnell ist ein Hufeisen abgerissen. Auf spitzem Split drücken sich winzige Steinchen in den Huf und verursachen später Hufgeschwüre. Auf tiefen oder rutschigen Böden, beim Tritt in Löcher und bei plötzlichen Wendungen können Sehnen anreißen. Galopp auf Asphaltstraßen ist Gift für die Gelenke.

Bei der Flucht stürzen Pferde häufig und holen sich dabei Fleischwunden. Am Rumpf verheilen solche Verletzungen ausgezeichnet, in der Nähe von Gelenken (z. B. Knie, Schulter, Hüfte, Sprunggelenk) wächst die Haut viel schlechter zusammen, weil sie dort unter Spannung steht. Da muss der Tierarzt sorgfältig nähen und die Narbe beobachten. In speziellen Reha-Kliniken trainiert man Pferde nach Beinverletzungen in Wasserbecken und auf Laufbändern. Bei Sehnenschäden dauert die Heilung oft viele Monate, manchmal ein ganzes Jahr. Die gute Nachricht: Bei schonendem Training werden die kranken Vierbeiner meistens wieder fit und gesund.

10. Gefürchteter Hitzschlag

Bei schwülheißem Wetter droht ein Hitzschlag. Das Pferd fängt an zu taumeln und zu schwitzen, Puls und Atmung rasen, das Tier kann sogar zusammenbrechen. Auch wenn ihr entsetzt über den Anblick seid: Bitte nicht aufschreien oder hektisch umherrennen. Das macht das ohnehin verängstigte Pferd noch verrückter. Ihr könnt ihm helfen, indem ihr euch ruhig bewegt.

Normalerweise trifft ein Kreislauf-Schock Pferde bei unvernünftigen Distanzritten oder wenn sie bei großer Hitze und Gewitterluft in stickigen Pferdehängern oder Stallzelten stehen, wo keine frische Luft hereinkommt. Hitzschlag kann aber genauso gut ausgebrochene Pferde treffen, die nach der Flucht stundenlang durch die Mittagshitze rennen und nichts zu trinken finden.

Ein Hitzschlag ist lebensbedrohlich! Bis der Tierarzt kommt, könnt ihr dem Pferd Erste Hilfe leisten. Wenn es noch schwankend stehen kann, führt man es in den Schatten. Ein bereits liegendes Pferd lässt man auf dem Boden ruhen. Nicht hochtreiben! Im Liegen kann sich der Kreislauf etwas erholen. Holt einen Eimer Wasser und beginnt mit kalten Umschlägen zuerst am Kopf, im Genick, am Hals. Dann bedeckt ihr den gesamten Körper mit feuchtkühlen Tüchern. Nehmt dazu, was ihr gerade findet: Handtücher, Decken, notfalls T-Shirts. Man darf den Pferdekörper auf keinen Fall mit dem Schlauch abspritzen oder einfach mit einem Eimer Wasser übergießen, das verursacht einen neuen Schock. Findet ihr kein Wasser, z.B. im Gelände, buddelt feuchte, kühle Erde aus dem nächsten Straßengraben und bedeckt das Pferd damit. Sobald es wieder reagiert, bietet man ihm Wasser an, aber immer nur literweise mit Pausen dazwischen.

11. Beine kühlen, aber richtig

Kaltes Wasser tut belasteten Pferdebeinen gut, wenn sie nach ihrem Ausbruch glücklich wieder im Heimatstall gelandet sind. Der Strahl aus dem Schlauch soll sich weich anfühlen, deshalb dreht man den Wasserhahn nur sehr wenig auf. Mindestens zehn bis fünfzehn Minuten kühlen. Husch, husch über die Beine hilft nicht. Unten am Huf fängt man an und führt den Wasserstrahl langsam höher. Hat dein Pferd Angst vor dem Schlauch? Dann nimm lieber Schwamm und Eimer und begieße die Beine in Handarbeit.

Achtung: Nicht kühlen, bevor der Tierarzt kommt. Kälte bekämpft nämlich Schwellungen, warme Stellen und Schmerzen. Nach der Wasserkur fühlen die Pferdebeine sich normal und kühl an, dadurch fehlen dem Tierarzt wichtige Hinweise auf Verletzungen.

Margot Berger

Pepper und Flo

Mein größter Pferdesommer

Flo bekommt endlich ein eigenes Pferd! Doch dabei läuft nicht alles nach Plan. Wird Flos großer Traum dennoch in Erfüllung gehen? Pepper und der Haflinger Alpino sollen auf die Sommerweide – und ihre Besitzerinnen Flo und Emily dürfen die Verpflegung der Pferde selbst übernehmen – ein Riesen-Abenteuer, an dem beinahe ihre Freundschaft zerbricht. Margot Berger erzählt spannende Geschichten, gespickt mit wichtigen Informationen und nützlichen Tipps rund um die Themen Pferdekauf und Pferdehaltung.

Margot Berger

Wahre Pferdegeschichten

978-3-401-50913-6

Schwere Zeiten für Julia

Obwohl ihr Schimmel Lombard als talentiertes Springpferd gilt, verliert Julia mit ihm jeden Wettkampf, bis der Pferdewirt Kevin ihr anbietet, Lombard kostenlos zu trainieren. Immer stärker drängt Kevin sich jedoch zwischen Julia und Lombard und zwingt Julia schließlich dazu, eine folgenschwere Entscheidung zu treffen.

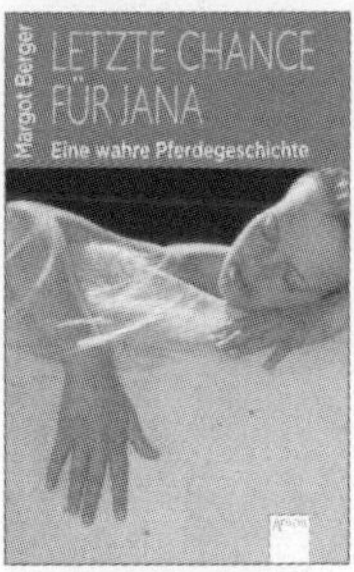

978-3-401-50914-3

Letzte Chance für Jana

Niemals hätte Jana damit gerechnet, vor dem Jugendrichter zu landen. Mal ein PC-Spiel oder Alk zu klauen – das ist doch keine große Sache. Doch dann wird sie zu 60 Sozialstunden auf einem Pferdegnadenhof verdonnert. Ein Albtraum, findet sie. Bis sie auf dem Hof die misshandelte Stute Fenja kennenlernt und versteht, was es wirklich heißt, Verantwortung zu übernehmen.

978-3-401-50915-0

Auf der Suche nach Calido

Amelies Augen gleiten über die friedlich grasenden Pferde auf der Koppel. Sie kann es immer noch nicht begreifen. Eigentlich sollte dort auch ihr Friese Calido stehen, an seinem Platz unter den Eichen. Doch er ist fort. Calido ist gestohlen worden – entführt bei Nacht und Nebel. Für Amelie bricht eine Welt zusammen. Sie beschließt, auf eigene Faust nach ihrem Pferd zu suchen.

Arena

Jeder Band:
Arena-Taschenbuch
www.arena-verlag.de

Jutta Beyrichen

Der Ruf der Pferde

Seit ihr bester Freund bei einem Reitunfall ums Leben gekommen ist, gibt es für Patricia nur noch Schmerz und Verzweiflung. Erst ein Urlaub im schottischen Hochland ändert alles für sie. Denn dort stößt die 14-Jährige auf die junge Stute Dallis, die genauso verstört zu sein scheint wie sie selbst. Behutsam versucht sie, das Pferd aus seiner Isolation zu befreien. Doch dann werden mit einem Schlag Patricias Bemühungen zunichtegemacht ...

Arena

Auch als E-Book erhältlich

312 Seiten • Arena Taschenbuch
ISBN 978-3-401-50809-2
www.arena-verlag.de

Federica de Cesco

Pferde, Wind und Sonne

Ferien in der Camargue! Für Sophie geht ein Traum in Erfüllung: Sonne, Wind und Pferde! Besonders der wilde Hengst Etoile hat es Sophie angetan. Ihr gelingt es als Einzige, Zugang zu dem stolzen Tier zu finden. Doch als Alain, der Neffe der Gutsbesitzerin, versucht, den Hengst zu bezwingen, kommt es zum Kampf auf Leben und Tod.

Arena

Auch als E-Book erhältlich

184 Seiten • Arena-Taschenbuch
ISBN 978-3-401-50649-4
www.arena-verlag.de

Federica de Cesco

Der Schicksalsritt

Wenn Felipe etwas richtig will, dann setzt er Himmel und Hölle in Bewegung, um es auch zu kriegen. Und er will Chico, den kleinen, drahtigen Hengst. Dumm nur, dass das schöne Tier schon eine Besitzerin hat: das Roma-Mädchen Luna. Als Felipe begreift, dass seine Intrigen, die er spinnt, um an das Pferd heranzukommen, schlimme Folgen haben, ist es bereits zu spät: Die Roma müssen aus der Stadt fliehen. Aber Felipe erhält eine zweite Chance: Wird das Schicksal Felipe, Luna und Chico doch noch zusammenführen?

Federica de Cesco

Milas Zauberlied

Als eines Tages auf dem heiligen Berg der Apachen, dort, wo sich die Gräber ihrer Ahnen befinden, eine Sternwarte errichtet werden soll, setzen sich die Indianer zur Wehr. Doch alle Bemühungen schlagen fehl. Da beschließt die 13jährige Mila, auf eigene Faust um das Erbe ihrer Vorfahren zu kämpfen. Zusammen mit ihrer geliebten Stute Luna und ihrem Freund Naiche dringt sie in verbotenes Gelände ein und wendet ein uraltes Ritual an, das sie von ihrer Großmutter erlernt hat.

Arena

152 Seiten • Arena-Taschenbuch
ISBN 978-3-401-50889-4
www.arena-verlag.de